知识产权投融资

宋河发 著

知识产权出版社
全国百佳图书出版单位
—北京—

图书在版编目（CIP）数据

知识产权投融资/宋河发著. —北京：知识产权出版社，2023.3
ISBN 978-7-5130-8359-1

Ⅰ.①知… Ⅱ.①宋… Ⅲ.①知识产权—投融资体制—研究—中国 Ⅳ.①D923.404

中国版本图书馆 CIP 数据核字（2022）第 170166 号

内容提要

本书面向科技创新强国和知识产权强国建设目标，系统研究了知识产权投融资与国有资产管理、知识产权价值与价格评估、知识产权投融资项目商业计划书编写、知识产权作价出资、知识产权创新创业、知识产权投融资法律风险与责任、知识产权股权融资与退出、知识产权投融资税收、知识产权质押融资、知识产权证券化、知识产权信托、知识产权融资租赁、知识产权保险等内容，并研究了知识产权投融资的理论、模式和政策，提出了相应的政策建议。

本书将理论分析、实证研究和政策实践相结合，突出系统性、理论性和可操作性，既可作为知识产权管理和创新管理专业研究生的教学参考书，也可作为各类知识产权培训班的教材，既适合知识产权、科技创新管理与政策研究人员阅读，也适合各类知识产权行政管理人员和政策制定人员阅读。

责任编辑：李 潇 刘晓琳　　　　　责任校对：王 岩
封面设计：红石榴文化·王英磊　　　责任印制：刘译文

知识产权投融资

宋河发 著

出版发行：知识产权出版社 有限责任公司		网　　址：http://www.ipph.cn	
社　　址：北京市海淀区气象路 50 号院		邮　　编：100081	
责编电话：010-82000860 转 8133		责编邮箱：3275882@qq.com	
发行电话：010-82000860 转 8101/8102		发行传真：010-82000893/82005070/82000270	
印　　刷：三河市国英印务有限公司		经　　销：新华书店、各大网上书店及相关专业书店	
开　　本：787mm×1092mm　1/16		印　　张：15.75	
版　　次：2023 年 3 月第 1 版		印　　次：2023 年 3 月第 1 次印刷	
字　　数：361 千字		定　　价：98.00 元	

ISBN 978-7-5130-8359-1

序　言

习近平总书记在党的二十大报告中指出：必须坚持科技是第一生产力、人才是第一资源、创新是第一动力，深入实施科教兴国战略、人才强国战略、创新驱动发展战略，开辟发展新领域新赛道，不断塑造发展新动能新优势。当今世界正经历百年未有之大变局，一方面，大国战略竞争日趋激烈，地缘政治博弈复杂多变，单边主义和贸易保护主义抬头，知识产权全球治理体系和治理能力面临严峻挑战；另一方面，新技术革命与产业变革加速发展，正在深刻影响国际分工调整与生产力布局，进而影响我国现代化经济体系建设，对我国知识产权创造、运用和保护能力提出了更新更高的要求。

知识产权制度是现代产权制度的重要组成部分，是激励科技创新、实现知识产权市场价值、推动产业升级的重要保障，对于激发创新主体活力、构建具有全球竞争力的开放创新生态、集聚力量进行原创性引领性科技攻关、强化科技创新全过程知识产权管理能力、提升国家创新体系整体效能至关重要。知识产权投融资是知识产权实现市场价值的必要条件，迫切需要政策实践和政策法规研究，推动制定有效的知识产权投融资法律法规。

非常高兴看到宋河发研究员新作《知识产权投融资》，先睹为快。该书面向科技强国和知识产权强国建设目标，研究了知识产权投融资模式和政策问题，研究了知识产权投融资与国有资产管理、知识产权价值与价格评估、知识产权投融资项目商业计划书编写、知识产权作价出资、知识产权创新创业、知识产权投融资法律风险与责任、知识产权股权融资、知识产权股权退出与收益、知识产权投融资税收优惠、知识产权质押融资、知识产权证券化、知识产权信托、知识产权融资租赁、知识产权保险等问题。

中国科学院大学公共政策与管理学院和知识产权学院是中国科学院大学与中国科学院科技战略咨询研究院的科教融合学院，秉持"志同气合，经世致用"院训，致力于培养理实交融、学科交叉的政策研究学者与政策实践专家，成就中国学派。宋河发研究员现任中国科学院科技战略咨询研究院研究员和中国科学院大学知识产权学院副院长，长期从事知识产权政策与管理研究，具有专利代理师资格与实践经验，这本专著是科教融合的新成果，可以作为知识产权投融资领域学术研究和人才培养的参考书。

穆荣平

中国科学院创新发展研究中心主任

中国科学学与科技政策研究会理事长

目　录

第 1 章

概述

知识产权投融资是促进科技成果转化和知识产权运用的重要工具。在世界科学技术飞速发展、国际形势复杂多变的情况下，研究知识产权投融资的理论、方法、模式和政策，对于我国抓住机遇、迎接挑战，促进科技成果转化和知识产权运用，建设世界科技创新强国和知识产权强国具有重要的理论和现实意义。

1.1 背景意义

当今世界，科学技术呈加速发展态势，以第五代移动通信技术（5G）、三元计算、万物互联、新一代人工智能、量子计算为代表的信息科学，以干细胞、基因工程为代表的生命科学，以及以暗物质、暗能量为代表的空间科学正在取得一系列显著的突破，综合交叉、虚拟化、生态化态势更加明显，极有可能形成新的科技革命，并引发新一轮的产业革命，这将与我国加快经济高质量发展形成历史性交汇，为我国科技创新和知识产权事业发展带来重大历史性机遇。

创新是引领发展的第一动力，知识产权是国家发展的战略资源。当前，中国特色社会主义进入新时代，我国经济已由高速增长阶段转向高质量发展阶段，正处在转变发展方式、优化经济结构、转换增长动力的攻关期。为保持经济社会健康发展，必须深入实施创新驱动发展战略。创新驱动发展理论可以追溯到迈克尔·波特的研究，他在《国家竞争优势》一书中把经济发展划分为四个阶段：要素驱动、投资驱动、创新驱动和财富驱动。我国提出创新驱动发展最早见于中共中央、国务院 2012 年 9 月发布的《关于深化科技体制改革加快国家创新体系建设的意见》中提出的"坚持创新驱动、服务发展"的原则。党的十八大高瞻远瞩，第一次将创新驱动发展作为国家战略，从中国特色自主创新道路、科技体制机制改革、国家创新体系建设和创新激励四个方面做出了战略部署。

党中央、国务院高度重视科技成果转化和知识产权运用工作，发布了一系列重要政策文件，对科技成果转化体制机制改革提出了一系列新意见和新建议。党的十九大要求"深化科技体制改革，建立以企业为主体、市场为导向、产学研深度融合的技术创新体系，加强对中小企业创新的支持，促进科技成果转化。倡导创新文化，强化知识产权创造、保护、运用"；"深化投融资体制改革，发挥投资对优化供给结构的关键性作用"。

知识产权投融资是促进科技成果转化和知识产权运用的重要政策工具。2015 年发布的《国务院关于新形势下加快知识产权强国建设的若干意见》（国发〔2015〕71 号）提出，"创新知识产权投融资产品，探索知识产权证券化，完善知识产权信用担保机制，推动发展投贷联动、投保联动、投债联动等新模式。"中共中央、国务院 2016 年 5 月印发《国家创新驱动发展战略纲要》，提出了到 2020 年进入创新型国家行列，到 2030 年跻身创新型国家前列和到 2050 年建成世界科技创新强国的"三步走"战略目标，尤其要求"鼓励银行业金融机构创新金融产品，拓展多层次资本市场支持创新的功能，积极发展天使投资，壮大创业投资规模，运用互联网金融支持创新。充分发挥科技成果转化、中小企业创新、新兴产业培育等方面基金的作用，引导带动社会资本投入创新"。党的十九大要求贯彻新发展理念，建设现代化经济体系，要求加快建设创新型国家，尤其强调要"促进科技成果转化""强化知识产权创造、保护、运用"。2016 年 12 月 30 日，国务院印发《"十三五"国家知识产权保护和运用规划》，安排了重大专项"创新知识产权金融服务"和专项工程"知识产权投融资服务工程"，重点规划了知识产权质押融资、知识产权证券化、知识产权信托、知识产权出资入股、互联网知识产权金融、知识产权保险、知识产权创造与运营的众包等任务和措施。

1.1.1　世界科技强国建设

在 2050 年建设成为世界科技创新强国是《国家创新驱动发展战略纲要》确定的宏伟目标。建设世界科技强国，要以推动科技创新为核心，引领科技体制及其相关体制深刻变革，要加强知识产权保护（习近平，2016）。建设科技创新强国是我国近年来重大的国家战略之一，是在新的发展阶段确立的立足全局、面向全球、聚焦关键、带动整体的国家重大发展战略（陈劲，2017），是我国创新发展的必由之路（白春礼，2017）。我国建设世界科技强国，必须以自主创新能力建设为主线（穆荣平 等，2017），高度重视和有效保护知识产权（崔书锋 等，2017）。

科技自立自强是建设科技创新强国的基本要求。党的十九届五中全会强调"坚持创新在我国现代化建设全局中的核心地位，把科技自立自强作为国家发展的战略支撑"。2020 年 12 月底召开的中央经济工作会议进一步强调"科技自立自强是促进发展大局的根本支撑"。当前，我国已成为世界第二大经济体，科技创新发展很快。我国研发经费投入 2019 年达到 22 143.6 亿元，占 GDP 总量的 2.23%。我国在铁基超导、量子通信技术、第五代移动通信（5G）、绿色智能轨道交通技术、特高压输变电技术、高性能大型关键金属构件增材制造技术等多个科技领域实现重大突破，科技创新能力快速提升，极大提高了我国的经济实力和国际竞争力。截至 2020 年年底，我国有效发明专利拥有量达到 305.8 万件，每万人口发明专利拥有量（不含港澳台）达到 15.8 件；有效注册商标量 3 017.3 万件；累计批准地理标志产品 2 391 个。我国知识产权保护社会满意度持续提升，2020 年提高到 80.05 分。

虽然我国知识产权申请量位居第一位，但国际主要创新指数排名却显示我国科技创新水平并不在世界前列。中国科学技术发展战略研究院公布的《国家创新指数报告 2020》显示我国国家创新指数综合排名为世界第 14 位。世界知识产权组织发布的《2020 年全球创新指数》显示我国排名第 14 位。世界经济论坛发布的《2019 年全球竞争力报告》显示我国的创新能力排在世界第 28 位。当前，我国亟须的舰船发动机、高性能纤维、智能机器人、通用 CPU、通用操作系统、高端数控机床等还不能完全自主，一些关键核心技术被人"卡脖子"。据统计，我国 IPV4 根服务器几乎全部位于发达国家，高端专用芯片、智能终端处理器、高端制造检测设备、关键基础材料进口依赖度分别达到 95%、70%、95% 和 52%。关键核心技术自主知识产权的缺乏使得我国在全球经济格局中经常处于被动地位，缺乏在世界范围内的产业主导权。华为技术有限公司等企业和一些高校、科研机构被美国列入出口管制实体清单凸显出我国科技创新与产业发展的短板，说明我国知识产权对科技创新和产业发展还没有起到有效的支撑作用。我国虽然是知识产权大国，但只有很少的专利能够进入国家和国际技术标准，知识产权无法对产业产生有效的影响力和控制力。

我国科技成果转化和知识产权运用长期处于较低水平。根据《2019 年全国技术市场统计年度报告》，2000—2018 年，我国技术市场交易额从 2 665 亿元持续增加到 1.77 万亿元，年均增速高达 56.41%，占 GDP 比例从 0.89% 持续增加到 1.79%。但根据《2019 年中国专利调查报告》，我国 2019 年国内有效专利产业化率 38.6%，许可率 6.1%，转让率 3.5%，其中高校、科研机构有效专利许可率分别为 2.9%、2.0%，转让率分别为 3.2%、1.3%。

从表面上看，我国科技创新存在的突出问题主要是原创成果和关键核心技术知识产权不足，科技成果与知识产权转移转化率较低；但从根本上看，我国科技体制机制改革和政策发展仍然滞后，还不适应创新驱动发展战略和建设世界科技创新强国的要求。我国科技资源配置还不够优化，基础研究投入长期较低，与实际需要相适应的科研人员待遇保障长期不足，科研人员任用的"终身制"导致人才流动性不高和优选机制不活，学术诚信问题时有出现，科研人员创新的积极性和责任感还未完全激发出来。科技成果转化主要依靠科研人员的主观能动性，存在严重的分散化、个人化问题，我国尚没有完全建立起符合科技成果转化规律的体制机制，知识产权保护力度还不够，与创新驱动发展需求差距较大。现行的《中华人民共和国科学技术进步法》《中华人民共和国促进科技成果转化法》仍是比较上位的法律，而且与知识产权法律法规存在许多不协调之处。我国现阶段的法律政策没有有效解决制约科技成果创造和转化的突出问题，科技成果及知识产权创造没有面向有效需求，技术转移没有解决信息和风险不对称问题，缺乏有效的技术转移转化组织机构和人才团队，缺乏有效的知识产权集中管理和许可机制（宋河发 等，2014）。将科技成果纳入无形资产和国有资产管理不符合知识产权类无形资产的规律，权利反复下放和突破，缺乏针对科技成果及其知识产权的处置、使用和收益的实施权，所有权和实施权界限不清，科技成果转化相关的很多制度性障碍和禁区还没有被突破，也导致一些科研人员在转化科技成果时畏首畏尾。我国技术转移主要依靠中介机构和个人，不能解决科技成果转化需要的投资、法律和管理问题，不能解决信息和风险不对称问题。产生这些现象的根本原因在于市场作用没有充分发挥出来，各类创新机构功能定位不清，创新资源配置低效，创新动力导向偏离，科技成果转化和知识产权运用存在僵化思维，长期对技术转移中介模式过度推崇。

建设世界科技创新强国，必须面向 2050 年的战略需求，下大力气解决影响和制约科技创新强国建设的体制机制和政策问题。一是要构建有利于创新型国家建设的科技创新和知识产权法律制度。要在科研机构、技术转移、科技经费管理、科技奖励、科技人才、知识产权保护等方面不断改革，完善相关制度，解决科技知识产权法律不协调、不配套、力度弱等问题。二是要构建有利于重大科技成果突破的科技资源布局体制机制。党的十八大和十九大强调科技体制机制改革，强调重大成果突破和科技成果转化，科技体制机制改革必须要着眼于全球新一轮科技革命和产业变革的战略方向，准确把握世界科技发展的新趋势和新特征，在重大战略领域进行科技布局。必须研究建立科学研究与教育和创新人才培养相融合的基础研究体制机制，建立技术研发和创新与产业发展相融合的体制机制，真正解决科学研究面向人才培养不够、技术研发面向产业发展不够的突出问题。必须厘清和理顺各类科技创新机构的功能定位，尤其是基础研究、实验研究、技术开发、综合集成研究机构的体系设置。三是要构建有利于科技成果转化和知识产权有效运用的体制机制。有必要建立科技成果所有权与实施权分离的制度，有必要构建全新的以高校、科研机构内部的专业技术转移机构和专利池运营机构为主体的技术与知识产权转移体系。

1.1.2　知识产权强国建设

加强知识产权保护，是完善产权保护制度最重要的内容，也是提高中国经济竞争力最大的激励。习近平总书记多次强调要"强化知识产权创造、保护、运用"。建设知识产权强国是实现创新驱动发展的必由之路。实现创新驱动发展，必须实现由知识产权大国向知识产权强国的转变。

为建设知识产权强国，2015 年 12 月，《国务院关于新形势下加快知识产权强国建设的若干意见》发布，提出在 2020 年奠定建设中国特色、世界水平的知识产权强国基础的目标。为建设知识产权强国，国家知识产权局从 2015 年开始组织开展了与知识产权强国战略纲要和"十四五"国家知识产权保护和运用规划相关的前期研究。2021 年 9 月 22 日，中共中央、国务院印发了《知识产权强国建设纲要（2021—2035 年）》，确定了 2035 年建成知识产权强国的宏伟目标。2021 年 10 月 9 日，国务院印发了《十四五国家知识产权保护和运用规划》，积极推进知识产权强国建设和知识产权保护与运用工作。

近年来，我国把知识产权保护工作摆在更加突出的位置，不断强化知识产权创造、保护和运用，深入推进知识产权强国建设和《"十四五"国家知识产权保护和运用规划》实施，全面加强知识产权保护，提高知识产权转移转化成效，构建便民利民知识产权服务体系，推进知识产权国际合作，推进知识产权人才和文化建设，全社会知识产权意识明显提升，知识产权事业快速发展，知识产权工作取得了历史性成就，有力促进了经济社会发展，得到了国内外的广泛认可。

我国完成了《中华人民共和国民法典》《中华人民共和国专利法》《中华人民共和国商标法》《中华人民共和国反不正当竞争法》《中华人民共和国电子商务法》等法律法规的制定和修改，主要知识产权法律均已建立起惩罚性赔偿制度。最高人民法院建立了知识产权审判庭，最高人民检察院建立了知识产权检察办公室，在全国范围内建立了北京、上海、广州和海口四个知识产权法院和 29 个知识产权法庭，知识产权部门重组大大强化了知识产权和市场监管综合执法职能。

我国深入贯彻新发展理念，深化知识产权领域供给侧结构性改革，强化重大科技项目知识产权全过程管理，促进知识产权高质量创造，知识产权引领科技创新作用显著增强，各类创新主体知识产权创造质量和效益建设走上健康之路，强化知识产权保护极大提高了全社会科技创新效率，为转变经济发展方式、优化经济结构、转换增长动力提供了重要支撑。我国加大知识产权运营支持力度，中央财政第一次大规模支持全国知识产权运营公共服务体系建设，支持 13 个省份建设知识产权强省，分四个批次遴选 37 个城市建设知识产权强市，予以 1.5 到 2 亿元资金支持，总投入资金 100 多亿元。我国制定了一系列企事业单位知识产权管理国家标准和知识产权代理、导航、高价值专利培育服务规范国家标准，深入开展企业、高校和科研机构知识产权管理国家标准宣传贯彻活动，近 8 万家企事业单位通过贯标认证，极大提升了企事业单位的知识产权管理能力和水平。

我国十分重视知识产权公共服务体系建设，加强知识产权基础设施条件建设，极大促进了社会知识产权服务业发展，知识产权服务能力快速提升。我国知识产权服务业收入年均增长率从 2015 年的 20% 提高到 2019 年的 21.3%。到 2019 年年底，我国从事各类知识产权服务的机构数量约 6.6 万家，从业人员达到 82 万人，知识产权服务业营业收入达2 100 亿元。我国先后发布专利密集型产业目录、国际专利分类与国民经济行业分类参照关系表、知识产权（专利）密集型产业统计分类和战略型新兴产业国民经济行业与国际专利分类与分类参照关系表，构建起了知识产权密集型产业发展政策体系。2019 年全国专利密集型产业增加值为 11.46 万亿元，占 GDP 的比例达到 11.6%。2018 年中国版权产业的增加值达到 6.63 万亿元，占 GDP 的比例达到 7.37%。

但是，我国知识产权事业发展还存在一些突出问题和不足。

一是知识产权创造体制机制和政策存在不足。我国知识产权"大而不强，多而不优"的问题依然存在，知名品牌、精品版权依然偏少，产业关键核心技术和知识产权缺乏，高价值专利和标准必要专利较少，重大科技成果不仅专利数量少，而且没有形成有效的专利组合，对主导产品保护不够，制约了知识产权运用的效果。部分高校和科研机构申请知识产权的目的仍然是为了申请项目、项目结题、晋升职称或者提高声誉等。我国知识产权创造总体质量还不高，科研项目知识产权政策仍然注重考核战略目标和数量，缺乏鼓励知识产权高质量创造、组合创造和可持续创造的政策。

二是知识产权运用模式和政策不完善。我国知识产权运用效益尚未充分显现，知识产权转让和许可率低、投资率低的局面还未得到根本改观，知识产权使用费进出口逆差不断扩大。高校和科研机构普遍缺乏内部专业技术转移和知识产权运营管理机构，更缺乏相应的机制和人才团队。高端知识产权代理服务机构少，企事业单位缺乏专业知识产权管理机构和人才团队，知识产权的质量受到较大影响，影响了知识产权运用效果。很多知识产权运营机构缺乏有效的知识产权运营模式，知识产权运营公共服务平台定位还不够清晰，多数知识产权投资基金是政府主导的投资基金，市场化投资引导还不够。

三是知识产权保护现状与创新驱动发展要求存在差距。我国缺乏商业秘密保护专门法律法规，商业秘密保护还不规范，保护力度有待加强。近年来，虽然我国知识产权侵权赔偿额不断提高，但与创新主体的期望和国外的实践相比仍然有差距。虽然建立了知识产权惩罚性赔偿制度，但配套的侵权损害评估制度等证据规则还不完善。知识产权"三合一"审判机制推行中还存在较多困难。知识产权法院法官员额不足，技术调查官和陪审员制度不够完善。知识产权行政执法手段不足，受到限制较多，行政执法和司法执法衔接机制不够完善，执法效果还不能满足经济社会发展的需要。知识产权侵权易发、多发，举证难、成本高、赔偿低、效果差的问题依然存在，网络侵权、反复侵权时有发生，新业态新领域、民生领域的知识产权保护需要加强。

四是各类创新主体知识产权管理能力仍然不高。我国企业、高校、科研机构等创新主体知识产权管理水平仍有很大的提升空间。虽然越来越多的企事业单位贯彻落实知识产权管理规范国家标准，有效促进了本单位知识产权管理的规范化、制度化和程序化，但为贯标而贯标的现象仍然较多。我国企事业单位普遍不重视专利与标准结合，专利申请质量不高，没有基于标准培育必要专利和形成标准必要的专利组合。尽管我国创造出的重大原创科技成果为数不多，但由于知识产权管理水平不高，多数无法获得垄断性产业利润。

五是知识产权密集型产业和知识产权经济发展不快。我国专利密集度的计算是采用产业五年的专利授权数之和除以产业五年平均就业人数，这一计算方法还需要完善。国家统计局制定的知识产权经济统计体系，将研发投入强度直接计入 GDP 并不能体现专利的贡献，我国亟待建立知识产权产品国民经济核算制度。我国发布的企业知识产权信息仅仅是公开知识产权的原始成本、摊销、期初和期末价值，不能真正体现企业知识产权资产的价值，亟待建立企业知识产权资产价值核算制度。我国在知识产权密集型产业和知识产权经济发展方面的政策支持力度还不够，尤其是缺乏支持知识产权密集型产业发展的财政投入政策，密集型产品的研发费用加计扣除政策，重点产业专利池和专利组合政策，专利密集型产业低增值税税率政策与所得税优惠政策，以及知识产权密集型产业试验区发展政策等。

1.2 知识产权

知识产权既是一种财产，也是一种法律权利。世界知识产权组织认为，知识产权（Intellectual Property）是指从艺术作品到发明、计算机程序到商标及其他商业标识，包罗万象。知识产权是指人们对其在工业、科学、文学艺术领域创造的以知识形态表现的成果依法应当享有的民事权利（Kamil，2001）。因此可以认为，知识产权是指人们对其智力创造的、以知识形态表现的成果和商业标识依法享有的民事权利，是权利人在一定时期内对其创造的智力成果和商业标识的排他权利。

随着科学技术的快速进步，知识产权的客体范围不断扩大。我国 2017 年 10 月 1 日起施行的《中华人民共和国民法总则》规定了知识产权的客体类型，尤其是将商业秘密列为知识产权保护的客体。我国 2020 年 5 月 28 日通过的《中华人民共和国民法典》第一百二十三条规定，"知识产权是权利人依法就下列客体享有的专有的权利：（一）作品；（二）发明、实用新型、外观设计；（三）商标；（四）地理标志；（五）商业秘密；（六）集成电路布图设计；（七）植物新品种；（八）法律规定的其他客体。"

综合国内外知识产权分类研究，知识产权主要分为三类：一是创造类知识产权，主要包括发明、实用新型、外观设计，文学、艺术和科学作品，集成电路布图设计，植物新品种以及科学发现，还包括传统知识与民间文艺。二是标识类知识产权，主要包括商标、服务标记、名号形象和地理标志等。三是与反不正当竞争相关的权利，主要包括商业秘密、经营信息，其中技术秘密也属于创造类知识产权等。如图 1-1 所示。

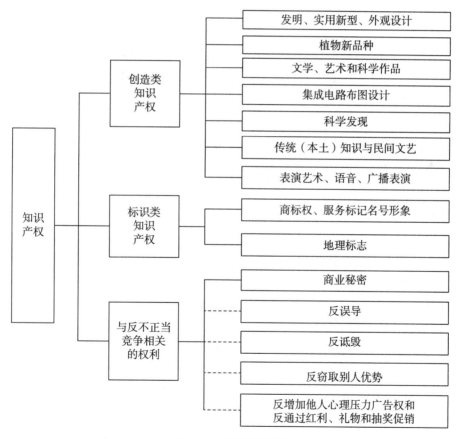

图 1-1　知识产权分类

根据《中华人民共和国民法典》和《中华人民共和国促进科技成果转化法》等法律，上述知识产权中的财产性知识产权均可以作为投融资的客体。《中华人民共和国民法典》

第一百二十五条规定，"民事主体依法享有股权和其他投资性权利"，表明知识产权权利人可以以知识产权作价出资获得股权，保障了知识产权权利人以科技成果和知识产权作价入股获得股权、期权、出资比例等投资性权益的权利。

1.3 知识产权投融资政策

知识产权投融资是重要的科技成果转化和知识产权运用途径。党中央、国务院非常重视和支持科技成果和知识产权的投融资工作。2008 年 6 月 5 日，国务院印发《国家知识产权战略纲要》（国发〔2008〕18 号），提出"促进自主创新成果的知识产权化、商品化、产业化，引导企业采取知识产权转让、许可、质押等方式实现知识产权的市场价值"。2015 年 3 月 13 日，《中共中央 国务院关于深化体制机制改革加快实施创新驱动发展战略的若干意见》发布，要求加大科研人员股权激励力度，"鼓励各类企业通过股权、期权、分红等激励方式，调动科研人员创新积极性。对高等学校和科研院所等事业单位以科技成果作价入股的企业，放宽股权奖励、股权出售对企业设立年限和盈利水平的限制。建立促进国有企业创新的激励制度，对在创新中作出重要贡献的技术人员实施股权和分红权激励。积极总结试点经验，抓紧确定科技型中小企业的条件和标准。高新技术企业和科技型中小企业科研人员通过科技成果转化取得股权奖励收入时，原则上在 5 年内分期缴纳个人所得税"；"推动修订相关法律法规，探索开展知识产权证券化业务。开展股权众筹融资试点，积极探索和规范发展服务创新的互联网金融。" 2016 年 11 月，中共中央办公厅、国务院办公厅印发《关于实行以增加知识价值为导向分配政策的若干意见》（厅字〔2016〕35 号），提出"符合条件的国有科技型企业，可采取股权出售、股权奖励、股权期权等股权方式，或项目收益分红、岗位分红等分红方式进行激励"；"完善股权激励等相关税收政策。对符合条件的股票期权、股权期权、限制性股票、股权奖励以及科技成果投资入股等实施递延纳税优惠政策，鼓励科研人员创新创业，进一步促进科技成果转化"。

2015 年 12 月 22 日，《国务院关于新形势下加快知识产权强国建设的若干意见》（国发〔2015〕71 号）发布，要求"创新知识产权投融资产品"；"在全面创新改革试验区域引导天使投资、风险投资、私募基金加强对高技术领域的投资"。2016 年 4 月 21 日，国务院办公厅印发《促进科技成果转移转化行动方案》，要求强化科技成果转移转化的多元化资金投入，发挥国家科技成果转化引导基金等的杠杆作用，吸引社会资本投入，引导和鼓励地方设立创业投资引导、科技成果转化、知识产权运营等专项资金（基金），引导信贷资金、创业投资资金以及各类社会资金加大投入，大力发展创业投资，培育发展天使投资人和创投机构，支持初创期科技企业和科技成果转化项目。2017 年 7 月 27 日，《国务院关于强化实施创新驱动发展战略进一步推进大众创业万众创新深入发展的意见》（国发〔2017〕37 号）发布，要求"促进知识产权、基金、证券、保险等新型服务模式创新发展"；"促进科技成果、专利在企业的推广应用"；"完善债权、股权等融资服务机制"；"稳妥推进投贷联动试点工作。推广专利权质押等知识产权融资模式，鼓励保险公司为科技型中小企业知识产权融资提供保证保险服务"；"持续优化科技型中小企业直接融资机制，稳步扩大创新创业公司债券试点规模"；"支持政府性融资担保机构为科技型中小企业发债提供担保"。

为此，2012 年 11 月 13 日，国家知识产权局、国家发展和改革委员会、科学技术部等部门联合印发了《关于加快培育和发展知识产权服务业的指导意见》，提出"发展知识产权评估、价值分析、交易、转化、质押、投融资、运营、托管等商用化服务"。2013 年 4 月 2 日，国家知识产权局发布《国家知识产权局关于实施专利导航试点工程的通知》（国知发管字〔2013〕27 号），将专利引进、集成和二次开发、转移转化，以及专利储备、形成专利组合，质押融资、对外许可、投资入股、标准制定及海外维权活动等作为专利运营的主要内容。2014 年 12 月 16 日，财政部办公厅、国家知识产权局办公室印发《关于开展以市场化方式促进知识产权运营服务工作的通知》（财办建〔2014〕92 号），采取股权投资方式支持了 20 个知识产权运营机构开展运营试点。2014 年 8 月 8 日，科技部、财政部印发《国家科技成果转化引导基金设立创业投资子基金管理暂行办法》，我国建立了 5 亿元的国家科技成果转化引导基金，通过设立创业投资子基金、贷款风险补偿和绩效奖励等方式支持科技成果转化。2015 年 1 与 13 日，国家知识产权局发布了《2015 年全国专利事业发展战略推进计划》，提出在部分试点省份以股权投资的方式支持一批知识产权运营机构；支持知识产权运营机构开展专利的托管、收购、组合、转化、交易、产业化和投融资等业务。

党和国家的政策对我国制定和完善促进科技成果转化和知识产权运用的法律法规提出了要求，也对我国制定知识产权投融资的具体政策指明了方向，对我国发展多种形式的知识产权投融资业务具有极为重要的指导意义。

1.4　知识产权投融资法律

1.4.1　科技法律

我国 2021 年 12 月 24 日修订后的《中华人民共和国科学技术进步法》，明确了知识产权质押等金融政策和投资于科技成果的创投企业的税收政策。该法第九十二规定，"国家鼓励金融机构开展知识产权质押融资业务，鼓励和引导金融机构在信贷、投资等方面支持科学技术应用和高新技术产业发展，鼓励保险机构根据高新技术产业发展的需要开发保险品种，促进新技术应用"，为研究开发和应用活动提供了金融保障。第三十二条规定，"利用财政性资金设立的科学技术计划项目所形成的科技成果，在不损害国家安全、国家利益和重大社会公共利益的前提下，授权项目承担者依法取得相关知识产权，项目承担者可以依法自行投资实施转化、向他人转让、联合他人共同实施转化、许可他人使用或者作价投资等。"第四十三条则进一步激励科技成果和知识产权的转化运用与创业投资，"下列企业按照国家有关规定享受税收优惠：　（一）从事高新技术产品研究开发、生产的企业；

（二）科技型中小企业；（三）投资初创科技型企业的创业投资企业；（四）法律、行政法规规定的与科学技术进步有关的其他企业。"

我国 2015 年 8 月 29 日修改后的《中华人民共和国促进科技成果转化法》第十六条明确了科技成果转化方式，"（一）自行投资实施转化；（二）向他人转让该科技成果；（三）许可他人使用该科技成果；（四）以该科技成果作为合作条件，与他人共同实施转化；（五）以该科技成果作价投资，折算股份或者出资比例；（六）其他协商确定的方式。"该法第十八条将包括处置、使用和收益管理在内的科技成果和知识产权的实施权利下放给国家设立的科研机构和高等院校，"国家设立的研究开发机构、高等院校对其持有的科技成果，可以自主决定转让、许可或者作价投资，但应当通过协议定价、在技术交易市场挂牌交易、拍卖等方式确定价格。通过协议定价的，应当在本单位公示科技成果名称和拟交易价格。"从此，国家设立的研究开发机构、高等院校对持有的科技成果和知识产权作价出资时不再需要经过审批或备案，也不需要进行法定评估。该法第四十三条、第四十四条和第四十五条规定了科技成果转化的奖励机制。第四十三条规定，"国家设立的研究开发机构、高等院校转化科技成果所获得的收入全部留归本单位，在对完成、转化职务科技成果做出重要贡献的人员给予奖励和报酬后，主要用于科学技术研究开发与成果转化等相关工作。"第四十四条规定，"职务科技成果转化后，由科技成果完成单位对完成、转化该项科技成果做出重要贡献的人员给予奖励和报酬。"第四十五条规定，"科技成果完成单位未规定、也未与科技人员约定奖励和报酬的方式和数额的，按照下列标准对完成、转化职务科技成果做出重要贡献的人员给予奖励和报酬：（一）将该项职务科技成果转让、许可给他人实施的，从该项科技成果转让净收入或者许可净收入中提取不低于百分之五十的比例；（二）利用该项职务科技成果作价投资的，从该项科技成果形成的股份或者出资比例中提取不低于百分之五十的比例；（三）将该项职务科技成果自行实施或者与他人合作实施的，应当在实施转化成功投产后连续 3 至 5 年，每年从实施该项科技成果的营业利润中提取不低于百分之五的比例。国家设立的研究开发机构、高等院校规定或者与科技人员约定奖励和报酬的方式和数额应当符合前款第一项至第三项规定的标准。国有企业、事业单位依照本法规定对完成、转化职务科技成果做出重要贡献的人员给予奖励和报酬的支出计入当年本单位工资总额，但不受当年本单位工资总额限制、不纳入本单位工资总额基数"。

为进一步明确对科研人员科技成果转化的激励措施，国务院 2016 年 2 月 26 日印发《实施〈中华人民共和国促进科技成果转化法〉若干规定》，规定国家设立的科研机构、高等院校应当从技术转让或者许可所取得的净收入、作价投资取得的股份或者出资比例中提取不低于 50% 的比例用于奖励；在研究开发和科技成果转化中作出主要贡献的人员，获得奖励的份额不低于奖励总额的 50%；国家鼓励企业建立健全科技成果转化的激励分配机制，充分利用股权出售、股权奖励、股票期权、项目收益分红、岗位分红等方式激励科技人员开展科技成果转化。

新修正的《中华人民共和国科学技术进步法》下放的知识产权是完全的。该法还规定了除外条款，"利用财政性资金设立的科学技术计划项目所形成的科技成果，在不损害国家安全、国家利益和重大社会公共利益的前提下，授权项目承担者依法取得相关知识产权"，也就是说损害国家安全、国家利益和重大社会公共利益的科技计划项目形成的知识产权不下放，承担单位不能成为科技成果知识产权的所有权人，虽然能成为科技成果知识产权的权利人，但很多国防企事业单位无法自行处置此类知识产权。该法也没有明确规定是否支持科研机构和高等院校建立内部技术转移和知识产权运营管理机构，没有明确规定这些机构是否应当建立种子期的投资资金投资技术和知识产权。《中华人民共和国促进科技成果转化法》虽然在科技成果和知识产权作价出资上明确规定了对完成和转化职务科技成果做出重要贡献的人员给予奖励和报酬的最低标准，但并没有明确规定国家设立的研究开发机构和高等院校及其内部技术转移和知识产权运营管理机构是否可以获得奖励和报酬，这是造成我国研究开发机构和高等院校内部专业化技术转移和知识产权运营管理机构发展缓慢的主要原因，也很难改变目前我国研究开发机构和高等院校专利数量大、质量普遍不高、知识产权运用率较低的状况。

1.4.2　知识产权法律

涉及知识产权作价出资的知识产权法律法规主要有《中华人民共和国专利法》及其实施细则，《中华人民共和国商标法》及其实施条例，《中华人民共和国著作权法》及其实施细则和《中华人民共和国反不正当竞争法》。

2020 年 10 月 17 日，《全国人民代表大会常务委员会关于修改〈中华人民共和国专利法〉的规定》正式通过。此次修正的《中华人民共和国专利法》将第六条第一款修改为："执行本单位的任务或者主要是利用本单位的物质技术条件所完成的发明创造为职务发明创造。职务发明创造申请专利的权利属于该单位，申请被批准后，该单位为专利权人。该单位可以依法处置其职务发明创造申请专利的权利和专利权，促进相关发明创造的实施和运用。"此项修改为申请专利的权利和专利权的处置、使用和收益权下放奠定了制度基础。同时，该法将原第十六条改为第十五条，增加"产权激励"内容作为第二款："国家鼓励被授予专利权的单位实行产权激励，采取股权、期权、分红等方式，使发明人或者设计人合理分享创新收益。"

此外，《中华人民共和国专利法》还规定专利权作价入股的权利转让应当依法办理手续，订立书面合同，应当给予职务发明人报酬激励。该法第十条规定，"专利申请权和专利权可以转让。中国单位或者个人向外国人、外国企业或者外国其他组织转让专利申请权或者专利权的，应当依照有关法律、行政法规的规定办理手续。转让专利申请权或者专利权的，当事人应当订立书面合同，并向国务院专利行政部门登记，由国务院专利行政部门予以公告。专利申请权或者专利权的转让自登记之日起生效。"该法第十五条规定，"被授予专利权的单位应当对职务发明创造的发明人或者设计人给予奖励；发明创造专利实施后，根据其推广应用的范围和取得的经济效益，对发明人或者设计人给予合理的报酬。"

《中华人民共和国专利法实施细则》第七十八条规定了奖励报酬，"被授予专利权的单位未与发明人、设计人约定也未在其依法制定的规章制度中规定专利法第十六条规定的报酬的方式和数额的，在专利权有效期限内，实施发明创造专利后，每年应当从实施该项发明或者实用新型专利的营业利润中提取不低于 2% 或者从实施该项外观设计专利的营业利润中提取不低于 0.2%，作为报酬给予发明人或者设计人，或者参照上述比例，给予发明人或者设计人一次性报酬；被授予专利权的单位许可其他单位或者个人实施其专利的，应当从收取的使用费中提取不低于 10%，作为报酬给予发明人或者设计人。"

从第四次专利法的修正可以看出，专利法在专利权作价入股上还存在一些不足。一是没有明确规定什么是专利申请权、专利使用权、专利先用权，也没有规定这些权利类型可否作价入股形成股权。《中华人民共和国商标法》《中华人民共和国著作权法》等其他知识产权法律也没有类似规定。这就造成实践中存在的知识产权申请权、许可使用权、先用权作价出资缺乏法律依据，亟须明确规定这些权利。二是由于科技成果主要表现为专利权，财政资金支持的项目形成的专利权是国有资产，专利权作价出资转让到企业形成的是企业股权，也是国有资产，而第十五条新增加的条款规定"采取股权、期权、分红等方式，使发明人或者设计人合理分享创新收益"可能会导致国有资产流失。《中华人民共和国促进科技成果转化法》第四十条规定的权益归属，尤其是科技成果作价入股实际是奖励股权，是一种获得报酬的权利。股权是一种私权，奖励股权实际上是一种分红权或收益权，是一种受限的股权。但现实中一些科研机构和高等院校直接将股权授予职务成果完成人，实际上存在造成国有资产流失的风险。三是《中华人民共和国专利法》及其实施细则规定的报酬属于事后激励，而且与《中华人民共和国促进科技成果转化法》相比，激励力度有待提高。

1.5　知识产权投融资

投资是货币转化为资本的过程，是特定经济主体为了在未来可预见的时期内获得收益或使资金增值，在一定时期内向一定领域投放足够数额的资金或实物的货币等价物的经济行为。投资可分为实物投资、资本投资和证券投资等。资本投资是以货币投入企业，通过生产经营活动取得一定利润；证券投资是以货币购买企业发行的股票和公司债券，间接参与企业的利润分配。

融资是融通资金的信用活动，是一个企业筹集资金的行为与过程，即企业根据自身的生产经营状况、资金拥有状况，以及公司未来经营发展的需要，通过科学预测和决策，采用一定的方式，从一定的渠道向公司的投资者和债权人筹集资金，组织资金供应，满足公司正常生产经营管理需要的理财行为。从广义上讲，融资也叫金融，就是货币资金的融通，当事人通过各种方式到金融市场上筹措或贷放资金的行为。《新帕尔格雷夫经济学大辞典》（第二版）对融资的解释是，融资是指为支付超过现金的购货款而采取的货币交易手段，或为取得资产而集资所采取的货币手段。融资包括直接融资和间接融资。直接融资是指没有金融机构作为中介的融通资金的方式，需要融入资金的单位与融出资金的单位通过直接签订协议后进行货币资金的转移。直接融资的形式主要有：买卖有价证券、预付定金和赊销商品、不通过银行等金融机构的货币借贷等。间接融资是指以金融机构作为中介融通资金的方式，需要融入资金的单位与可融出资金的单位双方以银行等金融机构为中介进行货币资金的转移，银行等金融机构通过吸收各种存款和保险金，向需要融入资金者提供贷款和投资等。

1.5.1　知识产权投资

知识产权是一种知识资本。知识资本分为人力资本、组织资本和关系资本（Stewart，1991）。组织资本包括知识产权、组织结构、数据库和计算机设备、管理风格、组织文化等（Jurczak，2008）。

专利的价值体现在产生垄断租金、保证运营自由、阻止竞争对手、建立技术标准以及促进融资（Mann et al.，2007）上。专利在早期融资阶段是企业寻求投资的"信号装置"，而且申请人倾向于尽快获取专利权以取得金融资本和第三方的帮助（Hsu et al.，2013）。以技术获得风险投资是创新型初创企业的重要资金来源（Luukkonen et al.，2013；Pandey et al.，1996），但由于技术和投资者之间具有信息不对称和风险不对称的特征，风险投资家很难评估初创企业的真实情况和发展潜力（Baum et al.，2004），他们往往依靠专利特征来评价初创企业的质量（Zacharakis et al.，2000），其中一个重要的特征就是其持有的知识产权（IP）投资组合（Gredel et al.，2012；Hoenig et al.，2015）。

知识产权作价出资是与货币出资并列的出资方式，这一新生事物兼具重要性和风险性。一方面，它能积极推动科技成果的有效转化，有力促进经济、科学的共同发展；另一方面，如不对其加以重视和防范，反而会阻碍经济、科技的健康发展，给人类社会带来灾难（蒋敏，2004）。知识产权作为出资的标的物，必须满足专有性、有效性、先进性和必要性四个方面的构成要件（蒋敏，2004）。

知识产权投资的主要方式为以知识产权作价入股，是指企业将知识产权作为无形资产，通过作价出资取得企业股权，赚取利润的过程。技术和知识产权作价入股最早于1978年出现在美国❶。但这种技术和知识产权转化方式的出现主要是因为企业没有现金支付能力，不得不采取替代性方案。20世纪80年代，随着美国《拜杜法案》和技术创新法案等一系列鼓励技术转移的政策出台，技术和知识产权作价入股在美国得到蓬勃发展，尤其是大学和科研机构纷纷建立内部技术许可办公室。技术许可办公室用种子投资方式吸引外部投资，投资大学和科研机构的技术和知识产权，因此很多大学和科研机构拥有企业的股权。据北美大学技术经理人协会统计，2018年，美国十大研究机构创办创业企业达到1 080个。

但是，我国知识产权作价入股的状况并不乐观，专利权人最常采用自行实施的方式转化运用知识产权，其次是知识产权许可和转让。长期以来，我国科技成果和知识产权作价入股所占的比例较低。根据中国科学院发布的2019年度知识产权工作统计报告显示，中

---

❶　资料来源于美国霍普金斯大学学者 M. Feldman 的调研。

国科学院院属单位 2019 年新签订知识产权转移转化合同 516 项，合同金额 50.96 亿元，其中作价入股 19.35 亿元，仅占 37.97%。北京市 2019 年以有效专利作价入股的企业比例仅为 1.6%，科研单位占比仅为 2.2%。根据 2019 年全国技术市场统计年报，在全国技术合同成交额中，专利权、技术秘密专有权、集成电路布图设计专有权、计算机软件著作权、植物新品种权转让总额为 924.14 亿元，只占全部成交额的 5.22%（许倞 等，2019）。2018 年中国专利调查报告数据显示，我国高校较少利用专利作价入股，2018 年其比例仅有 5.1%。2017 年，根据对 244 家浙江省高校和科研机构的科技成果转化的统计分析，高校和科研机构签订技术开发、咨询、服务项目合同 26 071 项，合同金额 40.5 亿元，分别占全省科技成果转化金额的 97.1% 和 93.4%。以转让方式、许可方式、作价投资方式转化科技成果金额仅占全省科技成果转化的 3.0%、1.6% 和 2.0%❶。中国科协对 18 629 位科技工作者的问卷调查结果显示，在创业初期，科技工作者普遍面临融资困境，73.9% 的科技工作者反映缺乏资金、融资难是创业的主要阻力。

科技成果和知识产权作价出资主要有以下两种方式。

一是高校和科研机构将知识产权作价出资并自筹资金实施科技成果。高校和科研机构是重要的科技成果和知识产权创造者，能为科技成果转化提供技术和后续研发支持，参与科技成果创造的科研人员往往也参与成果转化和知识产权运用的过程，这就大大增加了科技成果转化成功的可能性，所以高校和科研机构的科研人员倾向于自筹资金并将科技成果和知识产权作价入股。但高校和科研机构往往对科技成果转化的资金投入不足，缺乏风险承担能力和产业化能力。同时，科研人员如果既从事科研工作，又从事企业经营管理工作，科研工作会受到影响，企业也很难顺利发展，还会存在关联交易、私自转化等法律风险。此外，如果科研人员是企业管理人员，则会造成企业封闭运行情况，很难吸引高水平的经营管理人才，企业面临经营管理不当等问题。此种情况下，科技成果和知识产权作价入股前期可能较顺利实现，但大多数企业做不大，一些企业还出现经营困难问题。

二是高校和科研机构知识产权作价出资与企业出资共同促进科技成果转化实施。通过将科技成果和知识产权作价出资入股，高校和科研机构与外部企业共同转化实施职务科技成果和知识产权。高校和科研机构参与了项目立项、研究开发的全过程，如果可以通过持有股权等方式参与中试、产业化全过程，不仅有利于形成高水平的产品和工艺，而且有利于降低技术先进性和成熟性等方面的风险。企业投资科技成果和知识产权，能够将高水平的经营管理团队引入科技成果转化和企业经营的全过程，极大降低企业经营管理的风险。企业投资科技成果和知识产权往往充分考虑市场需求，市场风险将大大降低。但高校和科研机构以科技成果和知识产权作价入股，往往也存在股权权益保障不够、合作谈判时间较长、信息和风险不对称等问题。

---

❶ 科技部. 浙江省高校和院所科技成果转化统计分析［R/OL］.（2019-05-09）［2021-10-08］. https://www.most.gov.cn/kjbgz/201904/P020190430538376873822.pdf.

近年来，我国高度重视科技成果转化和知识产权运用工作。我国出台了《中华人民共和国促进科技成果转化法》《实施〈中华人民共和国促进科技成果转化法〉若干规定》《促进科技成果转移转化行动方案》。国内建立了国知智慧知识产权股权基金、中科院科技成果转化与知识产权运营基金、北京市重点产业知识产权运营基金等，知识产权投资资金发展迅速。

1.5.2　知识产权融资

知识产权融资是指企业依靠知识产权作为无形资产，通过转让、许可、质押、信托、租赁、证券化、保险等方式获得资金的过程。知识产权融资模式分为负债式和所有权式。负债式融资是企业将其拥有的合法且有效的知识产权资产进行出质，从各种金融机构融得资金，形成企业的负债，并按照约定条件偿还资金本息的融资形式。所有权式融资是由第三方服务机构对知识产权未来预期收益评级和估值并进行证券化，或根据企业的发展潜力对知识产权进行期权合约设计上市等。❶

大多数西方国家的知识产权投融资是市场主导型，政府干预较少。如美国的知识产权交易、知识产权证券化、知识产权保险等主要依靠各类市场主体的参与推动。近年来，美国出现了一大批知识产权投融资企业，尤其是以收取许可费为目的的非生产实体公司。这些企业往往由一些大企业投资建立，储备了一大批高价值专利，通过提起诉讼、为遭受诉讼企业或大企业提供技术支持等途径收取许可费实现盈利。如美国高智有 30 多位投资人，基金规模达 57 亿美元。从 2003 年到 2010 年，该公司基金实际投入不到 30 亿美元，实现许可收入超过 45 亿美元。Yet2. com 由 3M、Boeing、Dow、DuPont、Ford、Honeywell 等十余家国际知名企业投资成立，之后又陆续扩增到近 60 家，通过开展全球专利技术许可业务和知识产权专业服务获取收益。

发展中国家由于市场机制不发达，知识产权金融往往是政府引导甚至主导的知识产权金融，政府对知识产权投融资活动制定规划、政策和支持。一是制定战略、规划或政策。如中国近年来制定一系列的战略、规划和政策支持知识产权投融资的发展。二是参与知识产权投融资管理。政府投入财政资金作为引导基金，建立知识产权金融服务平台，引导和带动知识产权投融资的发展。

知识产权投资和知识产权融资是相对的，从知识产权权利人一方来看，知识产权作价入股就是融资，通过知识产权作价入股、知识产权质押、知识产权信托、知识产权转让获得资金从而进行知识产权转化运用。从提供资金的一方来看则是投资，银行等金融机构通过对知识产权进行价值评估，投资技术和知识产权或给予借款等。除此之外，知识产权金融还包括为知识产权转化运用提供服务的信托、保险、证券化等，都是促进知识产权转化运用的重要手段。

---

❶ 中国融资租赁资源网. 知识产权融资租赁的发展现状、存在的问题及应对措施［J/OL］. （2020－11－23）［2021－10－08］. http://www. flleasing. com/onews. asp?id＝16347.

1.6　小结

从科研规律和科技成果转化的规律来看，我国还存在许多影响和制约科技创新和知识产权创造运用的突出问题，知识产权投融资对科技成果和知识产权创造运用的作用发挥还远远不够，中外经济贸易纠纷中出现的知识产权问题更加凸显了我国科技创新和知识产权方面的短板。

知识产权可以通过实施、转让、许可、作价投资、侵权赔偿等多种途径实现价值，但最终都无法离开与资本的结合。在科技成果转化和知识产权运用中，我国对知识产权投融资的重视还很不够，不仅投融资政策和工具较少，关于知识产权投融资的法规政策、理论方法、模式等的研究也不足。基于理论和实践，开展知识产权投融资法规政策、模式、管理方法的研究，是深入实施创新驱动发展战略的客观要求，是深入推进创新创业的现实需要，也是促进科技成果转化和知识产权运用的重要途径，知识产权投融资具有极为重要的理论和现实意义。

第 2 章

知识产权投融资与国有资产管理

知识产权是重要的无形资产，使用财政性资金形成的知识产权类无形资产具有国有资产属性。国内很多地方在促进科技成果转化和知识产权运用方面进行了知识产权权属改革探索甚至突破。为促进科技成果转化和知识产权运用，加快知识产权投融资发展，有必要深入研究国有资产管理政策法规对知识产权投融资的影响，建立有效的知识产权权属制度。❶

2.1 知识产权权利归属改革探索

当今世界，创新是引领发展的第一动力。党的十八大第一次将创新驱动发展战略作为国家战略，要求"提高科学研究水平和成果转化能力"。党的十九大要求建设现代化经济体系，加快建设创新型国家，强调要"促进科技成果转化""强化知识产权创造、保护、运用"。中共中央、国务院 2016 年 5 月印发《国家创新驱动发展战略纲要》，提出了国家创新驱动发展战略的指导思想、基本原则、战略目标和战略部署等，要求"充分发挥科技成果转化、中小企业创新、新兴产业培育等方面基金的作用，引导带动社会资本投入创新"，"实施知识产权、标准、质量和品牌战略"。

创新驱动发展的实质是科技成果及知识产权的高水平、高质量创造和有效运用。但是，我国 2015 年修正《中华人民共和国促进科技成果转化法》以来，尤其是中央财政支持知识产权运营以来，以有效专利转让和许可率为主要表征的科技成果转化率一直不高，全国高校和科研机构有效专利的转让率和许可率由 2015 年的 5.5%、9.9% 下降到 2018 年的均不到 2%，近年有所提高，2021 粘液仅有 5.3% 和 4.7%。造成科技成果转化和知识产权运用率低的原因有很多，科技成果产业化过程中存在"死亡之谷"现象（周程 等，2010），其障碍主要体现为转化资金投入不足、供需双方难以对接、转化渠道不畅、转化工作缺乏系统性和协调性、成果转化的管理体制机制存在障碍等问题（张俊芳 等，2010）。有些学者认为原因是知识产权处置权、收益权配置等方面政策不配套（邸晓燕

---

❶ 注：本章部分内容系在宋河发发表于 2021 年第 5 期《科学学研究》一文《财政性知识产权国有资产管理与权利下放研究》基础上删改而成。

等，2013），忽略了创新的增值循环属性（穆荣平，2013），未解决制约科技成果转化与知识产权运用的根本问题以及市场失灵和政府失灵问题（宋河发 等，2014）等。也有些学者认为是国有资产管理存在问题。我国 2015 年修正《中华人民共和国促进科技成果转化法》之后，科技成果转化相关法律和政策在落实过程中出现了国有资产登记和管理手续多、周期长的问题（谢地，2018）。我国科研机构或高校在专利利用方面存在国有资产管理体制僵化的问题（尹锋林，2015），现行的国有资产管理制度不能很好地平衡所有权、处置权、收益权的关系（林晓 等，2015）。我国虽然颁布了《中华人民共和国促进科技成果转化法》，但科教界人士呼吁改革国有无形资产管理制度的建议仍然屡见报端（操秀英，2015）。还有学者认为，权属激励不足，职务科技成果完成人、参与人不能获得知识产权，导致国有科技成果无法由最适格的主体进行转化。我国应赋予科技人员受让职务科技成果的权利（谢地，2018）。

在此种思路引导下，西南交通大学 2016 年 1 月 4 日出台《西南交通大学专利管理规定》（即"西南交大九条"），率先在全国开启了"职务发明知识产权归属和利益分享制度改革"试验。此后，《四川省职务科技成果权属混合所有制改革试点实施方案》《关于支持高校院所职务发明知识产权归属和利益分享制度改革试点的十五条措施》出台，先后选择 45 家单位开展改革试点。2016 年 11 月 8 日，中共中央办公厅、国务院办公厅印发《关于实行以增加知识价值为导向分配政策的若干意见》（厅字〔2016〕35 号），要求"对于接受企业、其他社会组织委托的横向委托项目，允许项目承担单位和科研人员通过合同约定知识产权使用权和转化收益，探索赋予科研人员科技成果所有权或长期使用权"。2018 年 7 月 25 日，《国务院关于优化科研管理提升科研绩效若干措施的通知》发布，规定"对于接受企业、其他社会组织委托项目形成的职务科技成果……合同未约定的，职务科技成果由项目承担单位自主处置，允许赋予科研人员所有权或长期使用权。对利用财政资金形成的职务科技成果，……，探索赋予科研人员所有权或长期使用权"。2018 年 12 月 23 日，《国务院办公厅关于推广第二批支持创新相关改革举措的通知》（国办发〔2018〕126 号）再次明确规定赋予科研人员一定比例的职务科技成果所有权。中央全面深化改革委员会在全国选择一批高校科研机构开展了改革试点。2019 年 11 月 15 日，北京市人民政府印发实施《关于新时代深化科技体制改革加快推进全国科技创新中心建设的若干政策措施》（"科创 30 条"），要求"推动《北京市促进科技成果转化条例》立法，允许赋予科技人员职务科技成果所有权或长期使用权"。2019 年 11 月 27 日发布的《北京市促进科技成果转化条例》更是明确将有关权利给予个人，"政府设立的研究开发机构、高等院校，可以将其依法取得的职务科技成果的知识产权，以及其他未形成知识产权的职务科技成果的使用、转让、投资等权利，全部或者部分给予科技成果完成人，并同时约定双方科技成果转化收入分配方式。"

但是，我国学者关于科技成果权利下放的问题产生了巨大争议，"问题就出在高校职务科技成果的完全国有属性上"（王延斌 等，2017）。"国有单位职务发明往往被认为是沉睡专利，究其原因，其权利归属中存在的国家因素是导致这种现象的重要原因"；由于

"在新一轮科技体制改革中专利制度、科技成果转化制度和科教事业单位国有财产管理制度的不协调、不一致"，四川省"职务发明混合所有制"改革就是这种冲突存在的某种极端表现形式（肖尤丹，2018）。

上述政策和争议从深层次上反映了知识产权的本质问题，知识产权是不是私权？知识产权有没有公有属性？使用财政资金形成的知识产权应不应属于国有资产？国有资产是不是影响科技成果转化和知识产权运用的突出问题？将科技成果权益和知识产权下放给个人是否能真正促进科技成果转化？

本章首先研究使用财政资金形成的科技成果及知识产权的本质属性，其次分析国有资产管理中的评估问题，之后分析影响和制约科技成果转化和知识产权运用的突出问题，把握科技成果转化和知识产权运用的规律，而后从创新理论角度分析科技成果和知识产权运用中的权利配置，最后提出相应的政策建议。

2.2　无形资产

知识产权是一种重要的无形资产。财政部 2000 年 12 月 29 日发布的《企业会计制度》（财会〔2000〕25 号）第四十三条规定，"无形资产，是指企业为生产商品或者提供劳务、出租给他人、或为管理目的而持有的、没有实物形态的非货币供长期资产。无形资产分为可辨认无形资产和不可辨认无形资产。可辨认无形资产包括专利权、非专利技术、商标权、著作权、土地使用权等；不可辨认无形资产是指商誉。"财政部 2006 年发布，2016 年修改的《企业会计准则第 6 号——无形资产》第三条规定，"无形资产，是指企业拥有或者控制的没有实物形态的可辨认非货币性资产。"无形资产包括货币资金、应收账款、金融资产、长期股权投资、知识产权等。知识产权类无形资产主要指具有确定价格的可入账的专利权、商标权等知识产权。

《企业会计制度》第四十四条规定了无形资产的成本计量，"企业的无形资产在取得时，应按实际成本计量"，尤其是购入的无形资产按实际支付的价款作为实际成本；投资者投入的无形资产按投资各方确认的价值作为实际成本。第四十五条规定，"自行开发并按法律程序申请取得的无形资产，按依法取得时发生的注册费、聘请律师费等费用，作为无形资产的实际成本。在研究与开发过程中发生的材料费、直接参与开发人员的工资及福利费、开发过程中发生的租金、借款费用等，直接计入当期损益。已经计入各期费用的研究与开发费用，在该项无形资产获得成功并依法申请取得权利时，不得再将原已计入费用的研究与开发费用资本化。"

《企业会计准则第 6 号——无形资产》第三条规定了研究和开发阶段形成的无形资产的可辨认标准，"资产满足下列条件之一的，符合无形资产定义中的可辨认性标准：（一）能够从企业中分离或者划分出来，并能单独或者与相关合同、资产或负债一起，用于出售、转移、授予许可、租赁或者交换。（二）源自合同性权利或其他法定权利，无论这些权利是否可以从企业或其他权利和义务中转移或者分离。"第四条规定了无形资产确认的条件："无形资产同时满足下列条件的，才能予以确认：（一）与该无形资产有关的经济利益很可能流入企业。（二）该无形资产的成本能够可靠地计量。"第九条规定了内部研究开发项目开发阶段的支出确认为无形资产的条件："（一）完成该无形资产以使其能够使用或出售在技术上具有可行性。（二）具有完成该无形资产并使用或出售的意图。（三）无形资产产生经济利益的方式，包括能够证明运用该无形资产生产的产品存在市场或无形资产自身存在市场，无形资产将在内部使用的，应当证明其有用性。（四）有足够的技术、财务资源和其他资源支持，以完成该无形资产的开发，并有能力使用或出售该无形资产。（五）归属于该无形资产开发阶段的支出能够可靠地计量。"

《企业会计准则第 6 号——无形资产》第十二条规定了无形资产的计量方法，"无形资产应当按照成本进行初始计量。外购无形资产的成本，包括购买价款、相关税费以及直接归属于使该项资产达到预定用途所发生的其他支出。"第十三条规定，"自行开发的无形资产，其成本包括自满足本准则第四条和第九条规定后至达到预定用途前所发生的支出总额，但是对于以前期间已经费用化的支出不再调整。"第十六条规定，"企业应当于取得无形资产时分析判断其使用寿命。无形资产的使用寿命为有限的，应当估计该使用寿命的年限或者构成使用寿命的产量等类似计量单位数量；无法预见无形资产为企业带来经济利益期限的，应当视为使用寿命不确定的无形资产。"该准则规定了无形资产的摊销方法。第十七条规定，"使用寿命有限的无形资产，其应摊销金额应当在使用寿命内系统合理摊销。"

《企业会计准则第 6 号——无形资产》还规定了无形资产的信息披露内容。第二十四条规定，"企业应当按照无形资产的类别在附注中披露与无形资产有关的下列信息：（一）无形资产的期初和期末账面余额、累计摊销额及减值准备累计金额。（二）使用寿命有限的无形资产，其使用寿命的估计情况；使用寿命不确定的无形资产，其使用寿命不确定的判断依据。（三）无形资产的摊销方法。（四）用于担保的无形资产账面价值、当期摊销额等情况。（五）计入当期损益和确认为无形资产的研究开发支出金额。"第二十五条规定，"企业应当披露当期确认为费用的研究开发支出总额。"财政部、国家知识产权局 2018 年 11 月 5 日印发《知识产权相关会计信息披露规定》（财会〔2018〕30 号），用于企业按照《企业会计准则第 6 号——无形资产》规定确认为无形资产的知识产权和企业拥有或控制的、预期会给企业带来经济利益的、但由于不满足《企业会计准则第 6 号——无形资产》确认条件而未确认为无形资产的知识产权的相关会计信息披露，主要包括账面原值、累计摊销、减值准备、账面价值。

2.3 国有资产管理

科技成果和知识产权作价投资如果涉及财政资金，则应当受到国有资产的管理。我国涉及科技成果和知识产权的国有资产管理政策主要有国有资产确认、权利下放、收入分配、资产评估等几个方面。

2.3.1　国有资产确认

涉及知识产权类无形资产的国有资产确认法规政策主要有《企业会计制度》《企业会计准则》《企业国有资产监督管理暂行条例》《事业单位国有资产管理暂行办法》等。

国务院于 2003 年 5 月 27 日发布，2019 年 3 月 2 日修订的《企业国有资产监督管理暂行条例》第三条规定，"本条例所称企业国有资产，是指国家对企业各种形式的投资和投资所形成的权益，以及依法认定为国家所有的其他权益"，给出了国有资产的定义。第四条规定"企业国有资产属于国家所有"，因此国家所有的资产包括知识产权类资产。该条例第十条规定"所出资企业及其投资设立的企业，享有有关法律、行政法规规定的企业经营自主权"。该条例第十一条规定资产保值增值要求，"所出资企业应当努力提高经济效益，对其经营管理的企业国有资产承担保值增值责任"；第三十条规定"加强企业国有资产产权交易的监督管理，促进企业国有资产的合理流动，防止企业国有资产流失"；第三十五条规定"所出资企业中的国有独资企业、国有独资公司应当按照规定定期向国有资产监督管理机构报告财务状况、生产经营状况和国有资产保值增值状况"，明确了企业对知识产权等资产在内的国有资产应当保值增值、防止流失，并进行财务报告的责任。

为规范中央级事业单位国有资产处置、管理和使用行为，促进国有资产保值增值，财政部 2008 年 3 月 2 日印发了《中央级事业单位国有资产管理暂行办法》（财教〔2008〕13 号），2008 年 12 月 16 日印发了《中央级事业单位国有资产处置管理暂行办法》（财教〔2008〕495 号），2009 年 8 月 28 日印发了《中央级事业单位国有资产使用管理暂行办法》（财教〔2009〕192 号），明确规定了包括知识产权作价出资在内的国有资产对外投资的审批，申请损失处置需提交的材料，股权的出售、出让、转让收入管理，以及申请利用国有资产对外投资应提供的材料，国有资产内控机制和保值增值机制等事项。

《中央级事业单位国有资产管理暂行办法》第三条规定，"本法所称的中央级事业单位国有资产，是指中央级事业单位占有、使用的，依法确认为国家所有，能以货币计量的各种经济资源的总称"；并且规定，"中央级事业单位国有资产包括：国家拨给中央级事业单位的资产，中央级事业单位按照国家政策规定运用国有资产组织收入形成的资产，以及接受捐赠和其他经法律确认为国家所有的资产，其表现形式为流动资产、固定资产、无形资产和对外投资等。"该办法第八条规定了中央级事业单对本单位占有、使用的国有资产的具体管理职责。

为了落实修正后的《中华人民共和国促进科技成果转化法》，2019 年 3 月 29 日，财政部对 2006 年 5 月 30 日发布的《事业单位国有资产管理暂行办法》进行了修订，取消了属于国有资产的科技成果及知识产权的审批备案和法定评估要求。该办法第四十条规定，"国家设立的研究开发机构、高等院校将其持有的科技成果转让、许可或者作价投资给非国有全资企业的，由单位自主决定是否进行资产评估。"第五十六条规定，"国家设立的研究开发机构、高等院校对其持有的科技成果，可以自主决定转让、许可或者作价投资，不需报主管部门、财政部门审批或者备案，并通过协议定价、在技术交易市场挂牌交易、拍卖等方式确定价格。通过协议定价的，应当在本单位公示科技成果名称和拟交易价格。国家设立的研究开发机构、高等院校转化科技成果所获得的收入全部留归本单位。"2019 年 9 月 23 日，财政部发布《关于进一步加大授权力度 促进科技成果转化的通知》（财资〔2019〕57 号），规定中央级研究开发机构、高等院校对持有的科技成果，可以自主决定转让、许可或者作价投资，除涉及国家秘密、国家安全及关键核心技术外，不需报主管部门和财政部审批或者备案。授权中央级研究开发机构、高等院校的主管部门办理科技成果作价投资形成国有股权的转让、无偿划转或者对外投资等管理事项，不需报财政部审批或者备案。授权中央级研究开发机构、高等院校的主管部门办理科技成果作价投资成立企业的国有资产产权登记事项，不需报财政部办理登记。中央级研究开发机构、高等院校将科技成果转让、许可或者作价投资，由单位自主决定是否进行资产评估；通过协议定价的，应当在本单位公示科技成果名称和拟交易价格。中央级研究开发机构、高等院校转化科技成果所获得的收入全部留归本单位，纳入单位预算，不上缴国库，主要用于对完成和转化职务科技成果做出重要贡献人员的奖励和报酬、科学技术研发与成果转化等相关工作。

根据《企业会计制度》第二章第四节"无形资产和其他资产"和《企业会计准则第 6 号——无形资产》关于无形资产的定义和辨认标准，知识产权属于无形资产。根据《企业国有资产监督管理暂行条例》《事业单位国有资产处置管理暂行办法》，为事业单位和国有企业占有、使用的，依法确认为国家所有，能以货币计量的无形资产属于国有资产。

2.3.2　权利下放

为解决科技成果转化审批备案时间过长从而阻碍科技成果转化的问题，全国人大常委会 2015 年 8 月 29 日通过修正后的《中华人民共和国促进科技成果转化法》，允许将科技成果和知识产权的实施的权利下放给承担单位，不需要审批备案。该法第十八条规定，"国家设立的研究开发机构、高等院校对其持有的科技成果，可以自主决定转让、许可或者作价投资，但应当通过协议定价、在技术交易市场挂牌交易、拍卖等方式确定价格"。国务院 2016 年 2 月 26 日发布的《实施〈中华人民共和国促进科技成果转化法〉若干规定》，也规定"国家设立的研究开发机构、高等院校对其持有的科技成果，可以自主决定转让、许可或者作价投资，除涉及国家秘密、国家安全外，不需审批或者备案"。

为落实上述法律法规，财政部 2019 年 3 月 29 日印发《关于修改〈事业单位国有资产管理暂行办法〉的决定》（财政部令第 100 号），在保留国家所有权的情况下，实行科技成果知识产权的实施权利下放。第五十六条规定，"国家设立的研究开发机构、高等院校对其持有的科技成果，可以自主决定转让、许可或者作价投资，不需报主管部门、财政部门审批或者备案"。2019 年 9 月 23 日，财政部发布《关于进一步加大授权力度 促进科技成果转化的通知》（财资〔2019〕57 号），再次明确规定，"中央级研究开发机构、高等院校对持有的科技成果，可以自主决定转让、许可或者作价投资，除涉及国家秘密、国家安全及关键核心技术外，不需报主管部门和财政部审批或者备案"。

虽然我国在科技成果和知识产权实施的权利下放上有很大进步，但并没有明确规定相应的权利，也没有规定"自主决定转让、许可或作价投资"这些实施的权利的类型和属性。国家设立的研究开发机构、高等院校可以对其持有的科技成果自主决定转让、许可或作价投资，也可以是知识产权权利人，但并没有获得相应的处置权、使用权、收益权等法定权利。这些权利在 2015 年 3 月 23 日发布的《中共中央　国务院关于深化体制机制改革加快实施创新驱动发展战略的若干意见》中提出，要求"加快下放科技成果使用、处置和收益权"，但在《财政部　科技部　国家知识产权局关于开展深化中央级事业单位科技成果使用、处置和收益管理改革试点的通知》（财教〔2014〕233 号）中变成了"使用、处置和收益管理改革"，而在 2015 年 8 月 29 日修正后的《中华人民共和国促进科技成果转化法》没有出现。这三个权利实际上是实施权，由于缺乏明确的法律规定，权利下放没有到位，还在一定程度上造成科技成果知识产权所有权与实施权的混乱，在较大程度上影响了科技成果和知识产权转移转化。

目前，我国在制定科技成果和知识产权转移转化法律政策上有两种趋向，一种是将科技成果所有权或长期使用权向职务科技成果完成人个人下放，另一种是加强技术转移与知识产权运营机构建设。为促进科技成果和知识产权转移转化，我国不但将科技成果及知识产权的实施权利下放给财政资金资助的科技项目的承担单位，还将科技成果所有权或长期使用权向职务成果完成人个人下放。2016 年 11 月 7 日，中共中央办公厅、国务院办公厅印发《关于实行以增加知识价值为导向分配政策的若干意见》首次提出探索赋予科研人员科技成果所有权或长期使用权。2017 年 9 月 15 日，《国务院关于印发国家技术转移体系建设方案的通知》（国发〔2017〕44 号）提出"探索赋予科研人员横向委托项目科技成果所有权或长期使用权，在法律授权前提下开展高校、科研院所等单位与完成人或团队共同拥有职务发明科技成果产权的改革试点"。2018 年，国务院印发《国务院关于优化科研管理提升科研绩效若干措施的通知》（国发〔2018〕25 号），要求开展赋予科研人员职务科技成果所有权或长期使用权试点。2020 年 2 月 14 日，习近平总书记主持召开中央全面深化改革委员会第十二次会议，会议审议通过了《赋予科研人员职务科技成果所有权或长期使用权试点实施方案》。

2020 年 2 月 3 日，《教育部　国家知识产权局　科技部关于提升高等学校专利质量促进转化运用的若干意见》（教科技〔2020〕1 号）发布，规定对于高校决定不申请专利的职务科技成果，允许高校开展职务发明所有权改革探索；高校要与发明人订立书面合同，依照法定程序转让专利申请权或者专利权，允许发明人自行申请专利。2020 年 5 月 9 日，科技部等 9 部门印发《赋予科研人员职务科技成果所有权或长期使用权试点实施方案》，分领域选择 40 家高等院校和科研机构开展试点。一是赋予科研人员职务科技成果所有权。国家设立的高等院校、科研机构科研人员完成的职务科技成果所有权属于单位。试点单位可以结合本单位实际，将本单位利用财政性资金形成或接受企业、其他社会组织委托形成的归单位所有的职务科技成果所有权赋予成果完成人（团队），试点单位与成果完成人（团队）成为共同所有权人。赋权的成果应具备权属清晰、应用前景明朗、承接对象明确、科研人员转化意愿强烈等条件。二是赋予科研人员职务科技成果长期使用权。试点单位可赋予科研人员不低于 10 年的职务科技成果长期使用权。科技成果完成人（团队）应向单位申请并提交成果转化实施方案，由其单独或与其他单位共同实施该项科技成果转化。试点单位进行审批并在单位内公示，公示期不少于 15 个工作日。试点单位与科技成果完成人（团队）应签署书面协议，合理约定成果的收益分配等事项，在科研人员履行协议、科技成果转化取得积极进展、收益情况良好的情况下，试点单位可进一步延长科研人员长期使用权期限。试点结束后，试点期内签署生效的长期使用权协议应当按照协议约定继续履行。2021 年 3 月 31 日，国家知识产权局、中国科学院、中国工程院、中国科学技术协会印发《国家知识产权局 中国科学院 中国工程院 中国科学技术协会关于推动科研组织知识产权高质量发展的指导意见》（国知发运字〔2021〕7 号），规定"探索知识产权权益分配改革。鼓励科研组织积极参与国家和地方赋予科研人员职务科技成果所有权或长期使用权试点工作。向科研人员赋予职务科技成果所有权的，要按照权利义务对等原则，明确各自承担的知识产权费用和获得的收益分配比例，不得利用财政资金支付科研人员承担的知识产权费用。改进知识产权归属制度，建立有效的知识产权收益激励机制，鼓励科研组织采取股权、期权、分红等激励方式，使发明人或者设计人合理分享创新收益，同时对为转化运用做出重要贡献的科研、管理与运营人员等，给予合理的奖励和报酬"。

为加强技术转移和知识产权运营机构建设，教育部、国家知识产权局、科技部印发的《教育部 国家知识产权局 科技部关于提升高等学校专利质量促进转化运用的若干意见》，要求"加强技术转移与知识产权运营机构建设，支持有条件的高校建立健全集技术转移与知识产权管理运营为一体的专门机构"。为落实该政策，2020 年 2 月 24 日，国家知识产权局办公室，教育部办公厅发布《国家知识产权局办公室 教育部办公厅关于组织开展国家知识产权试点示范高校建设工作的通知》（国知办发运字〔2020〕8 号），提出了"强化高校知识产权高质量创造、高效益运用、高标准保护、高水平管理能力建设，建设 50 家左右凸显知识产权综合能力的示范高校，培育一批彰显知识产权特色和优势的试点高校"的总体目标。科技部等 9 部门印发《赋予科研人员职务科技成果所有权或长期使用权试点实施方案》的通知，也要求"充分发挥专业化技术转移机构的作用，试点单位应在不增加编制的前提下完善专业化技术转移机制建设，发挥社会化技术转移机构作用，开展信息发布、成果评价、成果对接、经纪服务、知识产权管理与运用等工作，创新技术转移管理和运营机制，加强技术经理人队伍建设，提升专业化服务能力"。科技部、教育部 2020 年 5 月 13 日印发《关于进一步推进高等学校专业化技术转移机构建设发展的实施意见》的通知（国科发区〔2020〕133 号），提出"在不增加本校编制的前提下，高校可设立技术转移办公室、技术转移中心等内设机构，或者联合地方、企业设立的从事技术开发、技术转移、中试熟化的独立机构，以及设立高校全资拥有的技术转移公司、知识产权管理公司等方式建立技术转移机构。"科技部、教育部 2021 年 10 月 10 日公布了 20 个试点高等学校专业化国家技术转移机构的名单，2022 年 3 月公布了第二批 20 个试点高等学校专业化技术转移机构的名单。

国家知识产权局、中国科学院、中国工程院、中国科学技术协会 2021 年 3 月 31 日印发《国家知识产权局 中国科学院 中国工程院 中国科学技术协会关于推动科研组织知识产权高质量发展的指导意见》，也要求 "有条件的科研组织可建立独立的知识产权管理和运营机构。鼓励科技中介服务机构、金融机构等专业化服务机构参与科研组织的知识产权运营"。这些政策体现了单位对知识产权申请和科技成果转化的规范职责，体现了内部或外部专业机构管理知识产权和技术转移的重要作用。

实际上，赋予科研人员科技成果所有权或长期使用权与加强专业化技术转移和知识产权运营机构建设并不矛盾，科技成果转化和知识产权运用既离不开专业技术转移机构的服务，也离不开科研人员的积极参与，尤其是对于单位缺乏专业技术转移和知识产权运营机构的、单位内部技术转移和知识产权运营机构没有评估通过的发明创造形成的、在法定期限内单位没有转化实施的科技成果和知识产权、科技成果知识产权比较少或知识产权比较独立的、企业委托项目形成的科技成果和知识产权以及主要用于作价入股目的的科技成果和知识产权，如果转化前景比较明确，依靠科研人员转化更好，完全可以下放所有权或长期使用权，以激发科技成果完成人和发明人的积极性。在科技成果和知识产权转化实施后，单位可以按约定的比例获取相应的收益，不仅不会造成国有资产流失，还会使国有资产保值增值。

2.3.3　转化激励

由于财政性资金形成的科技成果和知识产权以及其作价出资形成的股权属于国有资产，按照规定通过转让、许可和作价出资获得的收入应当上缴国库。财政部 2008 年印发的《中央级事业单位国有资产处置管理暂行办法》第三十三条规定，"中央级事业单位国有资产处置收入，在扣除相关税金、评估费、拍卖佣金等费用后，按照政府非税收入管理和财政国库收缴管理的规定上缴中央国库，实行 '收支两条线' 管理。出售实物资产和无形资产收入、置换差价收入、报废报损残值变价收入、保险理赔收入等上缴中央国库，实行 '收支两条线' 管理"，按此规定，科技成果转化收入应当全部上缴国库，而且除了给个人的激励部分外的其他部分收入仍然需要上交。该办法第三十三条规定，"科技成果转化（转让）收入，按照《国务院办公厅转发科技部等部门关于促进科技成果转化若干规定的通知》（国办发〔1999〕29 号）的有关规定，在扣除奖励资金后上缴中央国库。"第三十四条规定，利用实物资产、无形资产对外投资形成的股权（权益）的出售、出让、转让收入，收入形式为现金的，扣除投资收益，以及税金、评估费等相关费用后，上缴中央国库，实行 "收支两条线" 管理；收入形式为资产和现金的，现金部分扣除投资收益，以及税金、评估费等相关费用后，上缴中央国库；利用现金、实物资产、无形资产混合对外投资形成的股权（权益）的出售、出让、转让收入，按照有关规定分别管理。也就是说科技成果和知识产权作价入股形成的股权出售、出让、转让收入，扣除投资收益及税金后仍需要上缴国库，这不但没有解决对单位的激励问题，也没有解决对科研人员和职务发明人个人的激励问题。由于收入要上缴，高校和科研机构进行科技成果与知识产权转移转化的积极性一直不高。

所以，为了解决激励不足问题，我国 2015 年修正了《中华人民共和国促进科技成果转化法》，取消了上述科技成果转化收入上缴的规定。第四十三条规定，"国家设立的研究开发机构、高等院校转化科技成果所获得的收入全部留归本单位，在对完成、转化职务科技成果做出重要贡献的人员给予奖励和报酬后，主要用于科学技术研究开发与成果转化等相关工作。"国务院 2016 年出台的《实施〈中华人民共和国促进科技成果转化法〉若干规定》也规定，"国家设立的研究开发机构、高等院校转化科技成果所获得的收入全部留归单位，纳入单位预算，不上缴国库，扣除对完成和转化职务科技成果作出重要贡献人员的奖励和报酬后，应当主要用于科学技术研发与成果转化等相关工作，并对技术转移机构的运行和发展给予保障"。财政部 2019 年印发的《事业单位国有资产管理暂行办法》第五十六条规定，"国家设立的研究开发机构、高等院校转化科技成果所获得的收入全部留归本单位。"财政部 2019 年印发的《关于进一步加大授权力度 促进科技成果转化的通知》也再次明确"中央级研究开发机构、高等院校转化科技成果所获得的收入全部留归本单位，纳入单位预算，不上缴国库，主要用于对完成和转化职务科技成果做出重要贡献人员的奖励和报酬、科学技术研发与成果转化等相关工作。"至此基本解决了收入分配的单位激励问题。

2.3.4 无形资产评估

财政部 2008 年发布的《中央级事业单位国有资产管理暂行办法》规定了财政性科技成果和知识产权的法定评估要求。2018 年修正后的《中华人民共和国公司法》第二十七条规定，"对作为出资的非货币财产应当评估作价，核实财产，不得高估或者低估作价。"由于科技成果和知识产权资产价值准确评估难，科技成果和知识产权资产法定评估流于形式。我国 2015 年修正的《中华人民共和国促进科技成果转化法》虽然取消了财政性科技成果转化法定评估的规定，但规定应当通过公开透明方式确定价格："国家设立的研究开发机构、高等院校对其持有的科技成果，可以自主决定转让、许可或者作价投资，但应当通过协议定价、在技术交易市场挂牌交易、拍卖等方式确定价格。"

我国 2016 年 7 月 2 日通过的《中华人民共和国资产评估法》第二条规定，"资产评估是指评估机构及其评估专业人员根据委托对不动产、动产、无形资产、企业价值、资产损失或者其他经济权益进行评定、估算，并出具评估报告的专业服务行为"，并未规定财政性科技成果和知识产权类无形资产转移转化必须经过法定评估。中国资产评估协会 2015年印发 2017 年修订的《知识产权资产评估指南》（中评协〔2017〕44 号）第十条列举了知识产权资产评估目的，通常包括转让、许可使用、出资、质押、诉讼、财务报告等。由于国家设立的高校和科研机构的全部无形资产都属于国有资产，他们担负着保值增值的责任，所以很多单位还不得不进行评估。由于财政部一直没有出台取消科技成果和知识产权转移转化法定评估的政策，很多单位仍然不得不进行法定评估

直到 2019 年 3 月 29 日，财政部印发《关于修改〈事业单位国有资产管理暂行办法〉

的决定》（财政部令第 100 号）。该办法第三十九条规定，国家设立的研究开发机构、高等院校将其持有的科技成果转让、许可或者作价投资给国有全资企业的，可以不进行资产评估。第四十条规定，"国家设立的研究开发机构、高等院校将其持有的科技成果转让、许可或者作价投资给非国有全资企业的，由单位自主决定是否进行资产评估"，将评估权限进行了下放。第五十六条规定，"国家设立的研究开发机构、高等院校对其持有的科技成果，可以自主决定转让、许可或者作价投资，不需报主管部门、财政部门审批或者备案，并通过协议定价、在技术交易市场挂牌交易、拍卖等方式确定价格。通过协议定价的，应当在本单位公示科技成果名称和拟交易价格。"至此才真正不再需要法定评估。

2019 年 9 月 23 日，财政部印发《关于进一步加大授权力度 促进科技成果转化的通知》（财资〔2019〕57 号），进一步明确规定，"中央级研究开发机构、高等院校将科技成果转让、许可或者作价投资，由单位自主决定是否进行资产评估；通过协议定价的，应当在本单位公示科技成果名称和拟交易价格"，同时还规定授权中央级研究开发机构、高等院校的主管部门"办理科技成果作价投资形成国有股权的转让、无偿划转或者对外投资等管理事项，不需报财政部审批或者备案"，"办理科技成果作价投资成立企业的国有资产产权登记事项，不需报财政部办理登记"，授权单位主管部门对科技成果作价投资形成的国有股权进行管理和办理登记，实际上等于取消了科技成果作价入股形成的股权的法定评估要求。

2.4　税收优惠

我国对科技成果和知识产权作价入股的税收优惠政策主要包括两个方面。

一是对技术和知识产权投资采取投资额列支成本的优惠政策。2009 年 4 月 30 日，国家税务总局印发《国家税务总局关于实施创业投资企业所得税优惠问题的通知》（国税发〔2009〕87 号）规定，"创业投资企业采取股权投资方式投资于未上市的中小高新技术企业 2 年（24 个月）以上，凡符合以下条件的，可以按其对中小高新技术企业投资额的 70%，在股权持有满 2 年的当年抵扣该创业投资企业的应纳税所得额；当年不足抵扣的，可以在以后纳税年度结转抵扣。"

二是针对科研人员和职务发明人的奖励股权税收优惠政策。1999 年 5 月 27 日，《财政部 国家税务总局关于促进科技成果转化有关税收政策的通知》（财税字〔1999〕45 号）印发，规定科研机构、高等学校转化职务科技成果以股份或出资比例等股权形式给予科技人员个人奖励，获奖人在取得股份、出资比例时，暂不缴纳个人所得税；取得按股份、出资比例分红或转让股权、出资比例所得时，应依法缴纳个人所得税。国家税务总局 1999 年 7 月 1 日印发的《国家税务总局关于促进科技成果转化有关个人所得税问题的通知》（国税发〔1999〕125 号），规定"科研机构、高等学校转化职务科技成果以股份或出资比例等股权形式给予科技人员个人奖励，经主管税务机关审核后，暂不征收个人所得税"。但是，国家税务总局 2007 年 8 月 1 日发布了《国家税务总局关于取消促进科技成果转化暂不征收个人所得税审核权有关问题的通知》（国税函〔2007〕833 号），我国自 2007 年 8 月 1 日起停止执行免税审核，各地开始对科技成果和知识产权入股的股份或出资比例征收个人所得税。但由于一次性交税存在较大困难，中共中央、国务院 2015 年 3 月 13 日发布的《中共中央 国务院关于深化体制机制改革加快实施创新驱动发展战略的若干意见》（中发〔2015〕8 号）提出，"高新技术企业和科技型中小企业科研人员通过科技成果转化取得股权奖励收入时，原则上在 5 年内分期缴纳个人所得税"。

但由于分期缴纳奖励股权个人所得税仍然没有解决"除权即交税"问题，2016 年 9 月 28 日，财政部、国家税务总局发布《关于完善股权激励和技术入股有关所得税政策的通知》（财税〔2016〕101 号），规定"非上市公司授予本公司员工的股票期权、股权期权、限制性股票和股权奖励，符合规定条件的，经向主管税务机关备案，可实行递延纳税政策，即员工在取得股权激励时可暂不纳税，递延至转让该股权时纳税；股权转让时，按照股权转让收入减除股权取得成本以及合理税费后的差额，适用'财产转让所得'项目，按照 20% 的税率计算缴纳个人所得税"；"上市公司授予个人的股票期权、限制性股票和股权奖励，经向主管税务机关备案，个人可自股票期权行权、限制性股票解禁或取得股权奖励之日起，在不超过 12 个月的期限内缴纳个人所得税"；"企业或个人以技术成果投资入股到境内居民企业，被投资企业支付的对价全部为股票（权）的，企业或个人可选择继续按现行有关税收政策执行，也可选择适用递延纳税优惠政策。选择技术成果投资入股递延纳税政策的，经向主管税务机关备案，投资入股当期可暂不纳税，允许递延至转让股权时，按股权转让收入减去技术成果原值和合理税费后的差额计算缴纳所得税。"至此我国基本解决了科技成果和知识产权作价入股的所得税税收负担问题。

2.5 国有资产管理与知识产权运用

目前，我国关于国有资产管理主要存在以下几个方面的争议。这些争议不仅事关科技成果转化和知识产权运用的制度完善问题，也关系科技创新效率问题，甚至关系到我国社会主义所有制问题。

一是财政资金形成知识产权是否具有公益性。知识产权最初是代表国家的王室授予的特许权利。在 1471 年的威尼斯时期，专利权是元老院给予发明人的特权，在英国伊丽莎白一世时期，专利权是王室授予发明人的特权。由于王室代表国家，从这个意义上说，知识产权实际上初始是一种国家给予的垄断特权，这种制度通过给予特权激励新的发明和新的装置。随着英国工业革命和议会运动的发展，知识产权逐渐演变为一种国家确认的民事权利。后来，人们为了验证知识产权制度的合理性和促进知识产权制度改革，将洛克的劳动理论或自然权利理论、黑格尔的精神权利说、马克思的生产理论（DRAHOS，1996）或自由主义、自我表达主义（Resnik，2003）等理论等引入知识产权制度原理中，论证知识产权是一种私权。尤其是洛克（1980）自然权利说认为，一个人拥有自己的身体，而劳动是由身体所产生的，将其劳动加入那些在共有状态中所发现的资源，就产生了财产权，政府存在的唯一理由是保护这种权利。但是，每一种理论与方法只说明了知识产权制度某一方面的合理性（Resnik，2003），知识产权私权之说并非完全站得住脚，这些理论是后人为了验证知识产权的理论附加上的。

实际上，承认知识产权民事权利的私权属性并不能完全否定知识产权的公益性或者公有性，尤其是全体国民缴纳的税收形成的财政资金支持科研项目形成的知识产权虽然是由作为民事主体的单位及发明人完成的，但这种知识产权体现了国家的意志和目的，是为了解决公共问题而形成的。同时，公共财政投入产生的知识产权只有赋予一定的公益性或公有性才能使得这种知识产权的创造和运用具有可持续性。

我国是社会主义国家，财政性资金投入的科研项目产生的科技成果和知识产权，理应属于全民所有，即使将知识产权下放给单位和个人，也不能否定知识产权的公益性，不能否定国家所有的根本性质。此外，认为知识产权是一种天然的私权，还必然与社会主义国家知识产权资产具有公有性产生冲突。知识产权是促进社会利益的政策工具，而非发明人的自然权利，知识产权制度的任务是促进创新和技术的扩散，利益平衡指的是社会各方利益的平衡和产出的最大化（Guellec et al.，2007）。

二是财政资金形成知识产权国家是否有所有权。国有资产是国家或国家代表全体国民以各种形式投资及其收益、拨款、接受馈赠、凭借国家权力取得或者依据法律认定的各种财产或产权权益（李海波 等，1998）。高校和科研机构的国有资产是高校和科研机构占有和使用的，以各种形式（国家拨款、社会捐赠等）取得，是能以货币计量的各种经济资源的总和（江文清，2004）。根据财政部《企业会计准则》，科技成果转化中涉及的无形资产主要是技术类无形资产，如专利技术、非专利技术等。虽然 2005 年修改的《中华人民共和国公司法》删除了原法第四条第三款"公司中的国有资产所有权属于国家"的规定，《中华人民共和国民法典》第二百四十二条规定和《中华人民共和国企业国有资产法》解决了关于国有企业知识产权"持有"与"所有"的问题，但《中华人民共和国民法典》第二百五十六条规定"国家举办的事业单位对其直接支配的不动产和动产，享有占有、使用以及依照法律和国务院的有关规定收益、处分的权利"，国家并没有放弃关于事业单位不动产和动产的所有权。

财政资金形成的科技成果及其知识产权的国有资产管理法规主要体现在《中华人民共和国民法典》《中华人民共和国科学技术进步法》《中华人民共和国促进科学技术成果转化法》和《企业会计准则第 6 号——无形资产》《中央级事业单位国有资产处置管理暂行办法》等法律法规和政策中。财政部发布的《企业会计制度》第四十三条明确规定了无形资产的定义。财政部发布的《企业会计准则第 6 号——无形资产》也规定无形资产的定义和辨认标准，并规定了无形资产的确认条件和研究开发支出形成无形资产的条件、摊销期限和摊销方法。《事业单位国有资产管理暂行办法》第三条规定，"事业单位国有资产，是指事业单位占有、使用的，依法确认为国家所有，能以货币计量的各种经济资源的总称"，事业单位国有资产的表现形式包括"无形资产"。由于财政性资产形成的科技成果及其知识产权被确认为无形资产，它必然属于国有资产。

实际上，财政资金形成的科技成果和知识产权所有权归国家是明确的。我国 2021 年修订的《中华人民共和国科学技术进步法》第三十二条规定，"利用财政性资金设立的科学技术计划项目所形成的科技成果，在不损害国家安全、国家利益和重大社会公共利益的前提下，授权项目承担者依法取得相关知识产权，项目承担者可以依法自行投资实施转化、向他人转让、联合他人共同实施转化、许可他人使用或者作价投资等"，这是将知识产权授予相关单位，但并没有下放知识产权的国家所有权。我国 2015 年修改的《中华人民共和国促进科技成果转化法》规定，"国家设立的研究开发机构、高等院校对其持有的科技成果，可以自主决定转让、许可或者作价投资，但应当通过协议定价、在技术交易市场挂牌交易、拍卖等方式确定价格"，更是明确了国家所有权属性。财政部 2019 年发布的《事业单位国有资产管理暂行办法》多处使用"持有"一词，进一步重申了财政性科技成果和知识产权的国家所有权属性。

我国是社会主义国家，不能简单照搬西方知识产权理论，不能简单认为知识产权是私权，或者认为知识产权与所有权不可分离，国家不应当具有所有权。实际上，确认承担财政性资金科研项目形成的知识产权的单位是知识产权申请人或知识产权权利人，同时国家保留所有权并不影响单位行使知识产权权利，而且我国高校和科研机构也是国家或地方财政支持设立的，本身就具有公有性。

三是财政资金形成知识产权是资源还是资产。财政部《企业会计准则第 6 号——无形资产》第九条规定，内部研究开发项目开发阶段的支出确认为无形资产的应当具备出售或使用的可行性、有使用出售的意图、存在市场和具有有用性、配套资源支撑、成本可靠地计量等五个条件。但实际上科技成果及其知识产权并不符合或者不完全符合上述五个条件的规定。第一，我国大多数知识产权尤其是专利权的使用和出售在技术上不具有可行性。根据《2019 年中国专利调查报告》，我国三类有效专利 2018 年产业化率为 36.3%，许可率为 5.5%，转让率为 3.2%，我国仍有将近一半的有效专利没有得到实施和转移。由于是被调查单位自行填写调查表，如果将放弃和无效的专利计算在内，则实施和转移的比例更低。知识产权具有使用和出售的可行性更是难以确定。技术上的可行性是指技术具有先进性和成熟度，技术的先进反映在以下几个方面：①拥有一项技术的全部专利，而他人在国内外没有申请过该技术的专利；②在一项技术中，自主专利占绝对多数或相对多数；③一项技术有自主专利，但他人在国外有专利而在本国没有专利。技术成熟度反映在技术生命周期的不同阶段，起步期的技术适合风险投资，只有成长期后期或者成熟期的技术值得实施、投资或出售。由此可知，专利权在技术上是否具有可行性较难判断。目前，我国获取知识产权的目的不是为了使用和出售，相当一部分是为了其他目的，如根据 2018 年《国家知识产权战略纲要》实施十周年知识产权运用的调查报告，我国 376 家高校科研机构申请专利的目的 85.11% 是为了完成科研项目合同要求，84.04% 是为了评职称、完成单位考核指标，76.86% 是为了申请新项目，为了获得收益的占 72.34%，为了防御别人的占 42.82%。

第二，知识产权的支出无法可靠地计量。按照《企业会计准则第 6 号——无形资产》

规定，多数知识产权成本按照形成无形资产的知识产权申请维持费和服务费计量，一些知识产权成本还可以包括研究开发支出。实践中，企业一般会将研究开发支出分摊到相应的知识产权上，而高校和科研机构一般不会包括研究开发支出，这就会造成一定的混乱，这种计量知识产权成本的方法存在较大的不确定性。财政部、国家知识产权局 2018 年 11 月 5 日印发的《知识产权相关会计信息披露规定》（财会〔2018〕30 号）规定，用于企业按照《企业会计准则第 6 号——无形资产》规定确认为无形资产的知识产权和企业拥有或控制的、预期会给企业带来经济利益的、但由于不满足《企业会计准则第 6 号——无形资产》确认条件而未确认为无形资产的知识产权的相关会计信息披露，应主要包括账面原值、累计摊销、减值准备、账面价值，由于摊销、减值方法的不同，这些价值也会存在较大差异。由于这些关于支出的规定不符合实际，既无法反映知识产权资产的市场价值，也影响知识产权类无形资产支出的准确确定，在较大程度上影响了知识产权的评估和保值增值。

第三，存在市场和有用性无法证明。证明知识产权是否存在市场是极其困难的。知识产权是否存在市场应用，关键是要看知识产权有无质量、风险问题，即使在质量和风险上没有问题，还应考虑知识产权如专利技术、专有技术是否具有先进性和成熟性，是否配套。只有知识产权尤其是专利技术具有先进性、具有在生命周期一定阶段的成熟性，并且配套技术可以获得才能实施、转让和许可、作价投资，才能具有市场，只有把知识产权放在技术或产品中才能考察其是否存在市场，而从知识产权本身无法准确判断其市场情景。知识产权有用性也是不确定的，根据《中华人民共和国专利法》的规定，实用性是指该发明或者实用新型能够制造或者使用，并且能够产生积极效果。知识产权的有用性与实用性基本相同，我国很多专利都有实用性但却无法实际应用，实用性也是一种潜在的可能，与实际应用差距甚远。

第四，无形资产很难分离出来。职务科技成果知识产权虽然表现为专利权、商标权和著作权等知识产权，但这些知识产权与产品和服务是一体的，实际上不可能从企业中分离出来。知识产权只有与产品和服务融合在一起，才能实现知识产权的价值。

我国情况与国外不同，国外大学和科研机构和企业大多拥有专业知识产权管理机构管理知识产权，知识产权部门针对知识产权的收费标准很高，所以知识产权质量一般很高。例如，美国大学技术转移经理人协会 2018 年参与调查的 198 家大学和科研机构均有内部技术转移办公室。而我国绝大多数企业、高校和科研机构单位没有建立内部的专业知识产权管理机构。我国企业、高校和科研机构普遍缺乏有效的技术转移、知识产权管理和种子投资的人才团队，缺乏有效的知识产权集中管理和许可机制，没有解决信息和风险不对称问题（宋河发 等，2014）。根据《中国科技成果转化 2018 年度报告》，全国 2017 年被调查的 2 766 家高校科研单位只有 9.5% 的单位设立了专门的技术转移机构，但很多技术转移机构并不是国际上通行的内部专业技术转移机构。我国知识产权费用标准长期没有提高，加上很多荣誉性激励政策的影响，知识产权的质量总体还不高，知识产权的风险还比较多。因此，我国目前很难将知识产权和其他无形资产放在一起作为一种资产，知识产权应当是一种潜在的资产，或者说应当是一种资源。所以，将知识产权纳入无形资产存在很多问题，将财政资金形成的知识产权作为国有资产进行管理和保值增值也具有一定的不合理性。

同时，实行知识产权"混合所有制"或者下放科技成果及知识产权的所有权并没有造成实际的损失，只是产生了造成国有资产流失的可能性。只有职务科技成果和知识产权实施、转让和许可或者形成的股权交易或清算时才能认定是否是造成了实际损失。我国高校和科研机构知识产权自行实施率和转让率、许可率较低，即使对职务科技成果知识产权实行了"混合所有制"或者下放了所有权，但由于没有实施、转让和许可、股权交易和清算，没有造成实际的金钱流失，所以就不能简单地说造成了国有资产流失。相反，如果职务发明人获得科技成果所有权或分享知识产权后取得一定比例的实际收益，单位和国家也可以按预定的比例取得实际收益，那么国有资产没有流失而且还有增值（宋河发，2018）。

四是财政资金形成的知识产权能否准确评估。国家设立的高校科研机构实际是国有资产的占有、使用和处置单位，担负着国有资产保值增值的责任。为实现保值增值，必须进行国有资产评估。根据中国资产评估协会印发的《知识产权资产评估指南》（中评协〔2017〕44号），涉及知识产权的国有资产评估主要包括为以知识产权转让或者许可为目的的评估、以出资为目的的评估、以诉讼为目的的评估、以质押为目的的评估和以财务报告为目的的评估。由此可知，虽然《中华人民共和国促进科技成果转化法》和财政部各种政策规定财政性资金形成的国有知识产权等无形资产转让、许可、出资不需要评估，但并没有规定不需要以财务报告为目的的评估。而以财务报告为目的的评估是国有资产保值增值和防止国有资产流失的先决条件。这就造成法律和政策不同规定之间的矛盾和冲突，也增加了一些不必要的管理措施，如大多数高校和科研机构为保值增值的目的不得不进行评估，也造成一些高校和科研机构不按照规定进行评估，如一些高校科研机构将全部知识产权设定为统一的一个价格，如一件专利1元或1万元进行登记、报告，甚至下放给职务科技成果完成人。

现行的知识产权资产评估方法主要采取收益现值法、成本法和市场法。三种方法适用的知识产权种类和条件并不相同，收益现值法较适用于知识产权实施，如专利技术和专利组合技术。成本法适用于研发成本较高且较好计算成本的知识产权，如软件著作权。而市场法则适用于大宗知识产权交易，如专利转让和许可。但是无论是哪种方法，都无法实现准确评估。准确评估实际是不可能实现的，其主要问题在于知识产权价格评估对应不同的知识产权应用场景，知识产权自身还具有不同的价值度。在不同的情形下，知识产权评估的价格是不同的，转让与许可的价格不同，转让和许可与投资的价格不同，转让和许可范围大小的价格不同，但根本的一点是一方是否接受另一方给出的价格。尤其是知识产权作价出资，获得投资的可能性和投资规模的大小直接影响知识产权的价格。此外，目前的知识产权资产价格评估基本分为两种情形：一种是评估机构根据客户要求的价格，补充撰写价格评估报告；另一种是评估机构自行进行评估并撰写评估报告。前一种评估必然是不科学和不准确的评估，所以规定知识产权法定价格评估完全不必要。后一种由于没有合作方的参与，评估的价格往往不被对方承认，现实中知识产权权利人为甲方时则往往评估的价格高，认为实施的可行性较高，而购买的乙方往往评估的价格较低，认为实施的可行性不高，很难达成一致。后一种由于评估机构不深入分析知识产权的质量、风险、实施条件和管理团队，也很难达到准确评估。实际上，无法准确评估知识产权价格的主要原因在于评估机构对知识产权质量、风险和获得投资的可能性评估不足，没有建立甲、乙双方或甲、乙、丙三方同时参与的评估机制，没有解决甲、乙双方的信任问题（宋河发，2018）。

2.6　创新理论与知识产权运用

长期以来，关于职务科技成果知识产权所有权归属和转移转化模式引起了很多争议。高校和科研机构拥有发明所有权，并通过建立内部专业化技术转移机构转移转化技术和知识产权已经成为主要发达国家通行的模式。美国国会通过《拜杜法案》的原因在于联邦资助研究产生的专利权多数没有被利用（Kenney et al.，2009），有很多国家采用美国《拜杜法案》模式促进高校和科研机构发明的商业化。国内外经验已经证明，大学和科研机构拥有发明的所有权，建立内部技术转移办公室比发明人更有能力判断发明的价值，对于提升专利质量、促进商业化起到了极为重要的作用。但由于国外多数大学和科研机构内部专业技术转移机构的目标是最大限度增加收入而偏离了大学公益性目标，有可能会增加交易成本导致科研人员创新创业困难。如果技术许可办公室管理不善、规模太小、缺乏专业人才，反而可能会导致技术转移受挫并产生负面声誉。现行大学在法律上保留对发明的所有权无论从经济效益还是社会利益，如促进技术商业化和鼓励创业来看，都不是最优的（Kenney et al.，2009）。实施拜杜法案体系甚至可能会阻碍技术扩散（Shiri，2014）。所以，一些学者主张发明人拥有所有权的模式，认为发明人拥有所有权的好处是分散了风险，可以降低交易成本，具有与单位谈判获得对价的资本。在中国情境下，高校、科研机构是否应当拥有发明的所有权，尤其是是否应当拥有财政资金形成科技成果知识产权的所有权，是否应通过建立内部技术转移机构转移转化，各有利弊，但最终要根据创新的规律和技术转移转化的方式来进行选择。

根据《中华人民共和国促进科技成果转化法》的规定，科技成果转化是指为提高生产力水平而对科技成果所进行的后续试验、开发、应用、推广直至形成新技术、新工艺、新材料、新产品，发展新产业等的活动。知识产权运用主要包括利用知识产权提升创新能力与竞争力的竞争性运用和知识产权转化为生产力的商业化运用两个方面，后者是将知识产权及其产品（服务）变为更高经济价值的活动，前者主要包括知识产权引进与学习、研发自主知识产权产品、专利与标准结合、知识产权交叉许可、知识产权防御、知识产权诉讼，以谋取竞争优势，长期来看也是为了谋取更高经济价值的活动（宋河发，2018）。

科技成果转化和知识产权运用是把发明创造的成果及其知识产权应用的过程，实际是技术创新的过程。熊彼特（1911）在《经济发展理论》中首次使用创新一词，并在 1939

年的《商业周期》、1943 年的《资本主义、社会主义和民主》中提出了创新的概念和理论，他认为创新是发明的首次商业化，创新是企业家对于生产要素的新组合，企业家是创新、生产要素的新组合以及经济发展的主要组织者和推动者。此后，一批经济学家从不同视角对创新概念进行了界定和研究。曼斯菲尔德（1968）指出，技术创新是一种新产品或新工艺被首次引进市场或为社会所使用的活动；弗里曼（1982）指出，技术创新是指第一次引进某项新产品、新工艺过程所包含的技术、设计、生产、管理和市场活动的诸多步骤；厄特巴克（1996）指出，创新是从新发明到商业上成功的产品或工艺的转变过程；经济合作发展组织则指出，技术创新包括新产品和新工艺，以及产品和工艺的显著技术变化，创新包括科学、技术、组织、金融和商业的一系列活动，OECD 还将技术创新的定义和测度从制造业扩大到服务业（OECD，1992）。创新这一概念在不同的时期有不同的内涵，随着科技和经济的快速发展，创新的内涵外延不断发生变化。但究其本质来说，创新是一种复杂的价值创造过程，包括科学价值、技术价值、经济价值、社会价值和文化价值的创造（穆荣平，2014）。只有实现价值循环才能构成创新生态系统。德国著名经济学家李斯特在 1841 年出版的《政治经济学的国民体系》中首先提出了国家体系的概念。20 世纪 80 年代，以伦德瓦尔（1992）、纳尔逊（Nelson et al.，1993）、帕特尔和帕维特（1994）、弗里曼（1995）为代表的学者提出并发展了国家创新体系的概念和内涵。近年来，创新生态体系研究成为热点，创新生态体系最早出现在 1994 年美国克林顿政府的一份研究报告中，"今天的科学和技术事业更像是一个生态系统"。2004 年，美国总统科技顾问委员会和竞争力委员会在《维护国家创新生态系统、信息技术制造和竞争力》和《维护国家创新生态系统》报告中正式使用创新生态系统一词。创新生态系统是在创新系统中考虑生态元素，将技术创新与环境进行复合的系统，是一个有"生命"活力的创新系统（葛霆 等，2007），它具有营养结构，即物质能量和信息的流动，也具有形态结构，即创新种群数量和创新种群的空间配置（刘友金 等，2005）。任何一个企业或组织的创新生态系统，可以分为研究、开发和应用三个群落（朱迪，2010）。创新生态体系可以帮助各主体实现风险共担，带来更多机遇，加速创新过程（Pittaway et al.，2004）。创新生态体系强调创新要被嵌入到市场过程和市场机制的作用中（Papaioannou，2009），强调各创新主体之间作用机制的动态演化（李万 等，2014）。创新生态体系是将产业多个相关创新成果整合成一套协调一致密切相关和面向用户的解决方案（Ron，2006），是成功的创新企业、新的产业以及世界范围内的企业家和投资者，是核心创新企业与上下游企业结合自身优势的密切合作（Andersen，2011），企业创新生态系统最关键的是建立以企业为联系互动核心的平台，构建上下游厂商、投资人、用户和竞争对手以及政府、高校和科研机构、个人在内的具有合理利益分享机制的网络化创新系统（宋河发，2013）。创新生态体系有六大影响因素，即创业企业、科研人员密度、创新氛围、资本获取、制度规范和监管环境（Phillips et al.，2016）。创新生态体系中的文化、制度、基础设施、IT 技术、人才是重要的因素（Audretsch et al.，2017）。世界科技强国的国家创新生态体系主要由三个方面构成：国家对科技的需求和战略、国家发展科技的供给能力和基础要素条件、科技运营各个要素相关制度设计，制度设计包括知识产权保护程度（柳卸林 等，2018）。

科研人员的主要任务是科学技术研究。科研人员虽然掌握了科技成果和知识产权，但并不拥有资本、劳动力和管理要素，无法将各种要素进行有效组合以实施该科技成果和知识产权，即无法完成创新的过程，尤其是在管理创业团队方面具有很大的困难。即使科研人员通过研究开发完成了技术，形成了专利等知识产权，但很有可能还需要不断地将技术集成和熟化，而集成与熟化还需要大量的资金和实验工作，科研人员很难拥有或者顺利获取大量的资金支持。同时，科研人员很有可能只掌握了科技成果中的一部分知识产权，自行实施、作价出资，或对外转让和许可有可能侵犯他人的知识产权，造成创新中止等风险或收益严重低于预期。即使是科研人员申请了专利，但现实中大部分科研人员由于不懂知识产权，往往自己撰写专利文件，造成专利质量低下，即使委托外部机构撰写，由于不懂知识产权也无法保障专利的质量。科研人员更不会开展高价值专利布局，很难形成基于技术标准的标准必要专利和组合。不会高价值可持续性专利组合布局，必然导致的后果是虽然重大科研项目产生的科技成果很好，也形成了知识产权，但无法实现新产品溢价、新产业赋能和新经济形成。所以将科技成果所有权下放给科研人员并不是最优的制度安排。即使科技人员创业或以技术或知识产权作价入股，虽然赋予发明人所有权可以避免交易成本，但也不能解决知识产权质量低、形不成组合等突出问题。

美国 1980 年的《拜杜法案》正是基于创新的原理，不仅明确规定"联邦政府资助，或以合同、合作方式支持公共大学、小企业和非营利组织产生的发明，其所有权归承包者所有"，而且还规定"承包者有责任以书面形式与教授和技术职工签订协议，要求其披露发明和转让发明给大学等"。同时，很多大学和科研机构内部技术转移办公室还成立了种子资金，专门用于早期投资职务发明技术和知识产权。所以，将财政资金形成的科技成果及其知识产权下放给单位是合理的。在此意义上，将科技成果所有权或者长期使用权下放给完成人并不符合科技成果转化和知识产权运用的规律，并不是有效的制度安排。

但是，高校发明人的参与能够加速高校专利技术的商业化进程（Markman et al.，2005；Link et al.，2010），发明人个人的企业界网络、学术声誉以及营销能力决定了技术转让的潜力（张胜等，2016），将具有非公益性的科研项目科技成果知识产权实行"混合所有制"或者下放所有权，可以增强科研人员在科技成果转化和知识产权运用中的谈判地位和对价。尤其是对于新的知识产权单项或为数不多的科技成果，如果不存在知识产权纠纷可能性，将科技成果和知识产权的所有权或长期使用权授予科研人员可能更好。另外，创新理论虽然认为创新的主体是企业家，但并不能以此否定科研人员拥有非公益性科技成果和知识产权所有权的重要意义，科研人员拥有科技成果和知识产权所有权，但并不一定要独立创办企业，在没有知识产权风险的情况下，他完全可以将科技成果和知识产权转让、许可给他人实施，也可以将科技成果知识产权作价入股，作为股东提供后续研发和技术服务。这既不影响科研人员本职的科研工作，又能较好地对入股企业进行后续技术服务支持。科技人员创业，他可以成为股东甚至董事长，但不一定要亲自管理企业。

2.7　小结

本章首先研究了财政性资金形成的科技成果及知识产权的公有属性，分析了国有资产管理规定、科技成果所有权与实施权，以及科技成果及知识产权的评估问题，然后从创新理论角度分析了科技成果和知识产权运用中的权利配置。为促进财政性资金科技成果和知识产权转化运用，提出如下建议：

一是提高对国有资产管理的认识。国有资产管理的法律政策不是阻碍科技成果转化和知识产权运用的主要问题，阻碍科技成果转化和知识产权运用的主要问题是科技成果和知识产权转移转化过程中存在供需不对接和信息与风险不对称问题，以及专利权碎片化问题，而目前的依靠中介机构和科技成果完成人转化的政策并不能解决上述问题。只有在高校和科研机构内部建立技术转移和知识产权运营机构才能够有效解决这些问题。

二是科技成果转化和知识产权运营政策改革的重点是要发展各类有效知识产权运营机构。要制定政策在高校和科研机构建立内部的技术转移和知识产权运营机构，设置技术转移、知识产权管理和种子基金三个部门和人才团队，要形成相互支持和相互约束的机制。

三是明确权利下放给职务科技成果完成人个人的条件。对于单位在一定时间内没有转化实施的科技成果和知识产权，允许将科技成果和知识产权的所有权或长期使用权下放给个人，国家和单位保留一定条件下的介入权和收益权。对于不涉及公益性的科技成果，对于只有知识产权为单项或数量不多的科技成果，如果没有侵权风险，可以将科技成果和知识产权的所有权或长期使用权下放给职务成果完成人个人。

第 3 章

知识产权价值评估

要对知识产权进行投融资，必须对知识产权进行价值评估。知识产权价值评估不仅仅是价格的评估，更重要的是知识产权本身价值度的评估。但是，现有很多知识产权评估模型和评估方法存在不足。进行知识产权投融资应先评估知识产权的质量、风险、技术经济性、项目管理团队，必须建立可行的制度和开发可行的价格评估模型与方法。

3.1　知识产权价值度评估概述

目前，市场上已经有很多关于知识产权价值度评估的系统或方法，由于评估需要的专业知识和技能具有一定高度性和复杂性，所以国内外一些知识产权分析机构和评估机构尝试开发知识产权价值软件系统。如 Innography 是一款专利信息检索和分析软件。通过该软件可以检索 100 多个国家的同族专利、法律状态及专利文本。该软件可以将专利的技术、商业、诉讼等各方面信息结合，进行结构化分析并直观呈现。该软件的专利强度（Patent Strength）分析方法来自于加州大学伯克利分校等的新研究成果，其作用是快速有效地识别核心专利和专利价值，主要包括十项指标：专利权利要求数量、引用在先技术文献数量、专利被引用次数、专利及专利申请家族数、专利申请时长、专利剩余年龄、专利诉讼、发明人数量、涉及行业数、成本。该软件的专利相似度（Patent Similarity）方法运用国际专利文献分类系统（IPC）和专利引文数据，通过相似度算法，生成专利相似度指数，帮助快速查找相似专利，可应用于专利无效分析、侵权分析等。该软件系统的特点是简单易用、显示直观。但是由于中国专利文献没有公开的被引文献，一些指标不能计算。该系统更无法评估专利文本质量，所以还无法评估中国专利质量。❶

为解决专利分级分类问题，2011 年，国家知识产权局原专利管理司委托中国技术交易所开发了 "专利价值分析评价指标体系"。该体系主要包括专利技术价值度（TVD）、经济价值度（EVD）、法律价值度（LVD）三个方面的 14 个指标。其中技术价值度指标包括先进性、行业发展趋势、适用范围、配套技术依存度、可替代性、成熟度 6 个方面的指标，其中前 5 个为基本指标。经济价值度包括市场应用、市场规模、市场占有率、竞争情

---

❶ Innograph Inc. Commercial Imaging Specialists［EB/OL］.（2022-11-30）［2022-11-30］. http://innograph. biz/about_us.

况、政策适应性、市场准入等 6 个指标，其中前 3 个为基本指标。法律价值度包括专利稳定性、实施可规避性、实施依赖性、专利侵权可判定性、有效期、多国申请、专利许可状态等（中国技术交易所，2011）。其计算公式为：$V = 40\% \times LVD + 40\% \times TVD + 20\% \times EVD$。这种方法可用于专利申请、专利维持和专利转移转化的分级分类管理。国家知识产权局在一些单位试点推行该方法，取得了一定效果。国家知识产权局 2021 年 10 月 25 日发布《专利开放许可使用费估算指引（试行）》，也建立了法律价值、技术价值和市场价值三个维度的专利开放许可使用费调整系数考虑因素指标体系。

索意互动（北京）信息技术公司开发的 Patentics 从专利度、特征度、新颖度、创造度等指标对专利申请和授权专利进行分析。可以分析专利质量，评估国家、地区、公司专利水平。其中专利度用权利要求数表示，特征度用独立权利要求的区别技术特征字数占比表示，新颖度用被引数量与引用和被引用数量之和的占比表示。创造度用授权专利度、授权特征度、审查效率、有效与否、有效率、公开与否、公开率等表示。该软件可以进行全球专利引证数据分析，查找价值最高的专利；可以进行竞争对手分析，可以进行专利交易分析，将专利运营信息与专利数据分析综合集成，可以进行导航和布局分析。❶

2002 年，丹麦专利局与哥本哈根商学院教授 Jan Mouritsen 合作研发了评估专利或技术项目价值的系统性工具——IPscore 2.0，输入包含法律状态、技术因素、市场环境、财务指标和公司战略五类数据，最后输出的结果是各类图表及专利评估报告，其因使用简便、界面友好、结果可靠，被世界知识产权组织采用并在欧洲广泛推广使用，但因多数指标为主观指标，此工具并不能科学评估知识产权的价格。❷

南方电网科学研究院有限责任公司和广州奥凯信息咨询有限公司 2016 年 10 月 12 日申请了申请号为 CN201610889579.0 的一种专利价值评估系统及价值评估方法，评估系统包括评估终端和专利数据库服务器，评估终端与专利数据库服务器连接，其中所述评估终端用于从专利数据库服务器中提取相应专利的各个评估指标进行数值上的量化，然后综合各个评估指标的数值作为评估结果进行输出。专利的评估指标包括专利撰写质量、专利类型、法律状态、专利维持时间、权利要求个数、独立权利要求个数、独立权利要求字数、IPC 分布广度、同族专利数、专利剩余有效期、被引用次数、引用次数、获奖情况、发明人数、许可次数、许可收益、转让次数。

上海必利专利评估技术有限公司起草，原上海市质量监督局备案的《专利评估技术标准 2.0》主要分析内容包括：最小可计量专利产品的分析及专利检索、专利价值空间结构分析、目标专利三维价值坐标与分级率分析、专利权稳定性分析、专利文献撰写质量分析、专利侵权易判性分析、权利要求保护范围分析、专利分级率的减值和加值、专利收益分析与计算、专利成本价值分析、专利市场价值分析、专利资产价值现值分析和计算、专利资产价值期值分析和计算、专利交易价值分析和计算、专利许可价值分析和计算、专利

❶ 根据 www.patentics.com 网站资料整理。

❷ 巴特，孟祥岳．IPScore：高价值专利评估工具之一［EB/OL］．（2017-06-30）［2022-11-30］．http://www.360doc.com/content/17/0630/21/26437691_667826508.shtml.

侵权赔偿金的分析和计算、专利附加价值的分析和计算、专利投资价值的分析和运算、专利交易风险的分析和计算、专利评估流程等。

此外，还有一些方法可在专利数据库中收集某些特定的专利申请和实施指标数据，如专利申请人数、同族专利数、专利引文数等指标，从而评估专利价值。其中比较有代表性的是 Lanjouw 和 Schankerman 专利价值评估模型，他们选取了专利要求数、引用次数、被引用次数、同族专利数 4 项指标进行因子分析，并用企业的专利维持和专利异议数据进行了验证（Lanjouw et al.，2001）。Ko 等（2019）开发了包括内部的申请人数、代理人数、家族数、国际分类号数和大类，外部的 IPC 规模、活动和活动均值、申请的指标体系。一些方法还基于 BP 网络、机器学习（赵蕴华 等，2013）、专利网络数据等开发价值评估方法（冯岭 等，2015）。

在国内，江苏大学 2014 年 3 月 26 日申请，申请号为 CN201310694516.6 的发明专利公开了一种专利价值评估方法，对专利权人的实力分值与待评估专利的技术竞争力分值进行加权求和得到专利价值；实力分值包括公司规模分值、公司专利申请量、专利平均被引率、专利平均施引率、专利平均同族专利数等；技术竞争力分值包括待评估专利的施引专利数、被专利引用次数和同族专利。佛山市恒南微科技有限公司 2016 年 2 月 4 日申请申请号为 CN201610079011.2 的发明专利公开了一种专利价值评估系统，在专利权的稳定性作为前置论证的基础上，通过待评专利管理模块、专利评分设置模块、自评管理模块、他评管理模块、众评管理模块、答辩沟通管理模块、专家库、报告管理模块和公示管理模块等结构，充分运用自评、他评、答辩，二次他评、二次答辩和公众评价等方法，以解决专利价值评估流于形式的问题。

技术和知识产权价值度评估是确定知识产权转让、许可价格或作价入股份额或比例的前提，价值评估实际上包括技术和知识产权本身价值度的评估和价格的评估，价值度评估是价格评估的前提，但现有评估方法如市场法、收益法、成本法、概率法和实物期权法等仅评估价格而不评估知识产权的价值度，如质量、技术、风险、对产业的控制力和转移转化管理，这就造成只要评估都能评估出价格。目前，已有一批知识产权价值度评价指标体系和软件系统，一些系统还开展了价值度评估和价格评估的联动尝试。如智慧芽 Patsnap整合了专利价值相关的 5 个维度 85 个指标评估专利价值度，根据专利成交案例等进行机器学习，然后评估待评专利的价格。

但是，现有知识产权价值度指标体系软件和系统多基于经济指标评估专利的价值度或者价格，多通过间接指标的评估，很少直接评估专利的质量、技术和知识产权风险等，即使是对知识产权质量、技术和风险等进行评估，评估方法也是各不相同，一些方法甚至知识产权质量和价值不分、知识产权价值度和价格评估不分，包含了过多市场价值指标，与知识产权价值度评估的法律、管理实践和需求有较大差距，因此受到了较多诟病。

3.2 专利技术价值度评估

　　知识产权投融资首先要评估知识产权的质量、侵权风险、市场和管理问题，其次才能评估其价格。知识产权投融资往往不是针对一件专利或者商标，而是各种类型资产的组合的投融资，重点是知识产权的组合，尤其是专利的组合投融资。知识产权组合不同于投资组合理论的组合。投资组合管理最早由美国经济学家 Harry Markowitz 在 1952 年提出，他基于投资分散和规避风险理论研究了投资组合管理以减小投资风险。虽然 Holger Ernst 在 20 世纪 90 年代提出的专利组合投资模型认为专利组合是运用专利数据进行技术投资组合的方法，用来评估企业的专利配置并用于企业的战略及研发规划，但专利组合是构成一项技术的不可或缺技术方案对应的专利相互补充强化保护以更能获得投融资或者使产品溢价的专利权的整体。本章提出的专利技术价值度评价指标体系包括专利质量、专利产品技术性、专利实施风险、专利控制力和专利实施管理五大类 12 个子指标 22 个三级指标。从专利权稳定性和不可规避性评估专利质量，从专利的技术先进性、成熟性和实用性评估专利产品技术性，从专利侵权和被侵权风险评估专利实施风险度，从专利自主性和标准必要专利评估专利对产品和产业的控制力，从专利的政策符合度、业务重要性、对企业发展的引领支撑作用、权利人与投资人的匹配度提出专利实施管理的评估方法。本书提出的专利技术价值度评估指标体系见表 3-1。

表 3-1　专利技术价值度评估指标体系

一级指标	二级指标	三级指标
专利质量	1. 权利稳定性	新颖性
		创造性
		权利要求体系设计合理性
	2. 不可规避性	发明方案保护水平
		不可规避设计水平
专利产品技术性	1. 技术先进性	发明专利占比
		国际国内领先性
		产品新颖度
	2. 技术成熟度	二维矩阵技术生命周期成熟度
		S 形曲线技术生命周期成熟度
	3. 技术实用性	提高效率、提高安全性、延长寿命、扩大应用范围、精确可控、提高产出、降低成本、节约能源、降低排放、改善功能

续表

一级指标	二级指标	三级指标
专利实施风险	1. 产品专利自主性	自有专利占比
	2. 侵权风险度	关键词相似度
	3. 技术特征相似度	技术特征相似度
专利控制力	产品产业控制力	产品必要专利数量
		标准必要专利数量
专利实施管理	1. 政策符合度	国家政策支持鼓励或单位发展项目
	2. 业务重要性	技术模块重要程度
	3. 权利人及发明人与投资人合作可能性	评估双方合作意愿
		过去成功案例
		双方个性特征匹配度
		作价投资的合同

3.2.1　专利质量

知识产权有质量是知识产权转让、许可和投融资的前提。知识产权质量尤其是专利质量对于转让、许可和投融资至关重要。专利质量高是指一件专利技术水平高，撰写较好，能够经得起审查、无效和诉讼程序，具有较大市场价值，其本质是一件专利满足专利三性即新颖性、创造性和实用性以及说明书充分公开要求的程度（宋河发 等，2013）。专利质量是被授权的专利满足法定授权条件的程度，即满足可专利主题、新颖性、创造性、实用性、可实现性以及信息的披露程度（Scotchmer，2004）。专利质量主要包括创造、审查和经济三个方面的质量（宋河发，2014）。专利质量分为技术质量、法律质量、经济质量（朱雪忠，2009；宋河发，2010）；可以分为由专利本身产生的技术经济质量和专利作为可强制执行的财产权的可靠性所创造的法律质量（Burke，2007）。

根据专利法及实施细则的规定，专利质量一般包括专利申请和专利权的稳定性、被规避设计的可能性，两个方面的指标基本能够从法律和管理实践上反映一件专利的质量。

1. 专利稳定性

根据专利法规的规定，专利稳定性主要是专利新颖性和创造性问题导致的被无效可能性。我国已发生多起专利质量低被无效导致专利侵权诉讼案件被撤销的情况。如北京握奇公司诉恒宝公司专利侵权案，北京知识产权法院作出了判赔 5 000 万元的一审判决，但涉案专利权被宣告部分无效导致北京高院作出撤销北京知识产权法院一审判决，驳回握奇公司起诉的裁定。如果专利权没有稳定性，就没有必要进行专利价值度和价格的评估。

专利权稳定性主要包括三个方面指标。一是检索充分程度。欧洲专利局（EPO）认为，审查员的熟练程度、文献检索的全面性、审查过程的完整性等因素是影响专利质量的关键因素。Sampat（2005）指出，审查员对现有技术的检索完整性和熟练程度对专利的质量有重要影响。检索充分与否在一定程度上反映了新颖性是否存在问题。这可以通过一件专利的引用文献数除以该件专利说明书的页数，即单位说明书的引证文献数表示。如果申请人及审查员检索得认真，在说明书背景中就可以找到更多的引用文献，就能较好地区分专利权利要求的区别技术特征。新颖性可用式（3-1）表示：

$$NOV_i = \frac{N_{\mathrm{cl}_i}}{N_{\mathrm{sp}_i}} \qquad (i = 1, \cdots, n) \tag{3-1}$$

式中：NOV_i 为某一件专利的新颖性；N_{cl_i} 为该专利的引用文献数；N_{sp_i} 为该专利说明书的页数。

二是专利创造性高低。创造性高的专利被无效的可能性较低。决定专利质量的关键是技术的先进程度或者创造性大小。独立权利要求从总体上限定了专利的保护范围，独立权利要求中"其特征在于"后的文字确定专利的区别技术特征，即创新点。区别技术特征文字字数占比越高，基本说明专利的保护范围越小，保护范围越小则越稳定，而专利保护范围大则会由于不"清楚"造成不稳定。因此，独立权利要求中"其特征在于"后字数占整个独立权利要求字数之比（以下简称特征占比）可以用来表示专利权的创造性，见式（3-2）：

$$CRE_i = \frac{N_{\mathrm{dis}_i}}{N_{\mathrm{com}_i} + N_{\mathrm{dis}_i}} \tag{3-2}$$

式中：CRE_i 为创造性；N_{dis_i} 为区别技术特征字数；N_{com_i} 为共有技术特征字数。

三是权利要求体系设计。专利权利要求数量越多则越能阻挡竞争对手申请同样或类似的改进专利（宋河发 等，2018）。专利权利要求数量的多少也反映了权利的稳定性，在独立权利要求区别技术特征字数占比较小的情况下，如果权利要求数多，则权利要求设计较为合理，不但修改有退路，而且能较好阻挡他人的改进发明。因此，权利要求设计水平可用式（3-3）表示：

$$DS_i = N_{\mathrm{cl}_i} \tag{3-3}$$

式中：DS_i 为权利要求设计水平；N_{cl_i} 为权利要求数量。

根据国家知识产权局 2013 年的一项调查，792 项专利全部或部分无效决定中，因新颖性和创造性（《专利法》第二十二条第二款、第三款）无效的比率为 84.05%；因独立权利要求达不到规定（《专利法实施细则》第二十条第一款）无效的比率为 3.68%。所以，经过对上述指标标准化，专利权稳定性指标 STA_i 可以用式（3-4）计算：

$$STA_i = 0.4NOV_i + 0.4CRE_i + 0.2DS_i \tag{3-4}$$

2. 专利不可规避性

专利即使有新颖性和创造性，不能被无效掉，也仍有可能因权利要求保护范围较窄，或者被人通过采取不同技术特征及其组合、挖洞优选等方式进行规避设计，从而达到不侵权目的，这样的专利质量其实也不高。对于一件专利来说，技术能否被规避，主要看专利的权利要求书写得如何，权利要求写得比较上位或者抽象，必要技术特征较少，则专利不容易被规避。反之，如果必要技术特征写得过于下位或者过多，则保护范围就较窄，很容易被绕开。如果从属权利要求较少，则很容易被他人改进发明形成新的专利，造成该专利自主性下降，从而被规避设计。

因此，可以用两个指标表征不可规避性。一是发明方案保护水平。用专利的权利要求数量除以说明书页数，即单位说明书的权利要求数来表示技术是否容易被规避。在说明书公开充分的情况下，用此指标可以将一项发明的说明书公开的技术方案和优选方案都用权利要求来进行保护。数值越高则被规避的可能性越小。发明方案保护水平如式（3-5）所示。

$$PRO_i = \frac{N_{\text{cl}_i}}{N_{\text{sp}_i}} \tag{3-5}$$

式中：PRO_i 为发明方案保护水平；N_{cl_i} 为权利要求数量；N_{sp_i} 为专利说明书页数或字数。

二是不可规避性设计水平。独立权利要求中区别技术特征字数占比也反映了被规避的可能性，占比越高，则被规避的可能性越大；占比越低，则被规避的可能性越小。因此，用"1-区别技术特征字数占比"表示，该比值越高越难以规避，同样权利要求数越多越难规避，两者结合则更加准确。在区别技术特征字数占比高的情况下，权利要求数值越小，被规避的可能性越大，如式（3-6）所示：

$$ND_i = 1 - \frac{N_{\text{dis}_i}}{N_{\text{com}_i} + N_{\text{dis}_i}} \tag{3-6}$$

式中：ND_i 为不被规避设计可能性；N_{dis_i} 为区别技术特征字数；N_{com_i} 为共有技术特征字数。

由于稳定性和不可规避性两者同等重要，经过对上述指标标准化，一件专利的不可规避性可用式（3-7）计算：

$$\overline{ND_i} = \frac{PRO_i + ND_i}{2} \tag{3-7}$$

不稳定性和可规避性问题是造成专利质量问题的主要原因，此外，说明书或者说明书修改导致不支持权利要求书，以及说明书和权利要求书撰写不符合要求也是常见的原因，但根据国家知识产权局关于 792 项无效决定的统计，因说明书达不到清楚完整要求（《专利法》第二十六条第三款）被无效的比例为 3.68%，因权利要求达不到清楚简要要求（《专利法》第二十六条第四款）被无效的比例为 4.91%，因文件修改不符合规定（《专利法》第三十三条）被无效的比例为 3.37%。由于这些比例比较低，而且上述指标都有考虑，可以不用再设计专门指标计算这些原因造成的专利质量问题。

3.2.2　专利产品技术性

评估专利技术价值度，除了分析专利的质量，还要分析专利产品的技术性。专利所在产品或服务技术的先进性、成熟度、实用性分析是专利技术转让、许可和获得投融资的另一个重要前提。缺乏先进性、成熟性或实际实用性的专利技术不易转让和许可，也很难获得投融资。

1. 技术先进性

专利产品的技术先进性是指专利技术在理论方法突破、解决关键或共性技术难题上主要的技术指标。从专利角度看，专利产品技术的先进性可以有三种方法测度。

一是发明专利数占比，在一项专利产品中，发明专利占比越高说明技术含量越高，技术越先进。发明专利数占产品专利数的比例用式（3-8）表示：

$$A_{T1,i} = \frac{N_{in}}{N_{pa}} \tag{3-8}$$

式中：i 为第 i 件产品；$A_{T1,i}$ 为发明专利数占比表示的技术先进性；N_{in} 为在产品技术中的发明专利数；N_{pa} 为产品三种专利数，在此处专利可以是有效的专利，也可以是无效的专利，既可以是授权专利，也可以是专利申请。

二是专利表征的国际国内领先性。具体包括国际领先、国内空白、国内领先、国内替代等。用专利表示，国际领先一般指具有绝对或相对国内和国际优势；国内领先就是指有国内专利并在国内有绝对或相对优势但国际上无绝对或相对优势；国内空白是指有国内专利但没有国际专利，专利是替代性的竞争性专利；国内替代是指有同类技术，可能有较少的国内专利或者没有国内专利，但是没有国外专利。国内国际领先性 A_{T2} 通过式（3-9）组合赋值得到：

$$\begin{aligned} A_C &= \frac{N_{IC}}{N_{TC}} \\ A_O &= \frac{N_{IO}}{N_{TO}} \end{aligned} \tag{3-9}$$

式中：A_C 为国内自主程度，N_{IC} 为国内自有专利数，N_{TC} 为国内全部专利数，A_O 为国外自主程度，N_{IO} 为国外自有专利数，N_{TO} 为国外全部专利数。

判断方法如下：

$A_C = 1$，$A_O = 0$，国内空白，$A_{T2} = 10$

$A_C \geq 0.5$，$A_O \geq 0.5$，国际领先 $A_{T2} = 9$

$A_C \geq 0.5$，$A_O \leq 0.5$，国内领先，$A_{T2} = 8$

$A_C \geq 0.5$，$A_O = 0$，国内先进，$A_{T2} = 7$

$A_C \leq 0.5$，$A_O \leq 0.5$，国际跟随，$A_{T2} = 6$

$A_C \leq 0.5$，$A_O = 0$，国内跟随，$A_{T2} = 5$

$A_C = 0$，$A_O = 0$，国内落后，$A_{T2} = 4$

$N_{IC} = 0$，$N_{TC} = 0$，国际落后，$A_{T2} = 2$

$N_{IC} = 0$，$N_{TC} \neq 0$，国际落后，$A_{T2} = 1$

三是专利产品新颖度。上述方法没有考虑专利产生的时间。一般说来，在专利质量没有问题的情况下，专利尤其是有效专利申请日距计算日越短，则产品技术越先进。这可以用产品全部专利的申请日到计算日的平均时间长短表征，C_d 为计算日，A_d 为申请日，如式（3-10）所示：

$$A_{T3} = \mathrm{AVG}(C_d - D_d) \tag{3-10}$$

经过对上述三个指标进行标准化，可以得到总的技术先进性计算公式为式（3-11）：

$$A_T = 0.4 \times \frac{N_{in}}{N_{pa}} + 0.3 A_{T2} + 0.3 \mathrm{AVG}(C_d - D_d) \tag{3-11}$$

2. 技术成熟度

专利产品技术成熟度对知识产权转让、许可和投融资至关重要。通常采用 TRL（Technology Readiness Level）定量表征技术成熟度。尤其对于技术和知识产权转让、许可与投融资而言，人们主要关注第 6 级和以后级别。第 6 级为相关环境中的系统样机演示；第 7 级为在实际环境中的系统样机试验结论成立，表明技术可行；第 8 级为实际系统完成并通过实际验证（中试），表明生产可行；第 9 级为实际系统通过任务运行的成功考验可销售，表明商业可行。实际上，这种划分方法比较主观，而且技术、生产和商业是否可行并不存在顺序关系。

由于专利产品技术往往会申请较多的专利，一件专利只是某一方面的技术方案，专利数量更能较好地反映产品的技术成熟度。专利产品技术成熟度可以用两个方法测度。

第一个方法是指由申请人数量和专利申请数量构成的二维矩阵的简单技术生命周期成熟度方法。找出检索出的专利产品的技术中全部专利中每一年专利的申请量 N_{ap} 和专利申请人数量 N_{as}，以每一年申请人数量为横轴，每一年专利申请量为纵轴做出散点图，同时在每个点上贴上"年份"标签，并按照"年份"顺序依次连接每一点。通过对该生命周期曲线的分析来判断该技术现在所处的阶段并赋予产品技术成熟度。这可以通过计算专利申请人数量和专利申请数量乘积的开方的增长速度的导数表征成熟度（$MP_{technology}$），例如如果结果为正则为萌芽或成长期，其中处于0~5%之间为萌芽期，大于5%为成长期前期，处于5%~0则为成长期后期，如果为0则进入成熟期，如果处于0~-5%则为成熟期后期，小于-5%则为衰退期。按技术生命周期计算的技术成熟度如式（3-12）所示：

$$MP_{technology} = \frac{\mathrm{d}(N_{as}^{0.5} N_{ap}^{0.5})}{\mathrm{d}t} \tag{3-12}$$

式中：$MP_{technology}$ 表示按技术生命周期计算的技术成熟度；N_{as} 表示专利申请人数量；N_{ap} 表示专利申请数量。

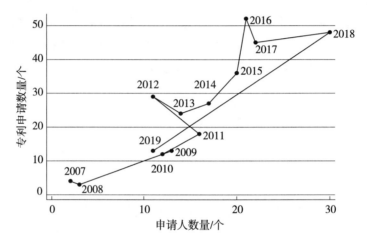

图3-1　石油钻井连续管技术专利生命周期

图3-1所示为石油钻井连续管技术专利生命周期图，到2018年为止，总体专利申请量曲线呈上升趋势，其中2013—2016年曲线一直处于上升趋势，2017年曲线略微有些下降，因此可以判断2017年时该技术处于成长期后期，成熟度数值可设为5.8。其他年份按照线性方式依次算出。

第二个方法是S形曲线技术生命周期成熟度方法。用 a 代表某技术领域当年发明专利申请数或授权数，b 代表某技术领域当年实用新型专利申请数或授权数，c 代表某技术领域当年外观设计专利申请数或授权数，A 代表追溯5年的该技术领域发明专利申请累计数或授权累积数。用式（3-13）可以计算该四个参数。

$$
\begin{aligned}
&\text{技术生长率 } v = a/A \\
&\text{技术成熟系数 } \alpha = a/(a+b) \\
&\text{新技术特征系数 } N = \sqrt{v^2 + \alpha^2} \\
&\text{技术衰老系数 } \beta = \frac{a+b}{a+b+c}
\end{aligned}
\tag{3-13}
$$

每个参数都有上升、平稳和下降三种状态，4 个参数 3 种状态有 81 种排列，但只有 5 种有实质性意义。例如，经过计算，石油钻井连续管技术的技术生长率在 2007—2008 年迅速上升，2008—2017 年增速的导数缓慢下降，说明该专利技术生长放缓。技术成熟系数在 2007—2017 年总体呈上升趋势，中间有波动，说明专利技术还没有成熟。新技术特征系数在 2008—2017 年持续上升，总体数值较大，说明该技术领域开始从成长期过渡到成熟期；新技术衰老系数由于没有外观设计专利申请，所以新技术衰老系数一直维持在 1，也说明该技术领域没有衰老，如图 3-2 所示。

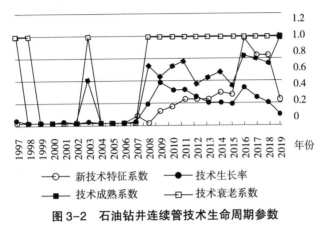

图 3-2　石油钻井连续管技术生命周期参数

假定技术成熟度 $MC_{technology}$ = 0 ~ 2，代表萌芽期；$MC_{technology}$ = 3 ~ 6，代表成长期；$MC_{technology}$ = 7 ~ 9，代表成熟期早期；$MC_{technology}$ = 10，代表成熟期中期；$MC_{technology}$ = 9，代表成熟期晚期；$MC_{technology}$ = 7，代表衰退期前期。对于石油钻井连续管技术，由于除新技术特征系数外其他 3 个指数的范围都是在 0 ~ 1。1998—2008 年，该技术处于萌芽期，其技术成熟度可以用 0 ~ 2 表示；2008—2016 年，该技术处于成长期，其技术成熟度可以用 3 ~ 6 表示；2016 年至今，技术处于成熟期，其技术成熟度可以用 7 ~ 10 表示。2017 年，该技术大致处于成熟期前期，成熟度用 6.4 表示。其他年份成熟度可类似计算。

最后，将上述两个方法得到的分值经过标准化后用指数加权综合法计算成熟度 A_M 分值。总的技术成熟度计算公式如式（3-14）所示：

$$A_M = 0.4MP_T + 0.6MC_T \qquad (3-14)$$

式中：A_M 为专利产品总的技术成熟度。

3. 技术实用性

由于每个专利要解决的技术问题不同，达到的技术效果也不同，因此每个专利的有用性也不同。通过对专利文献和其他资料的分析，将石油钻井连续管技术达到的技术效果进行整理并赋予重要性分值，通过对专利优点和有益效果的分析，了解其达到的技术功效，通过对每个专利达到的技术功效赋分，可以将其作为每个专利的实际实用性得分。根据对连续管技术专利优点和积极效果的分析，专利产品技术的实用性主要包括提高效率、提高安全性、延长寿命、扩大应用范围、精确可控、提高产出、降低成本、节约能源、降低排放、改善功能等。连续管专利技术实用性 A_v 结果如表 3-2 所示。

表 3-2　石油连续管专利技术实用性

功效	分值
提高效率	9.5
提高安全性	9.0
延长寿命	7.5
增强应用范围	7.0
精确可控	8.5
提高产出	9.5
增强功能	8.0
减少能耗	8.5
降低成本	9.5

由此可计算专利产品技术性，如式（3-15）所示：

$$A = \frac{A_T + A_M + A_U}{3} \tag{3-15}$$

3.2.3　专利实施风险

知识产权风险尤其是专利的风险主要反映在侵权风险和被侵权风险两方面。知识产权转让、许可和作价投资的对象是产品技术及专利，知识产权风险是总体专利侵权的风险，并不是评估单个专利的风险。

评估产品技术专利风险，一是要评估专利产品专利的自主性。自主性可以用专利产品中自有必要专利数占检索出的全部必要专利数的比例表示，如果自主性高，则风险较低；如果自主性较低，则往往风险较高。专利产品风险如式（3-16）所示：

$$R_i = \frac{N_{\text{ind}_i}}{N_{\text{pa}_i}} \tag{3-16}$$

式中：R_i 为专利产品风险大小，或者自主性大小；i 为第 i 件产品；N_{ind_i} 为自主必要专利的数量；N_{pa_i} 为专利产品中全部必要专利的数量，由于计算产品必要专利数比较复杂，往往用全部有效专利和专利申请数计算即可。

二是计算专利或产品关键词相似度。一件专利产品中往往包含多项专利，专利侵权与被侵权风险判断通常首先判断 IPC 分类号是否一样，不一样的技术基本上不存在侵权的可能。侵权风险主要是专利技术转让和许可或投资生产销售产品可能产生的侵权风险。该风险的计算可以通过计算专利或产品说明书的文本的关键词相似度表征。用产品技术特征关键词与检索出的专利权利要求关键词的重合度表示。若转让、许可或投资的产品技术特征关键词数量为 N_{x_i}，检索出的专利权利要求关键词数量为 N_{y_i}，两者相同关键词数量 NS_{x_i}、NS_{y_i} 之积除以两者关键词数量 N_{x_i}、N_{y_i} 之积可计算其风险性，如式（3-17）所示：

$$R_2 = \frac{NS_{x_i} NS_{y_i}}{N_{x_i} N_{y_i}} \quad (i = 1, \cdots, n) \tag{3-17}$$

如果该指数高，则侵权风险性高，检索出的专利可能为高风险专利。

三是计算在先专利权利要求技术特征和在后专利或产品提炼的技术特征的相似度。可以通过比较被评估在先专利权利要求技术特征关键词与在后专利或者涉嫌侵权产品的说明书关键词计算相似度。首先要查找产品数据库或立项项目，将相同四位码产品及其可独立销售的部件进行文本向量提取，提取特征词，并计算其权重。在对文本进行结构化处理之后，可以通过计算在先专利文本向量 D_i 与在后专利或嫌疑侵权产品 D_j 的夹角余弦来度量两个文本向量的相关程度，如式（3-18）所示：

$$R_3(D_i, D_j) = \frac{D_i D_j}{|D_i| |D_j|} = \frac{\sum_k D_{ik} D_{jk}}{\sqrt{\sum_k D^2_{ik} D^2_{jk}}} \tag{3-18}$$

式中：i，j 分别为在先专利 i 和在后专利或产品 j；D_i 为成 n 维向量空间中的向量 $D_i = (f_1, w_{i1}; f_2, w_{i2}; \cdots; f_k, w_{ik}; \cdots; f_n, w_{in})$ 的文本，其中 f_k 为特征项，w_{ik} 为 f_k 的权重。常用 TF-IDF 方法确定词频因子和权重（Tseng, Lin and Lin, 2007）。

如果相似度较高，再人工比较在先专利独立权利要求与涉嫌侵权专利、侵权产品的技术特征，判断是否有被侵权和侵权的风险。判断方法如下：（1）产品、专利的技术特征与本在先专利的必要技术特征完全相同，有被侵权风险；（2）产品、专利的技术特征多于在先专利的必要技术特征，有被侵权风险（构成从属侵权）；（3）产品、专利中缺少在先专利独立权利要求中必要技术特征的附加技术特征，仍有被侵权风险；（4）产品、专利的技术特征与现有专利的必要技术特征不同部分属于等同手段替换，有侵权风险（樊永刚 等，2009）。

第一个计算方法相对简单易行，第二个方法适中，第三个方法复杂但相对准确，计算专利实施风险可以综合使用三个方法。如果三个方法计算结果数值都低，则专利侵权风险性较低。所以侵权风险性用式（3-19）表示：

$$R = 0.2R_1 + 0.3R_2 + 0.5R_3 \tag{3-19}$$

但是，专利实施有侵权和被侵权的风险，不能证明该专利技术不可转让或者获得投融资，但是如果专利实施侵犯他人专利权，转让、许可和投融资的价值就较低，如果被他人侵权，主要收益被侵权方获得，这样的专利实施价值也会受到较大影响。虽然知识产权风险评估并不必然是专利转让、许可和投融资评估的内容，但评估知识产权风险有利于专利的转让、许可和投融资。通过评估知识产权风险，可以指导专利权人制定合适的风险规避策略，比如对有可能造成侵权的专利采取无效策略、交叉许可策略、购买许可策略，对于被侵权的产品在有充分把握的情况下提起侵权诉讼策略，制定改进专利申请和专利网布局策略等。

3.2.4　专利控制力

知识产权重在运用，尤其是专利，只有成为主导产品必要专利，或者进入技术标准成为标准必要专利，才能对产品和产业产生影响力与控制力，才能将技术标准实施后形成的产业变成为具有自主知识产权的创新型产业，知识产权才能对产业作出真正的贡献，产业才能真正成为自主可控的产业。由于主导产品生产销售也必须符合各类标准，主导产品必要专利实际上仍是标准必要专利。这一点经常为学者甚至政策制定者忽略。

我国大多数企事业单位对专利与标准的结合不重视、不掌握，造成很多原创发明的技术和产业没有发展成为自主可控产业，这已成为影响和制约我国创新型国家建设的突出问题。青蒿素技术我国虽然获得了 6500 万元的技术转让费，但被跨国公司申请了专利，我国仅获得 1% 左右的产业利润。人工牛胰岛素等原创成果由于没有及时申请和获得知识产权，现在被全球免费使用。VCD、红光 EVD、钕铁硼、杂交水稻等技术都是中国人发明的原创技术，虽然申请了很多专利，制定了大量技术标准，但是由于专利和标准两张皮，我国也没有从中获得多少利润。我们现在的很多重点研发技术仍然在走当年的老路。

对知识产权价值度评估应当评估知识产权的产业控制力，不能进入主导产品或技术标准的专利即使质量再高，技术再先进成熟，风险再低，也无法长期产生实际的高收益，这种专利实际上也是一种低价值专利。开展专利转让、许可和投融资评估的目的是专利的运用，将专利运用于产品或产业，从而对产品溢价，对产业赋能，因此应当评估知识产权对产业的控制力。

评估知识产权对产业的控制力可以分为三个步骤。一是要评估产品控制力。产品控制力 C_{pcontrol} 可以用被评估专利权利要求 x 关键词数 NI_{x_i} 与符合技术标准的主导产品 y 的技术特征关键词数 NP_{y_j} 之比表示，比值越高则控制力越高，如式（3-20）所示：

$$C_{\mathrm{pcontrol}} = \frac{NI_{x_i}}{NP_{y_j}}(i = 1, \cdots, n; j = 1, \cdots, m) \tag{3-20}$$

二是评估对产业的控制力，用被评估专利权利要求关键词数 NI_{x_i} 与技术标准技术特征关键词数 NS_{y_i} 之比表示，越高则控制力越高，如式（3-21）所示：

$$C_{\text{scontrol}} = \frac{NI_{x_i}}{NS_{y_j}} (i = 1, \cdots, n; j = 1, \cdots, m) \qquad (3-21)$$

也可以用式（3-17）计算两者的相似度来计算专利对产业的控制力，两者都高则控制力才有可能较高。所以产业控制力用式（3-22）表示：

$$C = \frac{C_{\text{pcontrol}} + C_{\text{scontrol}}}{2} \qquad (3-22)$$

但是上述方法只可以用于初步判断。判断专利是否是技术标准必要专利，还要进行人工判断，主要判断三个方面：一是技术标准或其一部分及对应的产品的技术特征落入专利保护范围，其实施对专利必然产生侵权（宋河发，2009）；二是只有专利实施才能实现技术标准规定的参数、指标的要求；三是专利独立权利要求是标准具体要求的实现方案而无其他替代方案，如安全、环保、绿色。

3.2.5　专利实施管理

现有知识产权的价值评估基本上不评估知识产权管理。而知识产权转让和许可他人实施或者作价投资能否成功在很大程度上还取决于对知识产权管理的评估。进行知识产权管理评估一是要评估专利技术是否符合政策要求和单位发展战略。知识产权能否顺利获得投资，还要评估专利产品技术是否属于国家政策支持或鼓励的项目，或者是否是单位重点发展的项目。

二是评估专利技术研发项目来源。国家重点支持技术主要是指国家战略、国家规划和有关部门发布的项目指南所列的技术，如科技部重点研发计划技术，工信部"制造2025"技术等。单位重点发展技术是指单位确定的重点技术、瓶颈技术、关键技术和核心技术。一般情况下，国家项目或单位重点项目分值较高，如 9~10 分，单位专业板块项目 7~8 分。以我国石油钻井连续管技术为例，由于连续管技术属于重要板块项目，因此连续管钻井技术的项目来源的得分为 7.5 分，每个专利的项目来源得分为 7.5 分。

三是评估专利技术对企业主营业务发展的支撑引领作用。通过对专利文献的分析，连续管技术涉及的技术模块分为以下几类，连续管钻机、循环系统、井控系统、辅助设备、井下钻具组合、连续管钻井工艺或方法、整个装置。通过查阅资料了解连续管钻井技术各个部件的重要性，对每个模块的重要性给予打分，结果如表 3-3 所示。

表 3-3　连续管专利技术对主营业务支撑引领作用

技术模块	评估得分
连续管钻机	9.5
循环系统	8.5

续表

技术模块	评估得分
井控系统	8.5
辅助设备	7.5
井下钻具组合	9.5
连续管钻井工艺或方法	9
整个装置	10

四是技术、知识产权与投融资结合的可能性和可行性。知识产权与投融资结合的可能性和可行性的评估一般包括四个方面。一要评估双方合作的意愿，这可以用投资方是否愿意撰写知识产权转让、许可或投融资项目的商业计划书或可行性研究报告来表征，如果投资方愿意对知识产权作价投资项目撰写相应的商业计划书或者可行性研究报告，一般表明该投资方愿意投资该知识产权项目。目前，高校科研机构每年会接待大量的投资方，但很多只是了解一下技术而不投资。二要评估过去的成功案例。如果投资方有成功的技术和知识产权投融资案例，会有助于其对该技术与知识产权项目进行投融资，如果知识产权权利人、发明人有成功的知识产权作价投资案例，也会有助于融资。但是如果投资方有失败的案例，或者失败的案例较多，则会对知识产权投资产生较大的负面影响。如果是同类知识产权项目已经获得过融资，尤其是知识产权申请权或者使用权的融资，则知识产权获得新的融资的可能性会较高。三是要评估投融资合同与章程。要重点评估签署的合同双方的承诺以及惩罚措施，评估合同中关于知识产权归属、技术秘密保护和合理的利益分配规定是否合理，评估合同中权利人及发明人是否提供后续技术服务和开发的条款、投资人关于增资的规定条款等。要重点评估投融资成立的公司章程是否有关于权利层、执行层、监督层的设置规定。如果这些条款明确，则表明合作有可能成功。四是要评估双方个性特征是否匹配。相合的个性特征有利于项目合作的成功，相反，性格不合很难推进知识产权投融资项目合作。尤其是作为权利人代表的科研人员如果性格孤傲，只想独霸技术成果和知识产权，则很难合作。如果投融资方不愿签署保密合同，只想骗取权利人技术成果和知识产权，或者以前存在欺骗行为，则合作不可能成功。合作可能性评估内容和分值如表3-4所示。通过对四个方面的指标打分平均可以得到知识产权管理评估得分。

表3-4　知识产权管理评估

评估内容	专利权人及代表	投资方	评估得分（满分）
双方合作的意愿	介绍技术成果与知识产权	签署保密协议	10
	实地参观	起草商业计划书	
	有研发团队	起草合作合同	

续表

评估内容	专利权人及代表	投资方	评估得分（满分）
过去成功案例	无重复作价出资案例	无失败案例	10
	无不诚信合作导致失败案例	无不诚信合作导致失败案例	
个性特征是否匹配	诚实、守信、宽容	诚实、守信、宽容	10
作价投资的合同	有背景知识产权使用规定	公司章程是否有关于权利层、执行层、监督层的合理设置规定	10
	有项目知识产权投入规定	关于知识产权归属、技术秘密保护和合理的利益分配规定是否合理	
	有后续技术服务和开发的条款	有投资增资承诺	

3.3　专利技术价值度评估方法

本书以我国石油钻井连续管专利技术为例，共检索出中国专利 331 项，其中某企业拥有 77 项专利或专利申请[1]。首先计算上述各项指标数据，然后对上述各项指标数据进行标准化，以 10 分为满分，之后，通过加权总和法分别计算得出知识产权的质量指数 T_q 得分为 3.616，技术指数 T_t 得分为 7.562 分，无风险指数 T_r 得分为 8.465 分，控制力指数 T_c 得分为 5.500 分，管理指数 T_m 得分为 8.589 分。从各分项指标计算可以识别出高质量专利、技术好专利、低风险专利、高控制力专利。

由于专利的质量和技术性对转让、许可和作价投资具有决定性作用，知识产权风险、知识产权产业控制和知识产权管理具有并列关系，本书采取式（3-23）计算该专利技术的价值度总得分 T_v：

$$T_v = T_q^{0.35} \cdot T_t^{0.35}(0.3T_r + 0.3T_c + 0.4T_m)^{0.3} \tag{3-23}$$

由此计算得出的连续管技术总得分为 5.856，表明该专利技术转让、许可和投融资的价值度属于中高水平，具有较好的前景，但也存在一定的不足。从影响总得分的具体指标得分来看，该连续管技术知识产权质量得分较低，主要原因在于新颖性得分过低，检索非常不充分，专利的权利要求体系设计也不合理，导致专利权稳定性受到较大影响，独立权利要求撰写过于具体，很容易被规避。该技术中专利质量得分低于平均值的专利有 35 项，

---

❶ 连续管钻井技术检索式为："名称，摘要，权利要求书+=（（连续管 OR 连续油管 OR 注入头 OR 管盘装置）AND（钻井 OR 钻井头 OR 测井工具 OR 定向工具 OR 井下马达 OR 连续管接头 OR 钻井工艺 OR 专用马达））AND 主分类号=（E21B OR G06F OR G01N OR B09COR B01D OR B05B OR F15B OR H02G OR C22C OR B01J）AND 申请（专利权）人=（中国石油集团长城钻探工程有限公司 OR 中国石油天然气集团公司 OR 中国石油集团钻井工程技术研究院 OR 中石油江汉机械研究所有限公司 OR 中国石油集团川庆钻探工程有限公司工程技术研究院 OR 中国石油集团川庆钻探工程有限公司）"。

占全部专利数量的比例为 45.45%。此外，专利对产品和产业的控制力也不够，得分也较低。

3.4　小结

在技术与知识产权投融资中，不仅要评估知识产权的价格，还要评估知识产权的价值度，知识产权的质量是知识产权价值度的核心，专利产品的技术性和专利权的侵权与被侵权风险评估是知识产权价值度评估的关键，专利控制力和专利实施管理评估是知识产权价值度不可或缺的重要内容。本章首先梳理了现有主要的知识产权价值度评价指标体系，其次分析了这些评价指标体系的应用场景、问题与不足，最后基于知识产权法律和管理实践构建了专利技术价值度评估指标体系，并选择石油钻井连续管技术进行了实证研究，克服了现行技术和知识产权价值度评估简单化和间接化的问题，不仅能够为知识产权价值度的客观和在线评估提供有效的方法，也能够为知识产权投融资提供合理依据。

促进知识产权投融资，关键是要提高知识产权的管理能力。企事业单位应在内部建立专业部门或聘请外部专业知识产权管理机构及人才团队评估知识产权的价值度与价格，要对专利的质量，专利技术先进性、成熟性与实用性，专利侵权与被侵权风险进行评估，在知识产权投融资前要对知识产权管理情况进行评估。企事业单位要重视提升专利质量，要提升专利新颖性、创造性和不被规避设计的水平，申请专利前要进行充分的文献检索，要设计好专利的权利要求体系，要加强专利与产品和技术标准的融合，培育标准必要专利。同时，应建立真正合理的知识产权价值度指标体系的指标数据检索字段和数据检索系统，开发相应的软件，适时开展在线专利技术价值度评估。

第 4 章

知识产权价格评估

知识产权价格是知识产权交换价值在流通过程中的表现形式。建立在知识产权价值度评估基础上的知识产权价格评估是知识产权交易和运用的前提，更是知识产权投融资的基础。但是，知识产权价格评估难一直是知识产权投融资和转让、许可的难点、热点问题，科学评估知识产权价格不仅要选择好价格评估模型，还要建立有效的评估机制。

4.1 知识产权价格评估概述

知识产权价格评估一直是知识产权转让和许可、知识产权投融资的难点和热点。德茂德兰（1994）、史密斯和帕尔（1998）等较早开展了知识产权价值评估研究。成本法、市场法和收益现值法三种方法是最传统的，也是最能被广泛接受的价值评估方法（Chiesa et al.，2005）。由于成本法无法考虑知识产权的未来价值（Chiesa et al.，2008），因此运用成本法来评估专利技术价格时，通常将给出的结果作为专利价格的最底线（Anson et al.，2001）。另外，成本法是建立在发生的项目是可被复制的假设上的，然而这对于很多技术类知识产权而言并不适用。市场法缺乏可参考的市场交易案例（Wirtz，2012），很少有两个专利是相同的或者相似的，而且在一个产品技术系统中，专利的地位往往是不同的。收益现值法评估知识产权价格往往由于参数预测的困难性导致评估误差较大（李秀娟，2009），而且较少考虑到投资者投资能力的大小。折现率中知识产权风险报酬率过高，而且没有考虑实施前后知识产权风险报酬率的不同，虽然有人认为计算期应根据专利的法定寿命与经济寿命中时间周期较短的确定（冯文娟，2015），但计算期并不是知识产权保护期内知识产权投融资项目能够获得的垄断利润期。

参数选择是知识产权价格评估的关键，Park（2004）在总结三种经典评估方法的基础上提出技术价值和市场价值评估模型。Gordon 和 Russell（2005）详细研究和介绍了知识产权价值评估的方法和参数选择，为底层参数选择提供了理论和方法基础，但由于收集数据的主观性（Chiesa et al.，2008），评估结果存在较大的不确定性。拉孜嘎斯（2002）提出知识产权价值评估必须考虑技术和权利两个因素。哈奈尔（2006）提出知识产权的评估内容和方法包括工业标准、收益分成率、排序、折现率等。我国学者研究了收益现值法在价值评估中收益额预测、贡献率、收益期限、折现率等参数的确定方法和过程，尤其是折现率为无风险利率加风险报酬率，无风险利率用 3 年期的国债利率表示，风险利率由技术风险系数、市场风险系数、资金风险系数及管理风险系数之和确定（刘伍堂 等，2019），为收益现值法的完善提供了参考。一些评估机构选取技术水平、成熟程度、实施条件、经济效益、保护力度、行业地位等作为知识产权证券化中技术分成率的参数，但这些参数设置也存在较强的主观性。

目前，学术界关于知识产权价格评估的研究多数仍然是基于专利权利要求数、专利引用数、专利家族数等经济学统计指标的研究，与知识产权价格评估实践的要求差距较大。知识产权转让、许可和作价出资过程中都存在对知识产权价格评估结果的不信任问题，而现有的第三方评估机制没有解决甲方或乙方对第三方评估结果的不信任问题（宋河发，2018）。现有研究和技术中关于评估方法中参数选择的研究和技术较少，而能够通过抓取底层参数或通过甲、乙双方谈判获得底层参数进而评估知识产权价格的相关研究和技术更为少见。现有专利技术多数是将常规的人工评估方法开发为软件系统，在算法和模型上缺乏创新，创造性往往不足。

为了弥补现有研究和技术的不足之处，本章在分析知识产权特征和价值评估规律的基础上，提出了一种可以利用编程实现的通过大数据抓取参数或协商底层参数的在线知识产权价格评估方法与系统，优化现有知识产权价格评估模型和评估机制，以解决知识产权价格评估参数值选取不科学导致评估结果波动过大和不被认可问题，使得知识产权价格评估结果更科学、更准确。

4.2 知识产权价格评估方法

目前，知识产权价格评估基本上沿用技术的价格评估方法。在技术价格评估方法上，联合国 1979 年颁布的《技术转移合同评价准则》（*Guidelines for Evaluation of Transfer of Technology Agreement*）提出了成本法、市价法和收益法三种方法。美国评估基金会（The Appraisal Foundation）1987 年颁布的《专业评估执业统一准则》（*Uniform Standards of Professional Appraisal Practice*），阐述了三种技术成果价格评估方法。德国也颁布了专利技术价格评估方法，对专利价格评估的方法和过程进行了详细说明。北京市知识产权局制定了专利价格评估的标准，对专利技术价格评价起到了重要作用。现有知识产权价格评估方法主要有收益现值法、成本法、市场法、概率法和实物期权法。国家知识产权局 2021 年 10 月 25 日发布《专利开放许可使用费估算指引（试行）》，提出了专利开放许可使用费可以参考已自行实施收益、已实施许可使用费、同行业专利实施许可统计数据、国际一般许可费率的方法。

1. 收益现值法

收益现值法是将专利等技术类知识产权作为技术要素投入到企业中，与资本、劳动力和管理要素结合生产新的产品或提供新的服务，产生新的收益，并将未来每年的收益折算成现值，经过将净现值加总并按照技术要素对新收益的贡献率计算技术类知识产权价格的方法。收益现值法公式如式（4-1）和式（4-2）所示：

$$V = \theta \left[\sum_{i=1}^{n} \frac{p_i}{(1+r)^i} \right] \tag{4-1}$$

$$V = \theta \left\{ \sum_{i=1}^{n} \left[\frac{-IN}{(1+r)^0} + \frac{p_i}{(1+r)^i} \right] + \frac{F_n}{(1+r)^n} \right\} \tag{4-2}$$

式中：IN 为投资额；V 为技术类知识产权的价格；θ 为技术类知识产权利润超额分成率；F_n 为期末资产残值；p_i 为第 i 年产生的净收益（p_i = 销售收入−经营成本−管理费−财务费用−销售费用−增值税−所得税−公积金−公益金）；r 为资金折现率；n 为项目计算期。式（4-1）表示实施技术类知识产权不增加新投资，所以也就没有产生固定资产投资。式（4-2）有新增投资，这个投资可用于购买固定资产，也可用于购买无形资产，所以计算期末有固定资产残值。

用该方法评估知识产权价格遇到的最大问题不是公式本身是否科学合理的问题，而是对各种参数的选择是否正确的问题。采用收益现值法评估知识产权价格时，第一，要根据知识产权项目获得投融资的可能性和获得的投融资规模计算生产能力，然后结合市场预测计算销售收入，在此基础上估算实施知识产权项目的各类成本费用，由此计算项目实施后每年产生的净利润。

第二，要科学选择折现率。在折现率的选取上，目前常采用风险累加法进行选取，即折现率=无风险报酬率+风险报酬率，如式（4-3）所示。其中以中长期国债到期收益率作为无风险报酬率。折现率等于基础利率加上正常的项目风险报酬率，但还要加上知识产权风险报酬率。任何投融资项目都会有风险，但是知识产权投融资项目风险更大。现有知识产权价格评估往往将知识产权风险报酬率提得很高，这就造成评估出的知识产权价格过低，这不符合知识产权投融资的规律。降低知识产权投融资项目的风险不是通过提高知识产权风险报酬率就可以实现的，因此需要对知识产权价值度进行识别和科学分析。对于风险报酬率的确定，将风险报酬率拆分为技术风险系数、市场风险系数、资金风险系数和管理风险系数，并将每一个风险因素继续拆分，通过设置合理权重并打分计算的方式，确认每一个风险系数，并最终加总获得风险系数。

$$R = R_f + \beta \left[E(R_m) - R_f \right] + \alpha = R_f + \beta MRP + \alpha \tag{4-3}$$

式中：R_f 为无风险利率，可选取中国人民银行发行的 3~5 年期凭证式国债利率；$E(R_m)$ 为市场预期收益率，可参考 3~5 年上海证券综合指数（上证综指）的股票平均收益率、深圳证券交易所成分股价指数（深证成指）的股票平均收益率、创业板股票平均收益率等进行综合选取；MRP 为市场风险溢价；β 为系统风险系数，可参照沪深两市的类似的上市公司公布的与经营相关的财务杠杆 β 值；α 为企业特定的风险调整系数，主要考虑不同行业的特有风险。

在确定知识产权价值度和知识产权获得投资的可能性与投资者的投资能力后，知识产权投融资项目的风险会大大降低，这样的知识产权投融资项目的收益将会较好，此类知识产权投融资项目的风险报酬率就不会过高。现有知识产权价格评估在计算风险报酬率时基本上较少考虑知识产权质量、侵权或被侵权风险、产品技术的先进性与成熟性，一些知识产权机构甚至有意忽略知识产权投融资双方合作等管理问题。

知识产权投融资项目的正常风险和知识产权风险是依存和变化的。项目建设期和项目运行第一年是风险最高的时期，普通项目的风险报酬率高是由于项目实施会遇到很多问题，知识产权风险报酬率高是由于知识产权实施中也会遇到很多具体的应用问题。随着项目顺利投产，项目正常的风险和知识产权风险几乎降低为零。但随着项目实施，项目设备老化，技术进步，项目正常的风险逐渐升高，知识产权价值降低。项目计算期间，如果知识产权被宣告无效，知识产权风险会急剧提高。但是现有知识产权价格评估基本上将风险报酬率设为固定不变。

第三，选择项目计算期。项目计算期既不等于项目的生命周期、产品的生命周期，也不等于知识产权的保护期。它应当是知识产权保护投融资项目的垄断利润期，它是项目生命周期、产品技术生命周期和知识产权保护期中最先达到的期限，过了该期限，项目进入正常利润期。但现在的很多评估模型和方法并不考虑项目计算期的科学计算。过了该期限后，项目进入正常经营期，要么产品更新换代，要么知识产权保护到期。目前，一些知识产权投融资项目关于知识产权的价格评估选择计算期并不合理。

第四，选择技术分成率。由于技术与知识产权必须与资本、劳动力和管理要素有机结合才能创造出新的利润，因此在知识产权价格评估过程中，通常采用技术类知识产权实施后企业的净利润分成的办法进行测算。根据国际上通行的 LSLP（Licensor's Share of Licensee's Profit）原则，资金、管理、劳动和技术这四个要素获利比重一般各为 1/4。联合国工业发展组织曾经对印度等发展中国家引进专利技术的价格进行分析，认为专利技术较为合理的利润分成率取值一般为 16% ~ 33%。技术类知识产权的利润分成率大小取决于众多因素。这些因素包括知识产权的质量与数量、技术先进性和成熟度、产品对知识产权的依赖程度、知识产权数量的多少与竞争力等。这些因素构成了知识产权对利润超额分成率的溢价能力。

实际上，知识产权具有重要的溢价作用。根据欧盟知识产权局《2019 年知识产权侵权状况报告》，拥有知识产权的公司员工收入比没有知识产权公司的员工收入高 20%；拥有专利权公司的溢价达 41%，中小企业的溢价近 32%。申请商标的中小企业比不使用商标的中小企业后续经济增长的可能性高 22%，高增长的可能性高 11%。

上海交通大学一项治疗肿瘤的药物以 8.28 亿元独占许可给苏州一家企业。该知识产权技术能够以如此高价许可，主要得益于专利申请质量管理、专利权利要求增强、专利权组合、知识产权价格评估等方面的高端服务，因此该技术及其知识产权得到了很高的溢价。

　　计算技术分成率必须评估知识产权的溢价能力。但现有的评估方法将知识产权与技术混为一谈，没有区分知识产权申请权、知识产权使用权等不同权能的知识产权溢价能力的评估方法，没有区分专利、商标、技术秘密等不同类型知识产权的溢价能力。知识产权的申请权与知识产权不一样，知识产权是一种垄断权，而申请权只是一种临时的保护措施。

　　知识产权价格评估实际上是在技术处于生命周期内对知识产权可产生垄断阶段的价格的评估，这个价格包括技术贡献的价格和知识产权垄断产生的溢价。根据《2019 年全国技术市场统计年度报告》，2018 年全国平均每项合作开发合同金额为 803.07 万元，基本上可以看作为每项技术获得了 803.07 万元的投资。如果技术开发成功形成知识产权后，知识产权就会产生溢价，该报告统计的每项技术的平均转让额为 1 046.55 万元，其中专利申请权为 326.88 万元，专利权转让为 372.63 万元，而专利实施许可的使用权转让额为 1 740.23 万元，技术秘密转让为 1 135.60 万元。部分类别的技术合同构成情况如表 4-1 所示。技术秘密和专利使用权往往是一项可独立实施的技术，而一项专利申请和专利权不一定能构成一项可独立实施的技术❶。由此可知，专利权比申请权溢价约 14.00%，专利许可使用权比技术秘密溢价约 53.24%。

表 4-1　部分类别的技术合同构成

合同类别	合同数（项）	金额（亿元）	平均价格（万元）
技术秘密转让	6 048	686.81	1 135.60
专利实施许可	2 615	455.07	1 740.23
专利权转让	4 542	169.25	372.63
专利申请权转让	398	13.01	326.88
计算机软件转让	837	60.32	720.67
植物新品种权转让	630	7.09	112.54

　　如果技术不能获得知识产权或者已获得的知识产权被宣告无效，则该技术就会失去垄断性，企业只能获取行业平均利润。此时技术虽有贡献，但没有垄断；技术有贡献，但知识产权没有贡献；技术的价格不一定为零，但知识产权的价格应当为零。例如，广州某数码公司 2017 年 7 月以侵害专利号为 ZL200710141661.6 的"音频解码"专利、专利号为 ZL200810003464.2 的"音频编码和解码系统"专利、专利号为 ZL200810003462.3 的"用于对音频信号进行解码的方法和设备"专利共三项发明专利权为由，向北京知识产权法院起诉创维集团有限公司、深圳创维-RGB 电子有限公司、国美电器有限公司；向广州知识产权法院起诉天津三星电子有限公司、高创（苏州）电子有限公司；向广东省深圳市中级人民法院起诉青岛海信电器股份有限公司、海信集团有限公司、深圳市苏宁云商销售有限

---

❶　根据我全国 32 5271 家规模以上内资工业企业 2017 年平均每家拥有有效发明专利 2 371 件，32 027 家高新技术企业平均每家拥有有效发明专利 11.85 件，假定以 6 项专利覆盖一项主导产品计算，6 项专利申请权转让价值将达到 1 961.28 万元，专利权转让价值将达到 2 235.78 万元。

公司等；要求各被告停止侵权、赔偿损失共计约 4 亿多元。其中"音频解码"专利是 2017 年 8 月 17 日申请的《多声道数字音频编解码技术规范》（GB/T 22726—2008）的标准必要专利。但 2019 年 2 月 27 日，国家知识产权局专利复审委员会做出第 35020 号决定，以最早优先权期限前公开的该公司 2006 年 3 月 23 日申请公开的专利 WO2006030289A1 将该公司专利号为 ZL200710141661.6 的"音频解码"标准必要专利宣告无效。

因此，知识产权投融资价格评估公式应当为式（4-4）：

$$V = \theta\left[-IN + \sum_{i=1}^{n_1} \frac{p_i}{(1+r_1)^{i_1}} + \sum_{i=n_1}^{n_2} \frac{p_i}{(1+r_2)^{i_2}} + \frac{F_{n_1+n_2}}{(1+r_2)^{n_1+n_2}} \right] \quad (4-4)$$

式中：$-IN$ 为投资额；p_i 为某年的纯利润；r_1、r_2 分别为垄断期和正常期的折现率。

r_1 较低，基本上等于无风险利率，知识产权在内的风险报酬率接近 0，但随着知识产权贬值会缓慢上升。当知识产权到期或者产品已过生命周期，市场进入充分竞争状态。如果知识产权到期或被无效，则知识产权在内的风险报酬率 r_2 大幅度提高，如果产品已过生命周期，则正常风险报酬率大幅度提高。

造成知识产权贬值有两个方面的原因。一是当技术进步，发生贬值。随着技术进步，尤其是改进专利出现，原有技术价值就会降低。如果新技术完全替代老技术，即使知识产权还有效，但技术的价值也会贬值为零。二是竞争技术出现导致贬值。一项技术如果有同类的竞争技术出现，并且竞争技术拥有知识产权，则会导致本技术市场缩小从而贬值。

2017 年 4 月 10 日，山东理工大学教授毕玉遂领衔的团队研发的"无氯氟聚氨酯新型化学发泡剂"专利技术，以 5 亿元 20 年独占许可使用权费用、2 000 万元后续研发费用，许可给山东省淄博市临淄区补天新材料技术有限公司。发泡剂是生产聚氨酯泡沫材料的重要原料，虽然欧美国家已经研发出四代聚氨酯化学发泡剂，但都含有氟、氯元素，会对臭氧层造成破坏。而毕玉遂教授发明的发泡剂可广泛应用于聚氨酯、聚氯乙烯、聚苯乙烯发泡，可适用聚氨酯软质、硬质、半硬质发泡。软质泡沫可应用于床垫、沙发、服装衬垫、汽车座椅等；硬质泡沫可应用于冰箱、冰柜、冷库、集装箱等制冷装置和设备，供热管道，建筑屋顶，外墙的隔热保温，空调管道隔热和保冷，以及作为以塑代木材料等。该成果既清洁环保，又可降低能源消耗，经济价值巨大。为了解决破坏环境的问题，从 2003 年开始，毕玉遂就带领自己的儿子着手研发新型发泡剂。在研发之初遇到了资金短缺问题，毕玉遂就想方设法找资金。除了自掏腰包搞研发，还要在朋友的个人资助下，才能够继续进行研究开发工作。在经历了数千次的失败、至少 12 万次的试验后，2011 年，毕玉遂团队进行的实验终于取得了重大突破，无氯氟聚氨酯化学发泡剂研制成功，并提交了 4 件中国专利申请、1 件 PCT 专利申请。到 2017 年，团队共申请了 2 件核心专利、3 件 PCT 专利、42 件外围专利。

正是由于技术形成了高质量专利和专利组合，技术价值得到了充分实现。根据山东省科技体制改革试点政策和山东理工大学首席专家管理暂行办法等政策，毕玉遂团队获得了

80%的股权，即价值 4 亿多元的股权。依据 2018 年前的税收政策规定，他获得的股权需要按照工资、薪金所得纳税，4 亿元专利转让费要交 1.4 亿多元的税。到了 2018 年 5 月 29 日，财政部、税务总局、科技部发布的《关于科技人员取得职务科技成果转化现金奖励有关个人所得税政策的通知》（财税〔2018〕58 号）规定，依法批准设立的非营利性研究开发机构和高等学校根据《中华人民共和国促进科技成果转化法》规定，从职务科技成果转化收入中给予科技人员的现金奖励，可减按 50%计入科技人员当月"工资、薪金所得"，依法缴纳个人所得税。

目前，这项绿色环保技术已顺利投入量产，补天新材料技术有限公司新增年产 10 万吨第五代聚氨酯发泡剂及相关制品项目（年产 10 万吨聚氨酯发泡剂、300 万平方米聚氨酯保温板、5 万吨组合聚醚）被列入 2018 年山东省新旧动能转换重大项目库。

2. 成本法

成本法又称重置成本法，是用具有相同功能和效果的知识产权的成本作为计价标准，通过重新研发或购置知识产权评估其价格的评价方法。成本法分为复原重置成本法和更新重置成本法两种。前者是指以被评估的知识产权历史的、实际的开发条件作为依据，再以现行价格进行折算求得评估价格的方法。后者是以现行开发条件为依据，重置与被评估的知识产权具有相同功能的全新知识产权的成本，以评估知识产权价格的方法。

成本法虽然应用起来简单，但成本法有一个重要的缺陷，就是在价格评估过程中没有考虑知识产权未来的市场条件、寿命、预期收益以及后续研发中的风险等。成本法还存在另一个缺陷，就是该方法是建立在该知识产权是可被复制的假设基础上的。然而，这对于很多知识产权尤其是专利而言并不适用，这无疑会影响到对知识产权投融资项目价格的正确评估。成本法虽然有这些缺点，但在对于那些处于早期的知识产权投融资项目，特别是那些基础研究成果而言，在其市场前景及商业应用尚不清楚的情况下，仍是一种很适合的价格评估方法。

然而，上述两种方法并没有明确历史的成本或者重置的成本到底包括哪些内容。尤其是对于企业而言，使用成本法评估企业知识产权资产价格，最大的问题是由于会计制度不完善导致的评估价格不准确。根据财政部发布的《企业会计准则第 6 号——无形资产》第九条规定，符合条件的企业内部研究开发项目开发阶段的支出可以确认为无形资产。根据第十二条的规定，无形资产应当按照成本进行初始计量，外购无形资产的成本，包括购买价款、相关税费以及直接归属于使该项资产达到预定用途所发生的其他支出。根据第十三条的规定，自行开发的无形资产，其成本包括自满足规定后至达到预定用途前所发生的支出总额，但是对于以前期间已经费用化的支出不再调整。

我国企业一般将研究开发费作为当期费用，将技术引进的无形资产摊销费用列入成本并享受加计扣除政策，如果将研发经费计入无形资产成本并摊销，则会延长企业研发费用回收的时间，自行研发形成的知识产权的成本通常只有知识产权检索、代理服务费和向知识产权管理部门缴纳的费用。根据知识产权收费标准和市场调查，我国发明专利申请费和检索费、代理费平均为 1 万元，发明专利第 4~6 年每年维持年费 1 200 元。按此标准计算，2017 年我国全国工业企业专利权的价值只有 43.27 亿元，以此作为原始成本评估知识产权资产的价格显然较低。我国 2016 年企业和个人集成电路布图设计登记量达到 1 788件，按每件登记费 1 000 元、代理费 3 000 元计算，总成本为 1 292 万元；2017 年全国企业计算机软件著作权登记达到 56.79 万件，按申请费 250 元、代理费 1 500 元计算，总成本为 7.10 亿元。在不考虑知识产权摊销的情况下，按上述数据计算，此三类知识产权的总成本只有 50.50 亿元，显然不符合我国规模以上工业企业科技创新的实际情况。

由于该准则不允许将计入当期损益的开发费用作为知识产权成本进行调整，更不允许研究费用列入知识产权成本，这就限制了自主知识产权成本的真实情况，没有反映自主知识产权的真正价值，没有反映企业的自主创新成果，限制了企业进行基础研究的积极性。据 2019 年中国技术市场统计，我国一项专利权平均转让价格 372.63 万元，平均许可价格为 1 740.23 万元。但实际一项专利技术的成本按申请费、实审费、维持费、代理费、检索费、前三年度的年费等，全部平均不超过 5 万元，加上平均维持五年减缴后的年费不过6 万元。按照统计局数据，2018 年我国规模以上工业企业研究实验支出 1.285 5 万亿元，新产品开发试验经费支出 1.498 万亿元，申请专利 957 298 件（其中发明 371 569 件），三种有效专利 1 094 200 件，如果按照三件实用新型或外观设计专利相当于一件发明专利计算，则平均每项发明专利申请使用的研究经费支出为 492.8 万亿元，加上知识产权申请维持成本将达到近 500 万元，与专利权许可价格还有较大差距。

由于《企业会计准则第 6 号——无形资产》不支持企业将研发费用列入知识产权成本费用，企业更乐于引进外部技术。根据上述计算，我国自行研发形成的发明专利相关费用只包括专利授权前向有关部门缴纳的费用和检索费、代理费等，远远低于市场许可的价格。该准则的规定更有利于企业引进技术和知识产权，而不利于企业的自主创新。对于工业企业来说，管理费用中与技术类知识产权相关的费用包括研究开发费、新产品开发费（包含研发人员工资福利）、技术改造费、技术引进费、技术消化吸收费、仪器设备软件折旧费用等，这些费用往往是一次性的，一般计入当期损益，只有形成了知识产权的申请、维持和代理服务费用才需要进行摊销。研究开发费用不计入产品成本，难免造成企业生产成本偏低，产品价格未能全部补偿研究开发成本，计入损益的巨额研究开发成本必然侵蚀企业利润（阳顺英，2009）。

为反映企业自主创新成果，激励知识产权创造运用，可将研发费用归集起来，待开发成功并投入使用时列为无形资产；或者先设置账户专门记录其相关支出，若研发活动已经取得成果并预期能够产生收益，再将相关支出全部资本化（阳顺英，2009），因此应允许将已计入当期损益的开发经费调整计入知识产权的成本。为激励原创成果和重大突破，应允许将研究费用、研发人员工资福利、仪器设备软件折旧费用调整计入技术类知识产权的成本。除了研究开发费用外，为激励知识产权交易运用，还应允许将技术引进费用和技术消化吸收费用计入知识产权的成本。由于新产品开发费用、技术改造费是形成知识产权后发生的费用，则不应计入知识产权成本。由于研究开发费、技术引进费用、技术消化吸收费用与形成知识产权的关系较为直接，而且每年都会发生这些费用，企业或产业每年都会申请稳定数量的知识产权和拥有稳定数量的有效知识产权，为降低会计核算的复杂性，可以将当年的研究开发费用、技术引进费用、技术消化吸收费用列为知识产权的成本，不用考虑形成知识产权的时间滞后效应。同时，还应当将研发人员的工资福利从劳动要素的成本中分离出来，将在管理费用中应计入技术要素成本的机器设备折旧费用从资本要素的固定资产折旧费用中分离出来。

一般来说，企业利用新技术生产具有知识产权的产品，必须投入资本、技术、劳动力和管理要素，企业利润是各种要素组合产生的。企业成本费用通常包括车间成本、管理费用、财务费用、销售费用和税费几大部分，但技术在企业资本中投入份额最少（罗云，2018）。在四个要素中，如果技术是中性的而且没有进步，劳动力、资本和管理要素变化不大，成本转移到产品售价中不应发生大的变化，它们的贡献一般按照成本计算。但技术要素的贡献不仅仅是其自身获取成本能够反映的，技术要素的贡献会远远超过其自身获取成本，只计算其申请、维持和代理服务等成本是远远不够的。从四个要素来看，管理费用中包括与技术相关的研究开发费、技术引进费用、技术消化吸收费用，这些费用的使用是能够形成专利权或购买专利权等技术类知识产权的，而新产品开发费用、技术改造费用并不能形成技术类知识产权，而是用于知识产权的应用。管理费用扣除研究开发费、技术引进费用、技术消化吸收费用、自主研发或外购技术类知识产权成本与无形资产摊销费用、仪器设备软件折旧费用和资本相关费用后的部分，才是四要素中的属于管理要素的管理费用。

技术要素不仅包括自主研发或外购技术类知识产权成本与无形资产摊销费用，而且还应当包括研发费用、技术引进费用、技术消化吸收费用、研发人员工资福利和机器设备软件折旧费用。实际上，国内外已开始考虑将研发经费作为知识产权的成本。2009 年，联合国等五大国际组织联合发布新的国民经济核算体系（SNA 2008），将研发经费支出直接计入 GDP 作为专利的贡献。国家统计局 2017 年参照 SNA 2008 印发了《中国国民经济核算体系（2016）》，将研究与开发等科技活动纳入知识产权产品增加值核算范围。技术要素中的非专利技术主要是指技术秘密、软件著作权、集成电路布图设计专有权等其他技术类知识产权，但是技术秘密无法形成无形资产，很难在会计科目中核算，只能归入管理费用的研发费用中。商标、地理标志类知识产权不能作为技术要素，而是作为管理要素。

企业总投资中的资金主要用于固定资产投资和流动资金投资，固定资产投资主要包括生产设备和厂房投资，流动资金主要用于购买原材料、支付劳动力工资福利、进行研究开发、引进技术等投资，投资可以使用自有资金，也可以使用银行贷款。财务费用主要是银行贷款或外部借款的利息及手续费，加上扣除了仪器设备软件折旧费后的管理费用中的其他固定资产折旧费用、自有流动资金使用成本、土地使用权无形资产摊销，这些费用构成投资要素的费用，并转移到知识产权产品的售价中。

劳动力成本是指扣除了科研人员的工资福利后的车间工人与车间管理人员工资福利，研发人员的工资福利应当计入技术要素的费用中。从会计科目看，四类要素与企业成本费

用对照如表 4-2 所示。❶

表 4-2 资本、技术、劳动力、管理四类要素与企业成本费用对照

要素类型	成本费用类型
劳动力	车间工人与车间管理人员工资福利（扣除研发人员工资福利、管理人员的工资福利）
技术	研发费用（含外部研发支出）、技术引进费用、技术引进消化费用、自研或外购技术类知识产权成本与无形资产摊销费用、研发人员工资福利、机器设备软件费用、新产品开发费、技术改造费用
管理	管理费中扣除研发费用、技术消化费用、技术转让摊销等科技创新费用、研发人员工资福利、固定资产折旧费、管理人员的工资福利费后的费用
资本	（固定资产折旧费—机器设备软件费用）、财务费用

由于企业会计科目与国家统计局公布的全国企业会计科目相同，全国企业的财务数据又是每个企业财务数据的汇总，鉴于数据具有可获得性，因此可以把全国规模以上工业企业的整体作为一个企业进行分析。根据国家统计局公布的 2017 年全国规模以上工业企业的主要财务数据，技术要素的成本费用将相关成本费用计入技术类知识产权成本后，贡献率为 15.98%。如表 4-3 所示。❷

表 4-3 资本、技术、劳动力、管理四类要素利润贡献

要素	金额（亿元）	利润贡献（%）
技术	20 991.41 813	15.98%
劳动力	52 885.96 576	40.26%
资本	35 024.6 365	26.67%
管理	22 446.93 403	17.09%

上述四要素的成本费用分析中并没有全面反映技术和知识产权资产的价格。由于会计利润是企业资产价值的表现，应利用企业未来盈利的能力来评估资产价值（Penman，2007）。知识产权产品利润是由劳动创造的，技术要素包含了科研人员劳动的价值，管理要素则包含了管理人的创造性劳动产生的价值。劳动力、技术和管理要素的成本费用按其实际发生的成本费用转移到知识产权产品的售价中并对利润产生了贡献。因此，对知识产权新利润的贡献应按照技术、管理和劳动力要素的实际成本费用计算。由此可以计算全国规模以上工业企业成本费用和利润贡献表示的知识产权资产价格。由此可以计算全国规模以上工业企业 2017 年技术要素贡献份额为 15.981%，专利技术贡献份额为 15.975%，则全国规模以上工业企业 2017 年技术类知识产权资产的价格为 31 382.65 亿元，专利权资产

---

❶ 此部分内容发表于 2021 年第 8 期《科研管理》。
❷ 规模以上工业企业仪器设备软件折旧额数据采用全国工业企业仪器设备软件折旧额数据。

的价格为 26 934.02 亿元。

3. 市场法

市场法就是根据市场中已经交易过的知识产权评估类似知识产权的价格。这种方法较为简单，特别适用于大宗知识产权交易。由于无法对每个专利的成本进行核算，无法对每个专利未来的收益进行计算，因此很多无形资产评估机构用市场法评估知识产权的价格。市场法也较适用于曾经发生过交易的知识产权价格评估，曾经发生过的交易价格可以作为知识产权价格评估的参考。知识产权尤其是专利价格评估的市场法主要有专利权转让和许可比较分析法、标准必要专利许可费率法。如标准必要专利许可费率法是根据已发生的许可费率案例确定某一专利权人的许可费率，如华为诉 IDC 案中，就采取了这种方法。

但是，市场法的应用也存在很多不足。专利由于具备新颖性和创造性，很少有两个专利是相同的或者相似的。在一个产品技术系统中，专利的地位往往是不同的，有些专利之间是互补的，有些专利之间是竞争的；有些专利是核心专利，有些专利是外围专利；有些专利是在先专利，有些专利是在后专利；有些专利是原创专利，有些专利是集成创新专利。所以，运用市场法评估知识产权的价格也很难达到准确。

由于知识产权资产的特殊性，知识产权价格评估方法有许多不同于固定资产和其他无形资产价格评估方法之处，在运用市场法评估时既要考虑被评估知识产权与已成交知识产权是否相似，又要考虑知识产权本身的特点和该知识产权的实施场景。本章提出的调整后的市场法评估知识产权价格方法如式（4-5）所示：

$$V = \alpha \cdot \beta \cdot P_{ipr_s} \tag{4-5}$$

式中：P_{ipr_s} 为相似知识产权的价格；α 为知识产权特征系数；β 为实施场景系数。

4.3　知识产权价格评估系统

随着科技进步加速和互联网、大数据的广泛应用，传统的评估方法越来越难以适应日益复杂的无形资产估值需要（Ted，2005）。目前已出现许多知识产权价格评估的方法和软件。有学者通过收集中国技术交易所拍卖成功的多件专利的各项信息和交易价格，从法律、技术、市场三个方面指标，通过神经网络模型赋权的方法评估专利价格（胡启超，2013）。有学者提出了基于贝叶斯卷积神经网络的专利价格评估模型，通过模型提取评价特征计算出专利的价格（Liu et al.，2020）。

本书使用智慧芽全球专利检索分析系统，以独立权利要求为检索字段，以 ICLMS：（（（知识产权 AND（价格 OR 价值）AND 评估 AND 系统）OR（（intellectual property OR patent OR copyright OR trademark）AND（price OR value）AND（evaluate OR appraise）AND（system OR method）））））为检索式，共检索出与知识产权价格评估相关的专利文献 200 多篇。在专利申请

上，鸿富锦精密工业（深圳）有限公司 2006 年 3 月 3 日申请，申请号为 CN200610034174.5 的发明专利申请公开的一种专利价值评估系统及方法，系统包括数据库服务器、应用服务器及客户端计算机，数据库服务器用于储存待评估的专利案件及其相关资料；应用服务器用于从所述数据库服务器中获取待评估的案件，分配给案件评估负责人，并从数据库服务器中收集与待评估案件相关的信息，便于案件评估负责人在评估的时候进行参考；客户端计算机用于为各案件评估负责人提供线上评估的操作界面。所述的与待评估案件相关的资料包括该专利的历史评估资料，该专利或其同族专利是否被无效过、是否曾经授权给其他公司、是否曾经就相关产品做侵权分析并提出诉讼，及该专利的专利家族部署情况。

博鳌纵横网络技术有限公司 2015 年 8 月 21 日申请，申请号为 CN2015087801W 的发明专利申请公开了一种专利价值评估方法和系统。该系统包括判断模块、数据录入模块、数据运算模块以及结果显示模块。依据待评估专利实际情况填写所述待评估专利的未来 L 年收益情况是否预知，所述未来 L 年收益情况为未知时，填写第一类专利信息数据表，并按第一类专利评估算法计算所述待评估专利的价值；所述未来三年收益情况为已知时，填写第二类专利信息数据表，按第二类专利评估算法计算所述待评估专利的价值。所述第一类专利信息数据表包括专利类型信息数据、研发成本数据、申请日时间数据、授权日数据、重点行业数据以及权利要求项数据。所述第二类专利信息数据表包括专利类型信息数据、专利申请时间数据、非专利产品毛利润数据、专利产品毛利润数据、营业管理费用支出数据、所得税数据。

冠研（上海）专利技术有限公司 2016 年 1 月 4 日申请，申请号为 CN201610004231.9 的发明专利申请公开一种专利价值的评估方法，步骤包括：建立全维度指标体系；建立专利信息数据库；得到待鉴价专利的指标体系；找出符合检索条件的多件对比专利；建立市场意愿成交价格体系；计算第 m 位潜在购买者对于带有价格数据的对比专利的评价倾向性指标；得到第 m 位潜在购买者修正后的意愿成交价；得到虚拟成交价格；得到待鉴价专利的交易指导价。全维度指标体系分为客观指标和主观指标两部分，所述客观指标包括权利要求数量、专利说明书字数、同一专利在几个国家进行了申请、申请日、分类号、引证数量比值、专利权人；主观指标包括专利所蕴含技术方案的可替代性、发明的创新点与同类技术之间的竞争关系强弱、专利所处技术领域的市场成熟度、权利要求布局合理性、专利权人规模与背景。

四川诚品电子商务有限公司 2015 年 11 月 25 日申请的申请号为 CN201510832138.2 的发明涉及一种知识产权在线交易平台，包括主服务器、第三方资金监管平台、交易平台子系统、服务费用子系统、卖家管理平台、买家交易平台、防伪验证平台、专利价值评估模块，其中所述知识产权发布平台用于发布专利、商标、著作权等知识产权产品，所述知识产权产品发布后，由专利价值评估模块进行专利价值评估。所述第三方资金监管平台与主服务器建立数据连接，对交易过程中的费用进行监管，在买卖双方交易完成后，监管的资金进入指定账户。所述交易平台子系统建立起卖家管理平台和买家交易平台之间的数据服务，管理所述买方和所述卖方之间每笔交易的交易流程和交易资金；所述交易平台子系统配置成针对每笔交易的交易资金按照预定的服务费用比例计算服务费用数据，将各所述服务费用数据发送至所述服务费用子系统，并将各所述服务费用数据对应的服务费用发送至所述服务费用子系统；所述防伪验证平台用于为买家提供防伪验证，买家发起验证时，防伪验证平台进行真伪验证，将验证结果数据发送至买家交易平台，并记录在主服务器中用于卖家诚信度统计。所述主服务器包括服务费用确定模块、协议生成和发送模块、确认结果接收模块、支付模块。所述卖家管理平台还配置成根据卖家的输入生成店铺设立请求，并将其发送给所述交易平台子系统。

山东海诺知识产权运营管理有限公司 2016 年 11 月 3 日申请，申请号为 CN201621301095.1 的实用新型专利涉及一种知识产权价值评估系统。该知识产权价值评估系统包括客户端、数据接收端、数据处理系统、展示系统和数据发送端；所述客户端与数据接收端、数据发送端通过网络连接；所述数据处理系统包括信息录入系统、存储系统、检索系统、参数拟合系统、报告整理系统；所述数据处理系统与展示系统相连，展示系统用于展示评估结果。本实用新型利于数据存储，而且每一级工作都有源可查，系统内数据传输与 web 网络不连接，避免数据的丢失和损坏，每一级工作完成后进行下一级工作，各级工作不影响下一级工作；本实用新型有利于数据的存储和调用，可以组合形成多种数据依据。

苏州大成有方数据科技有限公司 2016 年 8 月 25 日被授权的专利申请号为 CN201610720843.8 的发明专利申请公开了一种知识产权价值评估系统，包括：知识产权投入费用统计模块、知识产权的创新性评估模块、知识产权的成熟度评估模块、知识产权的市场应用性评估模块、知识产权的市场实施能力评估模块、知识产权的市场垄断性评估模块、知识产权的权属状况评估模块、知识产权的数量统计模块。

4.3.1　知识产权价格智能评估

目前，有很多专利申请技术只是一种构想或者是一种不太成熟的技术方案，很多并没有开发成为软件系统，真正投入运行的则更少。智慧芽信息科技公司 2017 年 5 月 30 日申请了一件申请号为 US15/608665，公开（公告）号为 US20170345036A1 的美国专利。该专利是一种专利价格评估系统，能自动生成专利的价格，该评估系统指标包括：（1）市场吸引力。着重从商业角度考量有多少活跃的竞争对手，以及公司在不同技术领域创新的多样性。涉及的技术领域越多样，市场吸引力越大。（2）市场覆盖面。着重考量专利的市场规模，包括专利覆盖的市场大小、受专利保护的国家/地区。它反映了受法律保护的发明技术以及 FTO（Freedom to Operate）的市场规模。（3）技术质量。着重考量技术挖掘的难易度、设计能力、专利功能对于产品/服务的重要性，用于考量公司专利的创新程度。（4）申请人技术实力。考量公司整体研发人员的技术实力。大公司在研发阶段会投入较高的研发经费，并且这些公司对现有市场和潜在市场的影响力较大，可能成为日后行业的标杆。（5）法律效力。从专利经历的法律事件来评估专利的法律效力。该指标包括优先权期限、权利要求的广度和深度、权利要求的质量及其稳定性。经过评估，US20170345036A1 的美国专利价格为 6 000 美元。Ocean Tomo LLC 也申请了一项运用保险类型财务工具评估知识产权价格的专利（US20060218066A1），经过该系统评估，此专利的价格为 12 000 美元。

华为技术有限公司和牛津大学申请的公开号为 CN109102435A 名称为"专利的货币价值评估方法，系统和应用程序"的专利主要包括以下三类评估指标：（1）专利因素。至少包括专利的前向引用信息、专利的后向引用信息、专利的法律状态、同族专利、专利申请授权时差。（2）专利持有公司的商业数据。包括持有专利公司的总资产和公司专利总数、基础设施变化和负债比。（3）专利所涉及的技术在申请国的技术市场信息。至少包括专利的技术广度信息。技术广度包括 IPC 分类号或者 USPC 分类号等的数量、专利技术成熟度。市场信息包括申请国的宏观经济状况和技术热度信息。该专利运用固定效益算法（Fixed-effects panel estimator）或豪斯曼（Hausman）算法对预选的专利数据进行训练得到价格评估结果。具体公式为：$TV = e^{\{\ln(a \cdot Size_{i,t}) + b \cdot FCit_{i,t} + c \cdot FNCit_{i,t} + d \cdot Claim_{i,t} + f \cdot BCit_{i,t} + g \cdot USApp_{i,t} + h \cdot WApp_{i,t} + j \cdot EUApp_{i,t} + \ln(k \cdot Glags_{i,t}) + l \cdot SD_{i,t} + m \cdot FS_{i,t} + n \cdot BFCit_{i,t} + o \cdot \ln Pat_{i,t} + p \cdot NRIt + q \cdot ICt + t \cdot SR_{i,t}\}}$；其中：$TV$ 为所述专利的货币估值；$FCit_{i,t}$ 为所述专利的前向引用信息中的引用所述标的专利的专利文献数量；$FNCit_{i,t}$ 为所述专利的前向引用信息中的引用所述标的专利的非专利文献数量；$Claim_{i,t}$ 为所述标的专利的权利要求数量；$BCit_{i,t}$ 为所述标的专利所引用的参考文献的数量；$USApp_{i,t}$ 为同族专利中向美国专利商标局申请的专利数量；$WApp_{i,t}$ 为同族专利中向国际知识产权组织申请的专利数量；$EUApp_{i,t}$ 为同族专利中向欧洲专利申请的专利数量；$\ln(k \times Glags_{i,t})$ 为带有变量系数 k 的所述标的专利的申请时间和授权时间差的对数；$SD_{i,t}$ 为所述标的专利的技术广度；$FS_{i,t}$ 为所述标的专利的同族专利数量；$BFCit_{i,t}$ 为所述专利的同族专利的所引用的参考文献的数量；$\ln Pat_{i,t}$ 为所述标的专利持有公司的专利总数的对数；$NRIt$ 为专利技术申请国可拓展和所述申请国所布局专利技术的成熟度；ICt 为所述标的专利的申请国的基础设施变化程度；$\ln(a \times SIZE_{i,t})$ 为带有变量系数 a 所述标的专利的持有公司的总资产的对数，$SR_{i,t}$ 为所述标的专利的持有公司的负债比；a，b，c，d，f，g，h，j，k，l，m，n，o，p，q，i 和 t，分别为对应于所述专利因素、所述商业数据、所述技术市场信息和所述宏观经济信息中具体因素的变量系数，所述变量系数为 $[-1,+1]$ 区间内的实数。

4.3.2　商标权价格评估方法

商标价值实现有几个条件。一是必须是注册商标。只有注册商标，其经济价值才有实现的可能性，而未注册的商标，法律没有为其提供充分的保护，其经济价值难以得到确认。二是注册商标只有用于被核定使用的商品或服务时才受法律保护，超出核定范围，或者超出保护地域范围则不受保护。三是商标只有使用才能体现价值，不以使用为目的的商标或者被驳回或者被无效，因此没有价值。商标使用需要提供商标使用证明和广告宣传等材料。

评估商标权的价格可以使用成本法评估。商标权价格不仅包括商标的设计、注册、保护成本，而且还包括商标的区分价值和由商标的商誉价值产生的价格。商标成本包括商标设计、注册、维持和保护商标的成本费用。商标的区分价值主要是因该商标具有显著性而产生的区分商品或服务来源的价值。商标的商誉价值是企业通过体现在商标所承载的消费者对相应商品的性能、质量与服务品质及企业形象的整体认知与认可，从而获取超过可辨认资产正常获利能力的资本化价值。一般情况下，商标权价格可以根据商标设计、商标申请续展费用、商标产品宣传推广费用和相关人员薪金福利等，加上一个合理比例的间接费用和利润计算得到。

商标权价格评估也可以使用收益现值法评估。商标权价格评估往往需要与同类非商标产品相比，确定商标权的超额收益，再通过将商标权的超额收益折现计算为净现值，根据商标权对商品利润的超额分成率计算商标权的价格，如式（4-6）所示。

$$V = \theta \sum_{i=1}^{n} \frac{p_i}{(1 + r)^i} \tag{4-6}$$

式中：V 为商标权价格；θ 为商标权超额分成率；p_i 为产生的净利润；r 为折现率。

首先计算单位产品商标超额收益，如表4-4所示。

表 4-4　单位产品商标超额收益计算

项目	商标产品	同类非商标产品
产品单价/元	4 685.9	4 495
销售成本/元	2 703	2 703
销售税金及附加销售费用/元	19.85	18
财务费用/元	681.02	745
管理费用/元	225.66	233.04
利润总额/元	1 056.37	795.96
净利润/元	792.277 5	596.97
单位产品商标超额收益/元	195.31	

然后，确定折现率。折现率等于无风险利率和风险报酬率之和，无风险利率通常为3~5年期国债利率，风险报酬率除了行业正常风险报酬率外，还包括商标权风险报酬率。如果商标权稳定，与产品或服务直接相关，则商标超额分成率应高于平均超额分成率。再后，确定计算期，一般为10年，由此可以计算每年商标超额收益的净现值。假定折现率为10%，计算期为10年，则净现值计算如表4-5所示。

表4-5 商标超额收益净现值计算

项目/年份	销售额/台	单位超额收益/元	年超额收益/元	折现系数	净现值/元
第1年	3 500	195.31	683 576.25	1.10	621 432.95
第2年	5 000	195.31	976 537.50	1.21	807 055.79
第3年	5 500	195.31	1 074 191.25	1.33	807 055.79
第4年	5 500	195.31	1 074 191.25	1.46	733 687.08
第5年	5 500	195.31	1 074 191.25	1.61	666 988.25
第6年	5 500	195.31	1 074 191.25	1.77	606 352.96
第7年	5 500	195.31	1 074 191.25	1.95	551 229.96
第8年	5 500	195.31	1 074 191.25	2.14	501 118.15
第9年	5 500	195.31	1 074 191.25	2.36	455 561.95
第10年	5 500	195.31	1 074 191.25	2.59	414 147.23

将净现值加总，可以得到总的净现值为616.43万元。最后，通过估算技术、劳动力、技术和管理四要素中管理要素的贡献率和商标权在管理要素中的贡献率，确定商标权的超额分成率，将总净现值乘以商标超额分成率就可以计算商标权的价格。

一般情况下，管理和技术、劳动力、资本对利润的贡献各占1/4左右，但实际上这四个要素的贡献应主要根据实际各要素发生成本费用归集后的占比计算。管理费用是指除了车间成本、财务费用、税费、销售费用外的所有费用，包括管理人员的工资福利和行政管理费用，如办公用品费、通信费、教育培训费、折旧费、工会费、研发费、差率费、招待费、住房公积金等。管理要素的贡献应当主要依据管理费用中除去技术、资本要素类管理费用后的费用占管理、技术、劳动力和资本要素成本费用总和的比例计算。而商标权在管理要素中的贡献主要依据商标设计、申请维持的费用、宣传推广产品的费用和相关人员薪金福利等成本费用在管理要素费用中的比例计算。

现有研究和专利申请技术为知识产权价格评估提供了专业评估的知识、技术和方法，对于知识产权价格评估理论和方法的完善具有极为重要的促进作用。但是，由于知识产权评估理论方法主要来自于资产评估理论和方法，大多数资产评估机构对知识产权评估尤其是专利价格评估的规律和特征认识不够深入，评估的随意性较大，现有公开的专利价格评估技术将常规的人工评估方法开发为软件系统，虽然可以辅助实现自动化或者所谓的智能化，但仍没有解决专利价格评估随意性大的问题，缺乏专利授权条件中最重要的新颖性和创造性的判断。运用收益现值法的知识产权价格评估在教科书上比比皆是，第三方支付平台借鉴淘宝模式开发知识产权价格评估系统专利技术，仍存在将公知常识的传统评估方法结合公知计算机产生的技术启示嫌疑。现行知识产权评估机制极为不完善，虽然国内外有很多评估机构开展了很多专利权、商标权、著作权等知识产权的价格评估实践，但一直缺乏能够解决信息和风险不对称问题并能在线实现或者自动化实现的知识产权价格评估方法与系统。现有研究和评估方法存在的最大问题是对知识产权价格评估的参数选取研究不够，没有建立甲、乙双方共同参与，评估方提供参数选择建议的评估机制，所以知识产权价格一直无法实现准确评估。

4.4　大数据在线知识产权价格评估方法

为了克服现有技术的不足之处，基于第三章关于知识产权价值度尤其是专利质量、技术和风险的评估，本书提供一种基于大数据的知识产权价格评估系统和方法，以解决知识产权价格评估的参数值选取不科学导致评估结果波动过大和不被认可的问题，使得评估结果更科学、更准确。

总体技术方案为：一种基于大数据知识产权价格评估系统，包括存储有知识产权价格评估模块的主服务器和知识产权价格评估客户端，该系统还包括知识产权评估参数数据库，所述知识产权评估参数数据库存储于所述主服务器内，存储有知识产权评估价格的评估参数值；所述知识产权参数选择模块存储于主服务器，接收知识产权价格评估客户端选择的存储于知识产权价格评估模型模块中的知识产权价格评估模型，以及与知识产权价格评估模型相对应的评估参数的请求，从所述知识产权参数数据库中选择知识产权评估参数值或者生成参数值，评估知识产权价格并返回给所述知识产权价格评估客户端。

所述知识产权价格评估模块存储有知识产权价格评估模型，并提供所述评估模型和主要评估参数的解释与帮助信息，根据知识产权评估客户端在所述知识产权价格评估模块中选择的知识产权价格评估模型，和所述知识产权参数选择模块从知识产权参数数据库中选择的知识产权评估参数值或者生成的参数值，评估知识产权价格，并将知识产权评估价格返回给所述知识产权评估客户端。所述知识产权价格评估客户端是指知识产权供给方客户端和/或知识产权需求方客户端，知识产权供给方客户端和知识产权需求方客户端与所述主服务器知识产权参数选择模块连接，向所述主服务器知识产权参数选择模块发送所述选择知识产权价格评估模型和相对应参数的请求，接收所述主服务器知识产权参数选择模块从所述知识产权评估参数数据库中选择并返回的优选参数值或者生成参数值以及知识产权评估价格。所述知识产权参数选择模块从所述知识产权参数数据库选择的参数值是指存储于所述知识产权评估参数数据库中已成交的同类或相似知识产权在价格评估时使用的参数值。所述知识产权参数选择模块生成的参数值是指在知识产权评估参数数据库中无相应评估参数值时对知识产权供给方客户端和/或需求方客户端发出的参数值的加权平均值，或者公众在线提供的参数值的加权平均值。所述加权平均值为算术平均数。

本书提供的一种基于大数据的知识产权价格评估方法包括以下步骤，如图 4-1 所示。

步骤 1：知识产权评估客户端向主服务器知识产权参数选择模块发送选择的存储于主服务器的知识产权价格评估模型和相对应参数的请求。

步骤 2：所述知识产权参数选择模块查询知识产权评估参数数据库，从所述知识产权评估参数数据库中选择或生成参数值并返回给知识产权评估客户端。

步骤3：知识产权评估客户端对接收到的主服务器返回的参数值满意则向主服务器知识产权价格评估模块发出评估知识产权价格评估请求，如果不满意则执行步骤1到步骤2。

步骤4：所述知识产权价格评估模块根据知识产权价格评估客户端选择的知识产权价格评估模型和评估参数值调用相应的知识产权价格评估模型，输入选定的参数值计算价格并向知识产权价格评估客户端返回知识产权价格评估结果。

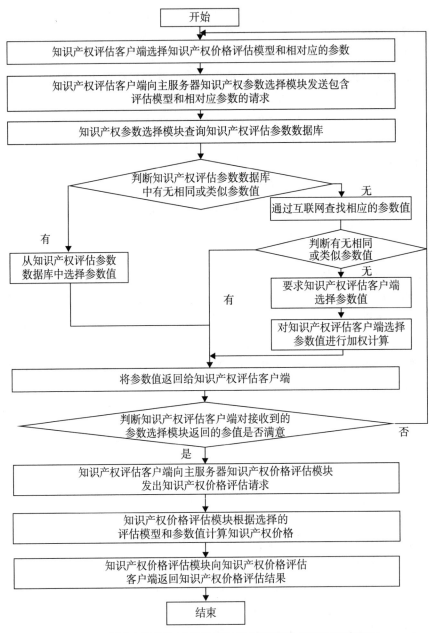

图4-1 利用大数据和底层协商的知识产权价格评估系统流程

4.5　小结

　　实现准确知识产权价格评估一直是知识产权评估界的梦想。实现准确知识产权价格评估要采取科学的方法和机制，不仅要采用合适的知识产权价格评估模型与方法，还要建立有效的知识产权评估机制。科学有效的评估机制不仅要求甲乙双方共同参与评估，还要评估方能提供底层参数选择的建议，甲乙双方能对底层参数进行协商谈判，协商一致后选用合适的模型就可较为准确地评估出知识产权的价格。利用大数据寻找已发生的评估参数值能较好地使协商达成一致。

　　本章梳理了现有主要的知识产权价格评估方法和系统，分析了这些评估方法的优点和存在的主要问题，对专利权、商标权价格的评估技术和方法进行了专利检索和评价，并结合实践开发了基于大数据和底层协商参数的在线知识产权价格评估技术和模型，解决了技术转让、许可和作价入股过程中信息与风险不对称问题导致的评估价格不被接受问题，为知识产权投融资中的价格评估提供了理论和方法支撑。

第 5 章

知识产权投融资项目商业计划书编写

撰写商业计划书或可行性研究报告是知识产权投融资项目获得投融资的必要条件，是知识产权投融资项目顺利实施的重要保障。知识产权要获得投融资，应当撰写符合实际的高水平的商业计划书，全面评估该知识产权投融资项目的市场环境，论证项目的基础和优势，分析项目的市场前景和预期收益，并制定可行的投融资计划。

5.1 知识产权投融资项目商业计划书概述

知识产权投融资项目商业计划书是拥有技术及知识产权的单位或个人为了获得外部投融资，促进知识产权转化运用和企业发展等，经过一系列调查、研究、分析、论证，按照一定的结构和要求编写的介绍知识产权投融资项目状况和发展前景的书面材料。

编写知识产权投融资项目商业计划书的目的是使技术成果和知识产权作价获得投融资，能够将知识产权实施运用并产生新的价值。其中，有的商业计划书是为了使已经实施的知识产权项目获得银行贷款，促进企业发展；有的商业计划书是为了适应政策要求，使知识产权项目获得政府引导资金、担保或保险的支持，降低知识产权转化运用或者企业发展过程中的风险；有的商业计划书是为了全面了解企业自身的发展问题和挑战，以知识产权为优势制定企业发展战略或者规划；有的商业计划书则是为了向合作伙伴和其他相关机构提供自身信息，寻找战略合作伙伴，扩大业务合作。

商业计划书应该做到结构完整、重点突出、表述清楚、内容准确、态度诚恳。①结构完整。商业计划书应包括基本内容，不能有缺项。各部分内容和长度应相称和一致。②重点突出。商业计划书要突出重点内容，市场分析、商业模式、团队基础和融资计划等不可缺少，但不同项目可以有所侧重。③表述清楚。商业计划书要通俗易懂、语言流畅，利用好数据图表，商业计划书不等于可行性研究报告，不要写得太长、内容太复杂。④内容准确。商业计划书所用数据、资料来源要可靠，分析方法要可行，市场分析、财务分析和投融资计划要有充分依据，推论和分析结果要可信。⑤态度诚恳。商业计划书要基于事实撰写，既要深入分析，突出产品和市场分析的客观性，也要体现投融资的紧迫性，不忽略问题，也不夸大宣传，要写出项目投资的必然性和可能性。

5.2　知识产权投融资项目商业计划书结构

编写知识产权投融资项目商业计划书的目的主要是使技术和知识产权项目获得投融资。不同目的的商业计划书结构并不相同，比如投融资项目的商业计划书可能偏重于项目基础、团队能力和融资计划介绍；公司未来发展的商业计划书可能偏重于项目优势、投资需求和未来的盈利分析。不同行业的商业计划书结构可能也不同，比如高新技术和知识产权投融资的商业计划书偏重于项目产品市场分析、投融资需求和未来的盈利分析；传统行业的商业计划书则偏重于产品竞争优势、市场分析和盈利能力。

知识产权投融资项目商业计划书通常包括以下内容：①项目介绍；②产品与服务；③市场分析；④设备工艺；⑤生产组织；⑥投融资计划；⑦营销策略；⑧核心团队；⑨财务分析。

5.2.1　项目介绍

在撰写知识产权投融资项目商业计划书时，首先要回答投资人和贷款人最关心的问题：为什么要投资这个项目？为什么要给该项目贷款？因此要在撰写商业计划书时明确知识产权投融资项目的意义。撰写商业计划书的意义主要是分析知识产权投融资项目的重要性、必要性。因此需要撰写该技术和知识产权投资项目的政策适应性、要解决的突出问题、市场需求、投融资回报等。

1. 政策适应性

分析知识产权投融资项目的政策适应性要分析国家出台的战略、规划、法律、法规和政策要求，尤其是涉及国家安全的项目，国家战略和规划、计划部署的重点项目或优选项目，以及企业重点发展的项目等，要分析这些项目是否符合战略规划、法律法规和政策的要求。近年来，党中央、国务院和有关部门制定和发布了许多支持创新发展的战略、规划和政策。党的十九大提出，促进科技成果转化，强化知识产权创造、保护、运用。党的十九届五中全会要求，坚持创新在我国现代化建设全局中的核心地位，把科技自立自强作为国家发展的战略支撑。《中华人民共和国促进科技成果转化法》《中华人民共和国专利法》《国家知识产权战略纲要》《中国制造2025》《国家创新驱动发展战略纲要》《"十四五"国家知识产权保护和运用规划》《国务院关于新形势下加快知识产权强国建设的若干意见》《知识产权强国建设纲要（2021—2035年）》《中华人民共和国科学技术进步法》都对知识产权工作作出了重要部署或规定。这些战略规划、法律法规和政策都是撰写知识产权投融资项目商业计划书的现实背景。

2. 要解决的问题

知识产权投融资项目要获得投融资支持，必须能够解决现有产品或服务没有解决的突出问题，要有突出的优点、明显的进步和积极的效果。从宏观来看，知识产权投融资项目商业计划书要介绍能否解决我国科技自立自强的问题、被"卡脖子"的技术问题、关键技术和设备无法自主可控的问题。重点要介绍缺乏自主知识产权和知识产权支撑不足等问题。从微观来看，知识产权投融资项目商业计划书要介绍项目能否有效解决产品或服务的功能、质量、效率、成本、材料、环保等问题。

3. 企业架构

要明确知识产权投融资项目未来的企业架构。对于新成立的知识产权投融资项目企业，在商业计划书中要明确企业的未来架构、运作方式。对于新创建企业，要介绍新创建企业的管理、研发、生产、销售部门设置，主要股东构成，主导产品状况等。对于已成立的企业，要介绍企业的基本情况，尤其是主导产品的研发、生产和销售状况，介绍现有股东的构成及实力，介绍企业的资信程度、资产状况，介绍董事会对技术和知识产权项目投融资的决议等。

4. 市场需求

要从总体上介绍知识产权投融资项目产品或服务的市场需求。一是介绍需求产品。要分析知识产权投融资项目产品是否属于无法替代的产品、市场需求很大的产品、有效降低价格的产品等。二是介绍需求的大小。要介绍市场需求大小、需求是否旺盛、同类产品是否长期无法满足市场需求、是否市场有需求但产品竞争激烈、是否市场需求量不大但产品对国家具有战略意义等情况。

5. 盈利模式

要介绍知识产权投融资项目的盈利模式。盈利模式包括电商模式、团购模式、直销模式、广告服务模式、会员模式、特许连锁模式等。要介绍该知识产权投融资项目采用哪些模式、支撑该盈利模式的基础是什么、项目未来的盈利模式是什么、项目有何独特之处。项目独到之处是研发创新还是广告轰炸？是电商生态还是合同订单？是一枝独秀还是结为联盟？

5.2.2 产品与服务

在了解了项目背景的情况下，要介绍知识产权投融资人对商业计划书最关心的问题。这些问题包括项目的具体内容是什么，项目产品或服务是什么，是单一产品还是一个产品体系，是否有主导产品，产品用途是什么，产品的主要性能和参数、指标是什么，是否符合国家标准，该项目产品是原创性产品、替代性产品还是竞争性产品。如果项目产品可行，有必要附上产品照片、图片或其他介绍等。

1. 产品介绍

一般地，产品介绍应包括以下内容：①产品能解决的问题。消费者能从该产品中获得什么好处，如便利、多功能、耐用、价格优惠等。②产品优缺点。与竞争对手相比产品有哪些优缺点，消费者为什么会选择本产品。如技术先进、功能多样、质量好等。③产品采取的保护措施。产品拥有哪些专利、技术秘密等知识产权，制定了哪些技术标准，有无知识产权风险。④产品的定价策略。产品是否可以获得相应的利润，消费者能否大批量地购买该产品等。⑤产品改进。改进产品的质量和性能的措施，新产品的发展计划等。

2. 技术优势

在介绍产品时，要着重介绍项目产品的技术的先进性和成熟度，以吸引投资，具体包括：①研发过程。包括研发投入、投入强度、研发人员与团队、所做的各种试验。试验要包括小试、中试和放大试验等。②知识产权。形成的新产品、申请的专利、形成的技术秘密以及其他知识产权、有无注册商标等。新产品有无知识产权风险。③技术先进性。产品技术属于原创技术、改进技术还是替代技术。产品属于填补国际空白、国内空白，还是国际领先、国内先进、进口替代产品等。④技术成熟度。产品技术是否已经完成研究开发，处于技术开发的哪个阶段。在技术生命周期中处于萌芽期、成长期、成熟期还是衰退期。⑤实用性。与同类或近似产品相比，该产品具有哪些优点和积极效果，如解决长期以来没有解决的问题，进行了技术的综合集成，开发了新的市场，商业上取得了成功，产品生产质量、成本、效率具有优势，产品应用能产生较好的社会效益（如就业、环保、节能减排等）。

3. 目标客户

在确定了主导产品后，要做目标客户分析。一是分析客户黏着度。分析产品能解决目标客户的什么问题，尤其是痛点问题和难点问题。这是产品分析的重点，也就是分析客户为什么要买此产品。二是介绍产品独特性。项目产品区别于其他产品的关键因素，如技术、质量、价格、环保、政策适应性等。也可以考虑时间、情感和功能因素。

4. 竞争状况

撰写商业计划书时，要列出竞争对手。竞争对手可以是业务模式大致相同的直接竞争对手，也可以是业务模式不同的间接竞争对手，还可以是潜在的竞争对手。如 5G 手机生产项目，国内很多企业的直接竞争对手是苹果、三星等大型跨国公司，而间接竞争对手是美国高通等拥有大量 5G 专利的研发类公司，也可能是一大批购买专利的非生产实体公司。

5. 品牌优势

品牌是企业各种有形和无形资产的综合体现，是企业综合竞争力和价值的标志。品牌主要由各种要素形成，主要包括科学化的管理要素、具有知识产权的技术要素、高素质的劳动力和获取投融资的能力。在企业投资规模确定、企业有形资产不发生大的变化的情况下，企业形成品牌优势主要依靠管理和知识产权。知识产权是培育和形成品牌优势的主要途径，企业品牌既有专利权、技术秘密等技术类知识产权贡献，也有商标、外观设计等知识产权的贡献。所以，撰写商业计划书要分析知识产权投融资项目已有的知识产权的价值，分析项目未来要形成的知识产权及其组合的价值，分析知识产权形成品牌优势的路径。

5.2.3　市场分析

知识产权投融资项目产品的市场分析是撰写商业计划书的重要内容，这关系到知识产权投融资项目能否盈利、能否顺利获得投融资。产品市场分析主要包括产品分析、市场预测等。

1. 产品分析

知识产权投融资项目产品分析主要是分析产品是竞争型产品还是替代型产品，或是市场中没有的创新型产品。另外，要分析市场中现有的同类竞争产品、近似或相似产品、替代产品的市场状况，包括产品种类、生产厂家、生产能力、销售价格、所占市场份额、市场成长情况，以及市场营销策略。这些分析有助于掌握项目产品大致的市场规模大小，有助于掌握本项目产品进入市场的难易程度。

2. 市场预测

知识产权投融资项目产品市场预测要预测本项目产品进入市场的可能性、可能的市场份额、可能的价格等，可以用市场渗透率、成长率、替代率等指标进行分析。市场渗透率是指本项目产品上市初期的销售量或销售额所占比例，以及在达产后的市场销售量或销售额所占的比例。市场成长率是运用一定的预测模型预测出的本项目产品销售量或销售额的增长速度。市场替代率是指与同类或近似产品相比，本项目产品替代的可能性大小和替代的市场份额大小。

预测的市场销售量或销售额不等于本项目实际的销售量或销售额，项目产品的销售量或销售额还受到知识产权投融资项目生产能力的约束。在进行市场分析时，最好要做市场调查，要调查潜在的客户，调查市场痛点在哪里，客户对知识产权投融资项目产品购买的意向，对项目产品价格的接受程度。做市场分析不是简单预测市场有多大、项目产品销售量或销售额占多大比例，而是以投入的资源多少为基础，尤其是以投资额和生产能力为依据预测产品生产能力，再根据产品的市场渗透率、成长率和替代率来预测市场规模大小，即销售量或销售额。

在进行市场分析时，可以运用一定的数学模型进行预测。预测方法包括定性预测法和定量预测法。定性预测法包括头脑风暴法、类推预测法等。头脑风暴法是通过无限制的自由联想和讨论预测市场的方法，其目的在于综合不同的意见产生新观念或激发新思想，最后形成市场销售量或销售额预测的一致意见。头脑风暴法最典型的是专家会议和德尔菲法等。德尔菲法也叫专家调查法，是在对市场预测的相关问题（如销售量、销售额或者销售价格等）初步收集，在征得专家意见之后进行整理、归纳、统计，再匿名反馈给各位专家征求意见，经过多轮的反馈和集中，直至形成关于市场销售量或销售额预测的一致意见的方法。类推预测法是利用相似性原理和类比方法，由一已知产品的市场推测另一项目产品市场发展趋势的一种预测方法。

定量预测法则有时间序列法、因果分析法、情景分析法等。时间序列法是根据一定时间的数据序列预测未来市场发展趋势的方法。主要有四种方法：①剔除季节变动法。对于明显存在季节性变动因素的时间序列数据，先剔除季节性因素，找出平稳值和季节性修正系数，在平稳值预测基础上加以季节性修正，获得季节性变动的预测值。②移动平均法。对于存在偶然变动因素的较为平稳的市场时间序列，通过剔除偶然变动因素，以对平稳的市场时间序列作出预测。③自回归法。利用紧邻的预测期前一段时间的序列数据，分别乘上某个系数后叠加求得预测值。④时间函数拟合法。市场变量变化规律符合某一时间函数，则利用采样数据进行拟合，确定参数，然后外推预测。

此外，还常用因果分析法和情景分析法进行市场预测。因果分析法主要是通过分析要素之间的因果关系，建立因果关系模型，找到影响市场发展的关键因素和因果关系的预测方法。情景分析法则是假定某种现象或某种趋势将持续到未来的前提下，对预测对象可能出现的情况或引起的后果作出预测的方法，一般会设置乐观、中观和悲观情景。常用的模型如下：

（1）多元回归模型。只含有一个回归变量的回归模型称为一元回归模型，否则称为多元回归模型。如设因变量为 y，k 个自变量分别为 x_1，x_2，$\cdots$，x_k，描述因变量 y 如何依赖于自变量 x_1，x_2，$\cdots$，x_k 和误差项 ε 的方程称为多元回归模型。其一般形式可表示如下：β_0，β_1，$\cdots$，β_k 是模型的参数，ε 为误差项，如式（5-1）所示：

$$y = \beta_0 + \beta_1 x_1 + \beta_2 x_2 + \cdots + \beta_k x_k + \varepsilon \qquad (5-1)$$

（2）差分模型。该方法是通过对比某一事件时间节点前后，实验组间的差异和控制组间的差异是否显著，控制实验对象和控制对象间的事前差异，分离出所评价的因素的真实影响，如果实验组的变化大于控制组的变化，则说明该因素产生了明显效果。一阶差分就是离散函数中连续相邻两项之差。

定义函数 x_k，则 $y_k = x_{k+1} - x_k$，为该函数的一阶差分。

y_k 的一阶差分 $z_k = y_{k+1} - y_k = x_{k+2} - 2x_{k+1} + x_k$，为此函数的二阶差分。

（3）灰色关联度模型。该方法是依据数据序列特征属于灰色建立模型并做发展态势预测的方法。通常采用均值形式 GM（1，1）模型预测。为弱化增长趋势，可引入弱化算子，引入一阶弱化算子，得到一阶缓冲序列。如果估计悲观，可引入二阶弱化算子，如式（5-2）和式（5-3）所示：

$$x_k d = \frac{1}{n - k + 1}[x_k + x_{k+1} + \cdots + x_n] \quad (k = 1, 2, \cdots, n) \qquad (5-2)$$

$$x_k d^2 = \frac{1}{n-k+1}[x_k d + x_{k+1} d + \cdots + x_n d] \quad (k = 1, 2, \cdots, n) \tag{5-3}$$

（4）格兰杰因果关系检验模型。分析两个因素的因果关系，设有关 y 和 x 每一变量的预测的信息全部包含在这些变量的时间序列之中。检验要求估计式（5-4）、式（5-5）的回归：

$$y_i = \sum_{i=1}^{q} \alpha_i x_{t-i} + \sum_{j=1}^{q} \beta_j y_{t-j} + \mu_{1t} \tag{5-4}$$

$$x_i = \sum_{i=1}^{s} \lambda_i x_{t-i} + \sum_{j=1}^{s} \sigma_j y_{t-j} + \mu_{2t} \tag{5-5}$$

其中，白噪音 μ_{1t} 和 μ_{2t} 假定为不相关的。式（5-4）假定当前 y 与 x 的过去值有关，而式（5-5）对 x 也假定了类似的行为。对式（5-4）而言，其零假设 H_0：$\alpha_1 = \alpha_2 = \cdots = \alpha$，$q = 0$，对式（5-5）而言，其零假设 H_0：$\sigma_1 = \sigma_2 = \cdots = \sigma$，$s = 0$。

x 是引起 y 变化的原因，即存在由 x 到 y 的单向因果关系。若式（5-4）中滞后的 x 的系数估计值在统计上整体的显著不为零，同时式（5-5）中滞后的 y 的系数估计值在统计上整体的显著为零，则称 x 是引起 y 变化的原因。

x 和 y 互为因果关系，即存在由 x 到 y 的单向因果关系，同时也存在由 y 到 x 的单向因果关系。若式（5-4）中滞后的 x 的系数估计值在统计上整体的显著不为零，同时式（5-5）中滞后的 y 的系数估计值在统计上整体的显著不为零，则称 x 和 y 间存在反馈关系，或者双向因果关系。

（5）马尔科夫转移矩阵模型。该模型可用于市场结构预测，如某一产品销售额在该市场中全部产品销售额中所占的比率，或者某一产品销售量在某市场领域全部产品销售量中的占有率。该模型是指一个系统的某些因素在转移中，第 n 次结果只受第 $n-1$ 次的结果的影响，只与当前所处状态有关。

$$X(k+1) = X(k) \cdot p \tag{5-6}$$

式中：$X(k)$ 表示趋势分析与预测对象在 $t = k$ 时刻的状态向量，p 表示一步转移概率矩阵，$X(k+1)$ 表示趋势分析与预测对象在 $t = k+1$ 时刻的状态向量。

一步状态转移矩阵是指系统有 N 个状态，描述各种状态下向其他状态转移的概率矩阵定义为：

$$P = \begin{Bmatrix} P_{11} & P_{12} & \cdots & P_{1N} \\ P_{21} & P_{22} & \cdots & P_{2N} \\ \vdots & \vdots & & \vdots \\ P_{N1} & P_{N2} & \cdots & P_{NN} \end{Bmatrix}$$

这是一个 N 阶方阵，满足概率矩阵性质：

$$p_{ij} \geqslant 0, \quad i, \ j = 1, 2 \cdots N$$

$$\sum p_{ij} = 1, \ \text{行元素和为} \ 1, \ i = 1, 2 \cdots N$$

市场预测的定性或定量方法并不是万能的，一种方法只适合于一定的条件和场景，一定的情况下可能只适用于一种或几种预测方法。进行市场预测要选择相应的方法，有时候也要靠灵感。1999 年，红杉资本对谷歌投资 1 250 万美元时，谷歌只有 12 个员工，没有收入，没有成熟的产品，没有商业模式，而且自我估值是 1.2 亿美元。谷歌已经吃了众多风险投资基金的闭门羹，大多数风险投资基金并不认为搜索这种技术能成为一个产业。但红杉资本看到了可与电视和电台相比拟的受众，以及巨大的广告收入潜力。红杉资本创始人唐·瓦伦丁曾表示"投资于一家有着巨大市场需求的公司，要好过投资于需要创造市场需求的公司"，可见市场预测的重要性。❶

5.2.4　设备工艺

编写知识产权投融资项目商业计划书，需要明确生产组织，明确生产组织需要分析所用的设备系统和生产工艺。具体包括主要以下几个方面。

1. 生产设备选型

生产知识产权投融资项目产品需要明确生产设备与辅助设备。生产设备主要是生产线设备，包括供应设备、处理设备、运送设备、控制设备等。要弄清设备的采购渠道、产品型号、价格，要货比三家，要做好生产设备采购安装的总预算和年度预算，还要注意生产管理软件系统的采购。对于市场中没有而需要自行开发的设备，要对自行开发的设备和系统做出预算。

2. 工艺流程选择

生产项目产品要设计生产工艺流程，包括主要模块、主要环节、主要工艺，各模块系统、关键工艺的主要设备布局与连接关系。化工工艺流程一般要包括原料准备、上料、处理、反应、提纯、输送等。反应工艺流程一般包括合成、燃烧、催化等。机械设备制造工艺流程一般包括部件准备、冲压、组合、切割、焊接等。软件产品工艺流程一般包括开发、调试、封装等。

3. 辅助设备选择

辅助设备包括水、电、气、暖相关设备和维修设备等。这些设备和设施对于生产设备

---

❶　每日经济新闻. 红杉资本创始人去世，沈南鹏发文悼念：他协助开创了一个行业，将被深深怀念 [EB/OL]. (2019−10−27) [2021−11−03]. https://baijiahao.baidu.com/s?id=1648531153039215203&wfr=spider&for=pc.

和工艺的正常运行极其重要，应考虑其类型、配套和预算等。

4. 生产厂房布置

实施知识产权投融资项目，应有与生产设备和工艺流程相配套的生产厂房、土地。商业计划书应分析厂房类型、厂房面积及其预算、土地使用权等。

5.2.5　生产组织

编写商业计划书，要分析知识产权投融资项目产品生产所需要的生产组织形式和工人数量，以及车间管理人员的数量。

1. 生产组织设计

根据生产工艺流程需要，要分析安排多少个生产车间和维修车间等辅助车间，以及大致的车间布置。

2. 工人配置

计算每个车间正常生产所需的工人岗位数量和管理人员数量。一般的生产组织方式为三班制，每班工作 8 小时。由此计算出所需总的工人和车间管理人员数量。同时，还要安排工人总数约 5% 的机动人员。

3. 管理人员配置

要考虑董事会、办公室、研发、财务、后勤、工会、纪检等部门设置。同时，根据岗位需要考虑公司层面决策层、管理层和研发、营销财务、工会、党务等管理人员的编制，一般可根据定额核算。

4. 生产调度计划

根据生产设备和工艺流程设计生产计划。第一年一般不会满负荷生产，三年后一般应达标生产。根据产品生产销售资金回收的时间计算生产周期。由生产周期和生产负荷计算每个生产周期、每年和每月的原材料、电力、燃气、水等资源的消耗，由此可计算可变成本。

5.2.6　投融资计划

编写知识产权投融资项目商业计划书涉及投融资计划，进行投融资分析。知识产权投融资分析要分析投融资总额、投融资需求和资金使用计划等。

1. 投融资总额

一般知识产权投融资项目的资金使用都包括固定资本投资和流动资本投资。固定资本投资主要包括生产设备、生产厂房和土地的投资。流动资本投资主要包括每个生产周期的原材料消耗、工人工资的投资，还包括外购技术和知识产权的投资。

编写商业计划书时，知识产权投融资项目的投资总额与新成立企业的投资总额不同，知识产权投融资项目的投资只是企业总投资的一部分，实施知识产权投融资项目的投资额应包括上述固定资本投资和流动资本投资。技术和知识产权作价出资加上融资或外部投资的总投资可以作为企业注册资本，当然企业注册资本可以多于或少于总投资。根据法律规定，资本金注册在一定时间内到位即可。

2. 资金筹措方案

根据上述知识产权投融资项目的投融资总额可以设计资金筹措方案，资金筹措方案包括：技术和知识产权作价出资、股权融资、银行贷款融资三个部分，其中技术和知识产权作价出资额可根据评估的价格得到，银行贷款要根据银行可能给予的贷款额度计算，剩余的可作为股权的融资额或外部投资额。

知识产权投融资项目的股权融资可以面向一个机构或个人募集，也可面向多个机构或个人募集。根据对技术和知识产权所处的生命周期和在先投融资情况分析，可以将融资分为不同的类型，种子期的股权融资一般称为 A 轮融资，此阶段的融资风险大，但有可能成长性好，融资的股权占比高。在成长期或 A 轮融资后是 B 轮融资，这一段时间投资者有可能增多，市场机会会被 A 轮投资者占先，但投资潜力仍较大，因此可以进行非公开市场的股权交易。C 轮融资主要是针对企业大规模生产经营所进行的融资，可通过非公开市场的股权交易或公开市场的股票买卖融资。

知识产权投融资项目股权融资要制定公司章程，明确各投融资者的投融资额、投融资比例、作为股东及代表的表决权和收益权，要有明确的表决规则，如多数规则、全体一致规则等，要发给投融资者股权证书。

资金筹措方案还要明确公司未来发展规划，如明确承诺引进战略投资者之后完成股份制改造、启动和完成上市或者 IPO 程序等，使投资人能够明确未来的股权收益或股权退出方式，明确承诺贷款人获得贷款利息和降低风险的方式。

3. 投融资时间

资金筹措计划一定要体现出最佳投融资时间，如企业发展只欠资金，资金一到位企业就能很快扩大发展规模，预计最佳投资时间要恰到好处。在撰写商业计划书时，要抛弃典型的待价而沽的心态，也要抛弃非我其谁的做法，那样做会让投资人反感，也可能会让投资人感到会上当受骗。

4. 资金使用

在编写知识产权投融资项目商业计划时，要计划好资金的使用。资金是作为固定资本投资使用还是作为流动资本使用，固定资本投资和流动资本投资主要是用于哪些方面，都要有一个明确的计划，并要做出预算。在知识产权投融资项目分析中，要说明投资分期、投资账户等事项。同时，要明确资金使用后可能产生的效果、产出的成果或业绩，预计下一轮投融资可以给投资人带来哪些回报等。在投融资分析中，还要有退出投资的说明，要明确投资的最低期限，要求不能随意撤回投资，要说明投资退出的方式，如内部优先购买、外部市场价购买、股权市场交易、公开市场交易等。

5.2.7　营销策略

知识产权投融资项目的产品营销策略主要包括营销组织、营销模式、广告宣传方式、成本控制、营销队伍等。

1. 营销组织

营销组织的建立主要是销售机构设立、销售队伍配置和销售网络的建立，包括总公司、分公司、区域销售机构及其规格，专职和兼职销售队伍、销售人员数量与分工、销售队伍管理等。

2. 营销模式

营销模式是指营销的方式，包括店铺直销、代理销售、网上销售、线上线下结合销售。尤其是通过电商平台销售要明确有合作的平台，预测电商平台销售的规模和支出成本。代理销售要明确代理人是谁，及时签订代理销售合同。

3. 营销手段

营销手段包括平面媒体广告营销、电视广告营销、互联网媒体广告营销、重大活动赞助营销、诉讼营销等。销售方式主要包括批发、代理、零售等。在商业计划书中要写明主要的营销手段。

还要分析通过采取上述营销手段，知识产权投融资项目产品可能达到的销售量和销售收入。尤其是预测每年达产计划能否实现、影响销售因素及这些因素对销售额的影响、销售成本费用等指标变化对销售额的影响。

5.2.8　核心团队

知识产权投融资项目的团队能力和核心人物是获得投融资的关键，也应是商业计划书重点关注的内容。稳定的核心团队有利于企业的长期发展，因此有利于获得知识产权投融资。"宁可投资一流人，二流项目；也不投一流项目，二流的人"，说明核心团队对知识产权投融资的重要性。美国风险投资第一人，曾经投资过仙童半导体、SDS、英特尔、苹果的阿瑟·洛克（Arthur Rock）的方法论就是只投资人。具有聪明头脑、科研经历丰富、拥有技术和知识产权的科研人员，富有创业激情的核心人物，团结、稳定和有能力的团队有利于企业的长期发展，因此有利于项目获得知识产权投融资。

在商业计划书中，要描述团队的能力和结构，描述重要成员的年龄、教育背景、工作经历、专长等。必要的时候可以写上团队成员过去的年薪水平和职位，以增强投融资的吸引力。

要写明对知识产权投融资项目后续研发具有重要作用的科研人员、对市场开拓具有重要作用的营销人员的情况。要写明团队股权分配结构，尤其是要列明超过 5% 持股比例的全部人员。

5.2.9　财务分析

财务分析是知识产权投融资项目是否能获得投融资的关键，也是外部资金对知识产权项目进行投融资分析必不可少的内容。知识产权投融资项目财务分析主要是基于两类数据的分析，一类是财务数据，一类是运营数据。商业计划书要对这两类数据进行分析。财务数据要分析营业收入、成本费用、利润与亏损，最好制作财务分析图表。一些商业计划书还要对公司进行估值分析，尤其是上市融资的项目。

1. 逐年成本分析

逐年成本分析要分析知识产权投融资项目每年的销售收入、成本费用、利润，要能从中计算出固定成本和可变成本。成本费用包括经营成本、管理费用、财务费用、销售费用、税费。经营成本包括原材料、车间工人工资、车间水电气消耗和车间管理费。其中车间管理费为固定成本。管理费为公司管理人员薪金福利、招待费、会议费、研发费等。财务费用为银行借款利息、手续费和汇兑损失。销售费用是指销售人员薪金福利与销售推广费用。除此之外，在经营中还包括增值税与城建税、教育费、地方教育费三项附加费。销售收入减去成本费用和有关税费为税前利润，即营业利润，营业利润减去所得税为税后利润，税后收利润减去资本公积金和盈余公积金后为可分配利润。

2. 现金流量分析

现金流量反映的是企业的经营能力。要对每年的现金流出和流入进行分析和计算，能从中计算项目计算期的净现值。现金流量既包括每年项目流出的现金流量、流入的现金流量（主要是营业收入），也包括财产转让收入、固定资产残值回收收入。流出的现金流量是指每年的各种成本费用、税费、公积金、公益金等。

3. 损益分析

损益分析是指对企业一个会计期间内收益和损失的分析。要编写损益表，从销售收入、投资收益营业利润、税后利润、净利润、税金等科目进行分析。还要分析这些科目数额的变化，找出影响知识产权投融资项目利润变动的原因及改进的方向。还可进行项目损益结构分析，反映本期与上期利润的构成以及利润率、资本利润率、成本利润率等指标，揭示影响企业发展的因素。

4. 盈亏平衡分析

盈亏平衡分析即保本点分析或本量利分析法，是根据产品的销售额、成本、利润之间的相互制约关系进行分析，判断项目未来经营状况的一种财务分析方法。一般要计算以下几个指标：

①单位贡献毛利=单位产品销售收入-单位变动成本；

②单位贡献毛利率=（单位产品销售收入-单位变动成本）/单位产品售价×100%。

其中，变动成本也称为直接成本，是各种变动生产要素的成本，只包括产品生产过程中所消耗的直接材料、直接人工和变动制造费用。这种成本随产量的变化而变化。固定成本也称为间接成本，是企业在某时段内即使在产量为零时也会发生的成本。固定成本由诸如管理费用、财务费用、销售费用、税费、公积金、公益金、利息支出等组成。

然后，可以计算盈亏平衡点和销售额或产量：

①盈亏平衡点产量=固定成本总额/单位贡献毛利；

②盈亏平衡销售额=固定成本总额/单位毛利率；

③盈亏平衡点产量为：

$$BEP_Q = \frac{C_f}{p(1-r) - C_u}$$

式中：BEP_Q 为盈亏平衡点产量；C_f 为固定成本；C_u 为单位变动成本；p 为单位产品销售价格；r 为单位产品增值税及三项附加费。

盈亏平衡点产量如图 5-1 所示：

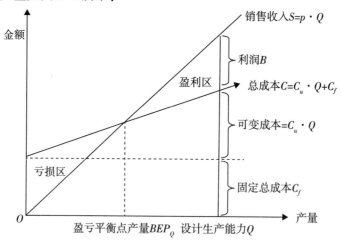

图 5-1 项目盈亏平衡分析

5. 投资回收期分析

投资回收期是累计的经济效益等于最初的投资所需的时间，可从静态和动态两个方面计算投资回收期。

静态投资回收期是在不考虑资金时间价值的条件下，以项目的净收益回收其全部投资所需要的时间。投资回收期可以自项目建设开始年算起，也可以自项目投产年开始算起。静态投资回收期计算公式如式（5-7）所示。

$$P_t = （累计净现金流量开始出现正值的年份数-1）+$$
$$上一年累计净现金流量的绝对值/出现正值年份的净现金流量 \qquad (5-7)$$

知识产权投融资项目评价求出的投资回收期（P_t）与部门或行业基准投资回收期（P_c）比较，当 $P_t < P_c$ 时，则认为知识产权投融资项目在财务上是可行的。

动态投资回收期是把知识产权投融资项目各年的净现金流量按折现率折成净现值再来计算投资回收期，这是它与静态投资回收期的根本区别。动态投资回收期就是净现金流量累计净现值等于零时的年份。动态投资回收期计算公式为式（5-8）。

$$P'_t = （累计净现金流量现值出现正值的年数-1）+$$
$$上一年累计净现金流量现值的绝对值/出现正值年份净现金流量的现值$$
$$(5-8)$$

对于知识产权投融资项目不同的投资方案，还可以使用差额投资回收期进行比较，该方法是用两个投资方案年成本的节约额（C_1-C_2）逐年回收因投资（K_2-K_1）增加所需要的年限。即在不计利息的条件下，用投资额大的方案比投资额小的方案所节约的经营成本来回收差额投资所需的年限。差额投资回收期公式如式（5-9）所示。

$$\Delta P_t = \frac{K_2 - K_1}{C_1 - C_2} \qquad (5-9)$$

项目评价求出的投资回收期（P'_t）与部门或行业基准投资回收期（P'_c）比较，当 $P'_t < P'_c$ 时，应认为该项目在财务上是可行的。

6. 风险性分析

对知识产权投融资项目进行财务分析时，需运用原材料成本、产品售价、银行利率、项目寿命期及生产能力等一些基本变量进行风险性分析。对利用这些变量的上下变动计算出的投资额、销售收入、经营成本、利润、投资回收期等指标进行风险性分析评价，最后对项目投融资提出建议。

但这些基本变量和评价指标都是对未来的市场、政策等作出的假设和预测，必然会因未来客观状况变化而变化。这些变动会对项目的成本、利润产生影响。风险性分析就是对这些重要因素的变动导致的项目经营风险进行分析，以提高投融资项目的决策科学性。一般以上下浮动 5%～10% 计算利润和投资回收期变动。

7. 收益分配分析

要根据每年的盈利状况和持股比例结构制定收益分配计划,包括利润分配、下一轮融资、公司上市、破产清算的分配方案。

比如,某企业目前净资产总额为5.5亿元,引进战略投资后,可以达到6.5亿元,预计上市前净资产总额达到7.84亿元,2020年第一季度上市前按股东权益总额的20%(15 680万份权益)进行PRE-IPO融资,届时将达到94 080万股,2021年实现利润9 354万元,则每份权益收益0.1元,以20倍市盈率作为公司可比企业平均市盈率,假设企业以10%平均速度增长,则修正的市盈率=实际市盈率/(预计增长率×100)=20/10=2.0,假设以20%为增长率,参照市场估值,每份权益价值=修正平均市盈率×目标企业增长率×100×目标企业每份权利净利=2×20×0.1=4元,因此合理的单位股东权益价格为每份4元左右,企业市场股价为37.6亿元。

5.3 小结

一份高水平的商业计划书是知识产权能否成功获得投融资的关键。目前,很多技术和知识产权投融资项目都有商业计划书,但项目获得不了投融资或者项目实施不成功,其主要问题在于商业计划书撰写的质量不高,缺乏相应评价机制。

撰写知识产权投融资项目的商业计划书不仅要符合商业计划书的结构,更关键的是要清楚介绍知识产权投融资项目的基础优势和市场前景,这就要求撰写商业计划书时对知识产权投融资项目的介绍要真实可信,财务分析要科学,投融资计划要合理。

撰写知识产权投融资项目商业计划书,不仅要深刻领会基本的技术和方法,掌握商业计划书撰写的基本要求和技能,还要建立对商业计划书质量的外部评价机制,要对商业计划书本身进行论证分析,尤其是要对商业计划书的真实性、合理性、可信性进行评价。

第 6 章

知识产权作价出资

知识产权作价出资获得外部投资并形成股权是知识产权转化实施的基本途径。知识产权作价出资不仅涉及知识产权价值和价格的评估，还涉及知识产权作价出资的主体、客体、流程、合同和风险防范等。当前，我国已成为世界知识产权大国，要推动知识产权作价出资发展，必须进一步完善知识产权作价出资的法律法规政策，完善知识产权作价出资的流程和机制。

6.1　知识产权作价出资法规政策

我国 2018 年修正后的《中华人民共和国公司法》第二十七条第一款规定："股东可以用货币出资，也可以用实物、知识产权、土地使用权等可以用货币估价并可以依法转让的非货币财产作价出资；但是，法律、行政法规规定不得作为出资的财产除外。"从此我国不再对知识产权作价出资额所占比例进行限制，理论上知识产权作价出资所占注册资本比例可以达到 100%，但这在实践中是不可能的。该法除规定知识产权可以作价出资外，第二十七条第二款还规定："对作为出资的非货币财产应当评估作价，核实财产，不得高估或者低估作价。法律、行政法规对评估作价有规定的，从其规定。"也就是说知识产权作价出资，必须确定合理的价格。该法第二十八条规定："股东应当按期足额缴纳公司章程中规定的各自所认缴的出资额。股东以货币出资的，应当将货币出资足额存入有限责任公司在银行开设的账户；以非货币财产出资的，应当依法办理其财产权的转移手续。股东不按照前款规定缴纳出资的，除应当向公司足额缴纳外，还应当向已按期足额缴纳出资的股东承担违约责任。"就是说以知识产权作价入股的，应当将知识产权的财产权转移到作价入股的企业。该法第三十四条规定了知识产权作价出资股份的分红和优先认缴出资，"股东按照实缴的出资比例分取红利；公司新增资本时，股东有权优先按照实缴的出资比例认缴出资。但是，全体股东约定不按照出资比例分取红利或者不按照出资比例优先认缴出资的除外。"

《中华人民共和国公司法》关于出资比例规定的调整，反映了我国对知识产权作价出资的重要性认识不断加深，支持力度不断加大，有利于提高技术知识产权权利人作价入股的积极性，为促进科技成果和知识产权投融资，推动科技成果转移转化和知识产权运用奠定了良好的制度基础。

我国 2021 年 1 月 1 日起实施的《中华人民共和国民法典》第八百四十三条规定了包括知识产权投融资在内的技术合同，"技术合同是当事人就技术开发、转让、许可、咨询或者服务订立的确立相互之间权利和义务的合同。"但是，《中华人民共和国民法典》对知识产权作价出资规定并不够具体，第八百五十五条只规定"合作开发合同的当事人应当按照约定进行投资，包括以技术进行投资，分工参与研究开发工作，协作配合研究开发工作"，没有对知识产权作价出资作出规定。《中华人民共和国公司法》关于知识产权作价入股的合同规定也不详细，缺乏科技成果和知识产权以出资方式共同实施的合同类型，也缺乏不同类型知识产权作价出资的规定。《中华人民共和国民法典》第八百六十三条规定，"技术转让合同包括专利权转让、专利申请权转让、技术秘密转让等合同。"第八百四十七条和第八百四十八条还规定了技术成果的相关权利，"职务技术成果的使用权、转让权属于法人或者非法人组织的，法人或者非法人组织可以就该项职务技术成果订立技术合同"；"非职务技术成果的使用权、转让权属于完成技术成果的个人，完成技术成果的个人可以就该项非职务技术成果订立技术合同"。

实际上，科技成果和知识产权作价出资既涉及技术开发，也涉及技术转让。知识产权作价出资的技术转让合同既包括知识产权转让合同，也包括知识产权申请权的转让和知识产权许可合同，但实际上知识产权转让和许可是两种不同的法律行为。科技成果和知识产权作价出资会涉及双方或多方的出资，因此此类合同应包括科技成果知识产权的转让合同、知识产权许可合同，也应包括科技成果和知识产权作价入股合同以及后续技术开发与新的知识产权作价入股合同等。

6.2　知识产权作价出资客体与方法

1. 知识产权作价出资

知识产权是一种重要的可辨认无形资产，符合无形资产的定义，因此可以作价出资。知识产权作价出资是指公司股东在公司设立时或者增加资本时，根据法律和公司章程的规定，按照认股协议的约定向公司交付可以用货币估价并可以依法转让的知识产权以取得股权的行为。知识产权作价出资是科技成果转化和知识产权运用的有效途径。一方面，知识产权权利人通过作价出资，折算股份或出资比例将知识产权投入到企业中转化实施，获得公司股权等财产性权利，可以享受收益。另一方面，投资人通过投资方式以知识产权作价出资获得股权，相当于获得了科技成果及其知识产权，由此进行创新创业，或者提高现有企业的技术水平和竞争力，从而可以获取更大的收益。

根据《中华人民共和国促进科技成果转化法》的规定，科技成果作价出资的方式包括折算股份或者出资比例。折算股份或者出资比例是指公司股东在公司成立或者增资时，将拥有的知识产权通过评估折算成公司一定份额的股份或一定比例的注册资本金，并享有相应的权益的行为。

根据《中华人民共和国公司法》的相关规定，股东可以用知识产权作价出资，但并没有明确知识产权是否包括知识产权申请权、许可使用权等不能控制的知识产权权能，也没有明确是否包括质押和担保的知识产权。

商标、地理标志等标识类知识产权虽然不属于《中华人民共和国促进科技成果转化法》规定的科技成果，但也是重要的知识产权，具有资产价值，对于作价出资企业具有重要的增值作用，而且也属于《中华人民共和国公司法》规定的可以作价出资的知识产权，因此可以作为作价出资的客体。作为作价出资形式的知识产权可以是一种知识产权，也可以是多种知识产权的组合。

根据现有法律政策的规定，作价出资的知识产权必须具备一定的条件：①知识产权权利合法有效，是授权的知识产权，应是没有技术、法律和市场问题的知识产权；②产权关系明确，知识产权权利人是知识产权的合法拥有人或者继受人，没有权属纠纷；③能够评估出价值，知识产权要能根据实际投资能力评估出合理的价格；④能够依法转让，知识产权转让时不受其他知识产权的制约，不存在侵权风险，或者能获得相应知识产权的许可。

科技成果是指通过科学研究与技术开发所产生的具有实用价值的成果，并不一定能形成会计意义上的可辨认无形资产，只有形成知识产权才可以认定为无形资产，才可以作价出资，折算为股权或者出资比例。《中华人民共和国民法典》将专利权、商标权、著作权及邻接权、商业秘密作为知识产权的客体，但《企业会计准则——无形资产》所规定的知识产权无形资产，尤其是可辨认的知识产权无形资产是指授权的知识产权资产，不包括专利、商标申请，专利权、商标权、著作权的许可使用权。虽然实践中知识产权申请权和使用权都可以作价出资——折算股份或出资比例，但却不属于授权的知识产权，不能享受有关的税收等优惠政策。如果不能获得授权，则会造成作价出资的失败。

根据《中国科技成果转化 2018 年度报告（高等院校与科研机构篇）》，2017 年，全国 2 766 家研究开发机构、高等院校以转让、许可、作价出资方式转化科技成果的合同金额达 121 亿元，同比增长 66%；合同项数为 9 907 项，同比增长 34%。其中作价出资合同金额为 52 亿元，平均合同金额为 1 001.1 万元。中国科学院 2016 年到 2019 年科技成果作价入股合同由 87 项增加到 121 项，合同金额由 12.71 亿元提高到 24.97 亿元。中国科学院 2019 年有效专利作价入股 576 件，占全部转让和许可作价入股 1 646 件的 34.99%，专利转让合同平均价格为 248.91 万元，许可合同价格平均为 397.9 万元，入股合同价格平均 335.94 万元。

2. 知识产权作价入股配套资产

在实践中，可以作价出资的知识产权不仅仅包括知识产权本身，还包括使知识产权作价出资实现的配套资产。这些资产包括研究开发团队、生产能力、商业化能力、销售网络和客户清单等。

知识产权与配套资产结合是知识产权作价出资实现的必要条件，尤其是与专利技术相关的技术诀窍、技术秘密是专利权作价出资和实施的不可或缺的因素。知识产权要顺利实现作价出资和实施，仅有知识产权还不够，知识产权只能解决技术投入和保护的问题，并不能解决企业一系列的生产经营问题，如后续研究开发、资金筹措、生产组织、产品开发和商业化以及营销等，这些都是知识产权作价出资时要考虑的因素。

2017 年，武汉工程大学由 8 名中青年教师组成的创新团队以其研发的陶瓷膜技术 8 项专利作价 2 128 万元与鄂州市昌达资产经营有限公司共同投资成立湖北迪洁膜科技有限责任公司，注册资本 3 800 万元。以知识产权作价出资部分的股权结构如下：①2 128 万元收益的 90%（即 1 915.2 万元），由武汉工程大学奖励给研发团队，研发团队因此持有公司股权的 50.4%；②2 128 万元收益的剩余 10%（即 212.8 万元），由学校全资子公司武汉化院科技有限公司代持，即其持有公司股权的 5.6%。❶

3. 知识产权出资方式

知识产权作价出资获得的股权和获得的出资比例不同。作价出资并不意味着获得相应的总投资占比的股权。在实践中，由高校或科研机构完成的知识产权评估价格往往较高，尤其是一些新技术知识产权，如能够治疗癌症而且进入临床试验的药物专利在实践中所占股权较高，但主要还是根据知识产权权利人和投资人的谈判确定投资比例。

例如，中国科学院自动化研究所一项头戴式设备专利技术 2016 年获得 500 万元的投资，该专利评估价格为 400 万元，但成立企业的注册资本为 500 万元，其中技术和知识产权折算股份占 80%，其中离岗创业科研人员的发明人团队占股权 68%，外部投资 500 万元，但只有其中 100 万元折算成股权 20%，其余 400 万元用于企业流动资金。2016 年，该项目产品进入北京协和医院二期临床实验。在项目总投资中，尤其是技术和知识产权不被投资人了解的情况下，或者投资人占主导地位的情况下，知识产权即使评估出较高的价格，也不可能占据总投资中很高的比例。

而折算股份或出资比例则基于知识产权的实际评估价，以知识产权实际评估价格占总投资的比例作为股份，但股份也不一定等于出资比例。股份是指在注册资本中占有的表决权和收益权的大小，可以高于知识产权评估价格所占的出资比例，也可以低于所占的出资比例。获得出资比例并不意味着获得股权，出资比例可以有收益权，但不一定有表决权。

2006 年，中国科学院电子学研究所控股的中科九度（北京）空间信息技术有限责任公司与共青城星图群英投资管理合伙企业和共青城航天荟萃投资管理合伙企业成立了航天星图科技（北京）有限公司，中科九度（北京）空间信息技术有限责任公司投入资金、技术与知识产权，共计 3 600 万元，占股约 80%。另两个投资企业投资 920 万元，占股约 20%。2016 年，该公司从中科曙光融资公司融资后改制为中科星图股份有限公司。目前，航天星图科技（北京）有限公司注册资本为 1.65 亿元，其中中科九度（北京）空间信息

❶ 朱敬一. 高校教师 1915 万元技术入股背后发生了什么？[N/OL].（2017-01-27）[2021-11-30]. http://m.cnr.cn/chanjing/edu/20170227/t20170227_523623399.html.

技术有限责任公司占股 41.91%，中科曙光融资公司占股 23.29%，共青城星图群英投资管理合伙企业占 26.8%，共青城航天荟萃投资管理合伙企业占 8%。

当然，知识产权作价出资有多种方式，知识产权权利人将知识产权作价投入到企业中，也可以先从股份或出资比例中折算一部分股权以现金方式获得收益，这些现金收益由投资人或者获得投资成立的企业支付。如中南大学 2018 年 7 月 12 日对赖延清教授团队完成的"高比能锂硫电池技术"通过协议定价方式确定转让价格和转让事项并进行了公示，该技术包括 8 项专利，转让总金额达 1.4 亿元，其中现金为 4 000 万元，股权为 1 亿元。该技术受让方为中南新能源投资（深圳）有限公司。

6.3　知识产权申请权出资

专利权、集成电路布图设计专有权、植物新品种权、商标权等知识产权都有申请、审查和授权的过程。《中华人民共和国公司法》第二十七条虽然规定股东可以用知识产权作价出资，但没有明确知识产权申请权是否可以作价出资。该法第二十八条又规定股东应当按期足额缴纳公司章程中规定的各自所认缴的出资额，但也没有明确知识产权申请权作价出资是否符合足额缴纳出资额的规定。

《中华人民共和国专利法》第十条规定，专利申请权可以转让，而且转让专利申请权的当事人应当订立书面合同，并向国务院专利行政部门登记，由国务院专利行政部门予以公告；专利申请权转让自登记之日起生效。根据《中华人民共和国民法典》规定，技术转让合同包括专利权转让、专利申请权转让、技术秘密转让等合同，实际上承认了专利申请权可以转让，但没有明确规定知识产权申请权等能否作价入股，但在实践中存在大量的以专利申请权作价入股的情形。

由于存在较大的不确定性，知识产权申请权作价出资对投资企业会有较大的影响。在专利授权前，如果发明创造没有公开，可以适用《中华人民共和国反不正当竞争法》等以技术秘密进行保护，而技术秘密保护可以用劳动合同、竞业禁止协议等进行规范。但是发明创造公开后授权前这一段时间，申请人既不能按专利权进行保护，也不能按技术秘密进行保护。如果在此阶段发生侵权行为，虽然可以适用《中华人民共和国专利法》第七十四条第二款规定："发明专利申请公布后至专利权授予前使用该发明未支付适当使用费的，专利权人要求支付使用费的诉讼时效为三年，自专利权人知道或者应当知道他人使用其发明之日起计算，但是，专利权人于专利权授予之日前即已知道或者应当知道的，自专利权授予之日起计算。"但这段时间的保护只是一种临时保护，而且只是要求支付专利使用费，并没有规定知识产权申请人是否有权禁止他人未经许可制造、使用、销售（许诺销售）、进口等行为。

如果知识产权申请没有获得授权，则按知识产权相关法律法规的规定，知识产权视为自始即不存在。知识产权申请转让、许可，根据《中华人民共和国民法典》，如果存在隐瞒或故意行为，则需要返还转让费、许可使用费。该法第五百条规定，"当事人在订立合同过程中有下列情形之一，造成对方损失的，应当承担赔偿责任：（一）假借订立合同，恶意进行磋商；（二）故意隐瞒与订立合同有关的重要事实或者提供虚假情况；（三）有其他违背诚信原则的行为。"如果不存在上述行为，可以不用返还转让费或使用费，这实际上对投资人不太公平。一般情况下，知识产权申请权作价出资往往是由发明人代表单位进行洽谈的，而很多发明人并不了解专利的质量、授权前景，很多发明人在申请知识产权时甚至不进行知识产权检索，一些甚至不委托代理代理机构代理。即使发明人没有上述故意行为，他们可能也没有能力或意识推动知识产权申请获得知识产权或者保证知识产权不被宣告无效。

所以，建议有关法律法规增加相应的规定，若因知识产权申请人管理不善，尤其是文献检索不充分、撰写质量低、不及时缴费、不积极应对无效宣告等，造成知识产权申请不能获得知识产权或者知识产权被宣告无效的，应酌情返还知识产权申请的转让费或使用费。

6.4　知识产权使用权出资

《中华人民共和国公司法》第二十七条虽然规定股东可以用知识产权作价出资，但没有明确规定知识产权是否包括知识产权许可使用权。《中华人民共和国公司法》第二十八条虽然规定"股东应当按期足额缴纳公司章程中规定的各自所认缴的出资额"，但没有明确规定知识产权许可使用权作价出资是否符合足额缴纳出资额的要求。一些学者认为，知识产权许可使用权作价出资并不符合足额缴纳出资额的规定，但实践中却发生了许多知识产权许可使用权作价出资的案例。被许可人可以使用被许可的知识产权使用权作价出资，知识产权权利人保留知识产权，也可以通过作价出资方式允许被投资企业使用其知识产权。

《中华人民共和国民法典》规定了知识产权使用权转让，第八百四十七条规定，"职务技术成果的使用权、转让权属于法人或者非法人组织的，法人或者非法人组织可以就该项职务技术成果订立技术合同"。该法规定的技术成果使用权实际就是技术成果知识产权的许可使用权。

从财产属性来说，知识产权可以转让、许可、质押，知识产权的许可使用权、申请权、先用权❶也可以转让、质押。如博奥生物集团有限公司 2001 年以现金及 9 项与清华大学共有的专利与非专利技术在中国境内的独占实施许可权出资，与其他股东合资设立了深圳微芯生物科技股份有限公司，后发展成为中国原创药领军企业。博奥生物集团有限公司通过与清华大学签订专利分享协议获得"以各种形式实施和许可他人实施" 9 项专利与非专利技术的"独享收益"权，实际就是许可使用权。深圳微芯生物科技有限公司也通过对

---

❶　根据《中华人民共和国专利法》第七十五条的规定，某项发明创造在专利申请人提出专利申请之前，如果他人已经制造了相同的产品、使用了相同的方法或者已经做好了制造专利产品、使用专利方法的必要准备，并且仅在原有的范围内继续制造或者使用，不被视为侵犯专利权。

外国制药公司实施专利许可的方式进行国际临床联合开发和跨国药企高水平合作研发。

从风险来分析，知识产权申请权、使用权作价出资是有风险的，最大的风险就是技术有可能无法获得知识产权授权，使用权无法产生独占性。即使技术没有获得授权，或者技术已经公开，与技术相关的技术秘密和技术服务、技术咨询服务仍然可以作价入股。即使获得知识产权授权，也不见得知识产权就没有风险，授权的知识产权也存在被宣告无效和被规避设计的可能性。现有的很多研究往往聚焦于某一个方面，而忽略了企业购买知识产权许可使用权的目的是获得技术，只是作为技术保护形式的知识产权有不同的权能而已。

6.5　知识产权作价出资程序

一般情况下，知识产权作价出资包括以下程序。第一步，高校和科研机构科技成果和知识产权作价出资审批备案。根据 2015 年《中华人民共和国促进科技成果转化法》，科技成果和知识产权作价出资可以不用再向财政部审批备案，而是由本单位主管部门决定。在将知识产权作价出资形成的股权奖励给科研人员团队时，科研团队内部要协商一致，要以书面约定分配比例，团队成员要签字，并向单位申请和审批，由高校和科研机构校长或院长会议、办公会议集体决策后再进行公示，公示时间不少于 15 个工作日。签署股权奖励分配书面协议时，要明确每个成员的权利、权利表决机制、知识产权和相关费用分担措施。

第二步，办理知识产权转让合同和知识产权转让登记手续。以知识产权作价出资的，知识产权权利人应当拥有知识产权。知识产权入股后即成为入股公司即时拥有的财产。实践中，很多投资人虽与知识产权权利人签订了知识产权转让合同，但没有到国家知识产权局等部门办理知识产权转让登记和公告手续，也没有转让到作价入股的公司中，结果知识产权仍在知识产权权利人手中。

第三步，提供有关的技术资料。技术资料包括与生产产品相关的资料，如图纸、配方、实验数据、市场调查数据等。知识产权权利人要提交技术资料的清单和进行技术指导的标准。按照《中华人民共和国民法典》第八百四十五条第二款规定，"与履行合同有关的技术背景资料、可行性论证和技术评价报告、项目任务书和计划书、技术标准、技术规范、原始设计和工艺文件，以及其他技术文档，按照当事人的约定可以作为合同的组成部分。"技术合同中要约定与履行合同有关的技术背景资料、可行性论证和技术评价报告、项目任务书和计划书、技术标准、技术规范、原始设计和工艺文件，以及其他技术文档。

第四步，进行知识产权价格评估。《中华人民共和国公司法》第二十七条规定，"对作为出资的非货币财产应当评估作价，核实财产，不得高估或者低估作价。法律、行政法规对评估作价有规定的，从其规定。"实践中有很多技术和知识产权作价入股合同没有按照法律规定进行评估，而是按照合同各方协商一致的价格作为知识产权出资入股额，可能违反法律规定，应当承担相应的法律责任。

第五步，进行技术服务。技术和知识产权（尤其是专利）所称的最佳方案不一定是最佳方案，技术诀窍大多不会公布。许多产品生产仅靠专利文件公布的内容是不可能顺利实施的，通过阅读分析相关的技术资料也难以发现存在于发明者大脑之中的无形技艺、技巧或诀窍等。以专利技术投资入股的，必须由技术方进行指导，传授有关的技术诀窍，进行技术服务，甚至需要做出样品或样机。

第六步，项目验收。由于多数技术投资项目都没有组织验收，经常发生知识产权出资不能到位的纠纷。对于货币出资和实物出资，一般以注册会计师的验资报告来确定出资到位与否。但知识产权作价出资义务履行与否、履行程度如何，则不能由会计师来判定。因此要制定知识产权作价出资的验资标准，不能简单以技术方没有提供知识产权证书为由认定其没有出资，而应该按照技术资料清单和技术指导标准判断知识产权出资是否到位，尤其是到国家知识产权局办理的知识产权转让登记和公告手续，在合同中还要明确企业是否能够据此生产出合同约定指标的产品。

第七步，办理工商和税务登记。根据《中华人民共和国市场主体登记管理条例》（2022 年 3 月 1 日起施行），市场主体的一般登记事项包括：①名称；②主体类型；③经营范围；④住所或者主要经营场所；⑤注册资本或者出资额；⑥法定代表人、执行事务合伙人或者负责人姓名。除前款规定外，还应当根据市场主体类型登记下列事项：①有限责任公司股东、股份有限公司发起人、非公司企业法人出资人的姓名或者名称；②个人独资企业的投资人姓名及居所；③合伙企业的合伙人名称或者姓名、住所、承担责任方式；④个体工商户的经营者姓名、住所、经营场所；⑤法律、行政法规规定的其他事项。除此之外，还要提交知识产权作价出资协议、知识产权无形资产评估报告、知识产权转让登记公告。

根据江苏省无锡市中级人民法院二审民事判决书（2018）苏 02 民终 5285 号所述的永卓防务科技有限公司（以下简称永卓公司）、张某等股东出资纠纷案，2012 年 12 月 10 日，江苏希欧普机械有限公司（甲方）、郭某（乙方）、张某（丙方）签订了合作协议，一致同意甲乙丙三方共同出资 3 333.33 万元注册成立华芯公司，从事研发、生产、销售微机电系统（MEMS）产品，其中甲方以现金 2 000 万元出资，占股 60%；乙方以现金 200 万元以及自有的研发、生产 MEMS 产品技术（包括但不限于技术操作技能和培训及相关的资料、技能和生产方式）作价 633.33 万元共计 833.33 万元出资，占总出资额的 25%；乙方按此比例享受权利、承担义务。乙方在合同中承诺以技术入股的技术若不能达到合同规定各项标准则承担违约责任。除客观技术原因外，任何一方违反该协议任一条款的，应向守约方支付违约金 1 000 万元并承担守约方的全部损失。2012 年 12 月 10 日，甲乙丙三方为共同出资创办华芯公司签订了补充协议，约定甲乙丙一致认可三方在 2012 年 12 月 10 日签订的关于共同设立华芯公司的合作协议是真实有效的，关于技术入股一致同意：①乙方的入股技术不做评估直接作价 633.33 万元入股；②注册华芯公司时，乙方先不以技术入股，而是先由乙方以货币 500 万元直接出资入股；③等甲乙丙三方出资到位成立华芯公司以后，华芯公司即以 633.33 万元的价格购买乙方的应该入股的技术，以此实现技术入股；④由于乙方现在拿不出 500 万元出资入股，所以乙方向甲方推荐的人借款

500 万元用来出资入股到华芯公司，乙方承诺分两期归还该笔借款；⑤乙方再以 333.33 万元购买丙方华芯公司 10% 的股权。2013 年 1 月 29 日华芯公司被工商部门核准成立。后永卓公司、张某以郭某为货币出资而非技术入股违反合同约定提起诉讼，郭某进行反诉。一审法院审理认为，虽然三方在原协议中约定郭某是以技术和货币的方式出资，但是在补充协议中对郭某的出资作出了变更，三方认为对技术进行评估程序复杂，一致同意郭某先借款 500 万出资，再将其所有的技术转让给华芯公司，华芯公司支付对价 633.33 万元，而后由郭某归还出资借款，其实质是郭某将技术转让给华芯公司并以转让所得的价款出资，该补充协议约定郭某的 "入股技术不做评估直接作价人民币 633.33 万元入股" 与上述约定矛盾，且该约定内容排除了公司法关于出资的非货币财产应当评估作价的强制性规范的适用，是无效的约定，因此驳回永卓公司和张某的本诉诉讼请求，驳回郭某的反诉诉讼请求。永卓公司、张某、郭某均不服判决，上诉至江苏省无锡市人民法院，二审法院认为永卓公司、张某、郭某上诉请求均不能成立，应予驳回。一审判决认定事实清楚，适用法律正确，应予维持。

6.6　知识产权虚假出资

根据《中华人民共和国公司法》的规定，禁止公司股东虚假出资，禁止抽逃注册资金，防止公司、股东或债权人的合法权益被侵害。虚假出资是指公司发起人、股东并未交付货币、实物或者未转移财产所有权骗取公司登记的行为。根据该法第一百九十八条的规定，虚报注册资本、提交虚假材料或者采取其他欺诈手段隐瞒重要事实取得公司登记的，由公司登记机关责令改正，对虚报注册资本的公司，处以虚报注册资本金额百分之五以上百分之十五以下的罚款。该法第一百九十九条规定，公司的发起人、股东虚假出资，未交付或者未按期交付作为出资的货币或者非货币财产的，由公司登记机关责令改正，处以虚假出资金额百分之五以上百分之十五以下的罚款。根据《中华人民共和国刑法》第一百五十九条规定，公司发起人、股东违反公司法的规定未交付货币、实物或者未转移财产权，虚假出资，或者在公司成立后又抽逃其出资，数额巨大、后果严重或者有其他严重情节的，处 5 年以下有期徒刑或者拘役，并处或者单处虚假出资金额或者抽逃出资金额百分之二以上百分之十以下罚金。

按目前的法律规定，知识产权作价出资的虚假出资主要包括两种情况。一种是以知识产权申请权、使用权出资。以知识产权申请权、使用权作价入股，尤其是专利使用权作价入股的基本特征是 "不发生全部权利的转移，公司对该专利技术仅享有一定期限和一定范围的使用权"（费亚芹，2007）。根据公司制度的基本原则，公司是以其全部资产对公司债务承担责任的，其前提是公司必须拥有独立的财产权，而专利申请权、使用权不是独立的财产权。公司股东是以各自出资共同承担风险的，专利使用权作价入股，专利权人无法与其他股东一起共担风险。知识产权权利人有可能会向他人许可使用知识产权。所以，不应当允许以专利使用权作为股份出资方式（朱大旗，1996）。但也有学者并不认同知识产权申请权和使用权出资为虚假出资。如果以使用权入股出资，需要加以一定的限制，专利权人需要以"独占许可"的方式授权被投资公司使用，同时不得转让专利的最终处置权（刘春霖，2008），还要通过出资公告、担保等方式来完善使用权出资制度，增加资本的可靠性（刘光波，2014）。

另一种虚假出资的情况是，为避免知识产权作价出资后科技人员只获得奖励股权导致的激励不足问题，一些投资人除了以现金投资知识产权成立公司外，还拿出一部分资金赠予科研人员，科研人员再以这些资金投资入股企业成为股东。这种方式实际上也属于虚假出资行为，违反了《中华人民共和国促进科技成果转化法》第十九条的规定，属于违反"科技成果完成人或者课题负责人，不得阻碍职务科技成果的转化，不得将职务科技成果及其技术资料和数据占为己有，侵犯单位的合法权益"；并且属于第五十一条规定的"擅自转让、变相转让职务科技成果"的行为，将单位的职务科技成果转变为个人的股权，侵犯了其所在单位的合法权益。同时，还违反了《中华人民共和国个人所得税法》，科研人员获得投资人赠予的资金应属于偶然所得，应当缴纳个人所得税，不缴纳个人所得税则属于违法行为。

根据株洲市中级人民法院二审民事判决书（2021）湘02民终405号王某某、株洲中车铁路科技有限责任公司（以下简称中车铁路公司）损害股东利益责任纠纷案，王某某在2018年4月27日与中车铁路公司等投资人签订《固废环保处理项目投资合作协议》，成立以分散式固废热解处置系统技术为核心、以提供解决方案和设备为主要营业方式的有限责任公司（以下简称目标公司，暂定为中车环保公司），总股本为5 000万股，王某某以货币出资认缴资本金200万元，占目标公司200万股，比例为4%，并以分散式垃圾热解处理技术研发成果及其相关专利（包括丙方在目标公司工作期间的持续创新研发的知识产权）等无形资产入股，比例为10%，占目标公司500万股，同时约定王某某5年内不得擅自离职，否则该10%的股权由目标公司无偿收回，另需按比例向目标公司赔偿100万元。2019年4月10日，中车环保公司召开股东会会议，决议同意公司注册资本由5 000万元增资至5 500万元，450万元由新增股东兆富投资公司认缴，其余50万股由王某某以技术股增资。2019年9月23日，原告王某某出具《关于申请病休的报告》但未获批准。2019年10月，中车环保公司员工考勤明细表显示王某某于10月22至10月31日均为旷工。2019年11月5日，中车环保公司召开2019年临时董事会形成决议，同意于11月止损，并要求追究王某某的责任，对公司清算。2019年11月28日，中车环保公司成立清算组。2019年11月27日，株洲奥蓝公司成立清算组，并对株洲奥蓝公司账面货币资金221.24万元进行第一轮分配，收回王某某的10%知识产权作价入股的股权，并按股权占比分摊给除王某某以外的其他股东。中车环保公司清算组于2020年4月23日出具清算报告，截至2020年4月23日，中车环保公司共有资产0元，负债0元，净资产0元。清算剩余财产分配王某某为0元。2020年6月15日，中车环保公司注销。王某某向湖南省株洲市天元区人民法院提出诉讼请求要求判令五被告向原告支付中车环保公司与株洲奥蓝公司的剩余财产份额896 993.21元及利息并承担诉讼费用。一审法院审理认为，原告主张不符合合同约定，不予支持。王某某随后向株洲市中级人民法院上诉，二审法院认为，王某某主张不符合合同约定，而且未提供证据证明其已以其知识产权向目标公司出资并办理相应权属转移登记，存在未全面履行出资义务的事实，根据《最高人民法院关于适用〈中华人民共和国公司法〉若干问题的规定（三）》第十七条规定，"有限责任公司的股东未履行或者未全面履行出资义务或者抽逃出资，公司根据公司章程或者股东会决议对其利润分配请求权、新股优先认购权、剩余财产分配请求权等股东权利作出相应的合理限制，该股东请求认定该限制无效的，人民法院不予支持。"公司股东会有权对其剩余财产分配请求权予以合理限制，因此于 2021 年 4 月 20 日作出维持原判的裁决。

由于知识产权申请权和使用权包含的是技术，技术通过知识产权申请权或使用权作价出资可以较早获得外部投资，以使创办企业或使企业更好地发展，这是科技成果转化和知识产权运用的重要途径，不仅理论上是可行的，实践中也是经常发生的。将这些权能列为"虚假出资"不符合实际。此外，知识产权申请权和使用权也是重要的财产权。

为此本书建议，我国应当完善相关法律规定，明确知识产权申请权和使用权的财产属性，并将知识产权申请权或使用权作为作价出资的重要方式，知识产权权利人将知识产权、申请权或使用权转让到作价出资的公司，必须向知识产权相关管理部门办理知识产权权利转让登记或许可登记手续，并提供专利权评价报告。

6.7　知识产权股权权益

对于拥有技术和知识产权的高校、科研机构、企业和个人，通过知识产权作价出资获得的主要是初创企业的股权。股权是指股东因出资而取得的、依照法律规定或者公司章程的规定与程序参与公司事务并在公司中享受财产利益的、具有可转让性的权利。股权是有限责任公司或者股份有限公司的股东对公司享有的人身和财产权益的一种综合性权利。股权直接影响股东对公司的话语权和控制权，也是股东分红比例的依据。

为防止非法集资，《中华人民共和国公司法》规定了公司设立的股东人数和发起人应认购股权的比例。该法第二十四条规定，"有限责任公司由五十个以下股东出资设立"；第七十八条规定，"设立股份有限公司，应当有二人以上二百人以下为发起人，其中须有半数以上的发起人在中国境内有住所"；第八十四条规定，"以募集设立方式设立股份有限公司的，发起人认购的股份不得少于公司股份总数的百分之三十五；但是，法律行政法规另有规定的，从其规定"。该法还规定了股东分红权益、公司弥补亏损和提取公积金后所余税后利润、股份有限责任公司股东按照实缴的出资比例分取红利，或者根据约定不按照出资比例分取红利或者不按照出资比例优先认缴出资的分红、股份有限公司按照股东持有的股份比例分红，或者按照章程规定不按持股比例分配等。

知识产权作价出资形成的股权权益是指知识产权作价出资到企业形成股权的股东的法律所有权，以及由此而产生的对企业拥有的各项权利，包括自益权和共益权。知识产权权利人和投资者根据股份公司组织形式，出资的种类、数额和对公司所负的有限、无限责任而拥有一定的股权，这些股权体现在企业经营管理权、监督权、表决权、红利分配权、决策权等方面。

自益权是知识产权作价出资到企业形成股权的股东为了自己的利益而行使的权利，如股息和红利的分配请求权、剩余财产分配请求权、新股优先认购权等。共益权是为股东的利益兼为公司的利益而行使的权利，如表决权、请求召集股东会的权利，请求判决股东会决议无效的权利、账簿查阅请求权等。

根据《中华人民共和国公司法》第一百条的规定，股东大会应当每年召开一次年会；有下列情形之一的，应当在 2 个月内召开临时股东大会：①董事人数不足该法规定人数或者公司章程所定人数的 2/3 时；②公司未弥补的亏损达实收股本总额 1/3 时；③单独或者合计持有公司百分之十以上股份的股东请求时；④董事会认为必要时；⑤监事会提议召开时；⑥公司章程规定的其他情形。实际上，这是一种少数股东的权利，目的是防止少数股东因多数股东怠于行使或滥用权利而受到侵害，有助于对少数股东权益的保护。

6.8 知识产权作价入股合同

知识产权作价出资的合同要按照《中华人民共和国民法典》《中华人民共和国公司法》和相关知识产权法律法规的规定订立。

根据《中华人民共和国民法典》，除了标识类知识产权外，知识产权作价入股合同大多属于技术转让合同、技术实施许可合同、技术开发合同、技术咨询或技术服务合同。根据《中华人民共和国民法典》第八百四十五条的规定，技术合同的内容一般包括：①项目名称；②标的的内容、范围和要求；③履行的计划、进度、期限、地点、地域和方式；④技术信息和资料的保密；⑤风险责任的承担；⑥技术成果的归属和收益的分配办法；⑦验收标准和方法；⑧价款、报酬或者使用费及其支付方式；⑨违约金或者损失赔偿的计算方法；⑩解决争议的方法等。与履行合同有关的技术背景资料、可行性论证报告或技术评价报告、项目任务书或计划书、技术标准或技术规范、原始设计和工艺文件，以及其他技术文档，按照当事人的约定都可以作为合同的组成部分。技术合同涉及专利的，应当注明发明创造的名称、专利申请人和专利权人、申请日期、申请号、专利号以及专利权的有效期限。

知识产权作价入股合同主要涉及技术转让合同。根据《中华人民共和国民法典》第八百六十二条的规定，技术转让合同是合法拥有技术的权利人，将现有特定的专利、专利申请、技术秘密的相关权利让与他人所订立的合同；技术转让合同和技术许可合同中关于提供实施技术的专用设备、原材料或者提供有关的技术咨询、技术服务的约定，属于合同的组成部分。第八百六十三条规定，技术转让合同主要包括专利权转让、专利申请权转让、技术秘密转让等合同；技术转让合同应当采用书面形式。

《中华人民共和国民法典》第八百六十四条规定，技术转让合同和技术许可合同可以约定实施专利或者使用技术秘密的范围，但是不得限制技术竞争和技术发展。第八百七十条规定，技术转让合同的让与人和技术许可合同的许可人应当保证自己是所提供的技术的合法拥有者，并保证所提供的技术完整、无误、有效，能够达到约定的目标。第八百七十一条规定，技术转让合同的受让人和技术许可合同的被许可人应当按照约定的范围和期限，对让与人、许可人提供的技术中尚未公开的秘密部分，承担保密义务。

但是，根据《中华人民共和国民法典》的规定，综观国内外技术合同范本可以发现，科技部门发布的合同模板还存在一些不足。一是合同条款不丰富，内容全面但比较笼统。二是关于知识产权的规定内容简单，指导意义有待加强。参照国内外知识产权转让和许可合同，一般的技术和知识产权作价入股合同应主要包括序言、定义、组织管理机构、背景知识产权、单方知识产权、作价出资项目知识产权、投资项目知识产权研发、作价出资项目知识产权保护、商业秘密保护、相关方利益转让、合同修订、合同期限、违约责任等部分。

序言主要写明双方签订合同的目的，以及与本合同相关的备忘录的效力等。定义应主要包括发明、职务发明、知识产权、背景知识产权、前景知识产权、单方知识产权、知识产权转让、知识产权许可、知识产权使用、投资项目、第三方知识产权、交叉许可、项目知识产权等的定义。组织机构应包括指导、领导和监督机构的职责，投融资项目或投资企业室负责人及其职责，运作模式以及资金投入等。

知识产权作价入股合同的具体内容应包括：①背景知识产权。背景知识产权指签订合同之前各方所拥有或者获得许可的知识产权，包括专利申请与专利权、商标专用权、软件著作权、集成电路布图设计专有权、植物新品种权、技术秘密专有权，专利实施许可的使用权。②项目单方知识产权。应规定双方各自的知识产权所有权和许可权。一般应规定各方对其单方项目知识产权拥有所有权及处置的权利。③项目知识产权。应规定投融资项目知识产权的所有权与使用权，以及知识产权的转让、合作和商业化等内容。④项目协议。包括投融资项目地址、项目协议模板、项目内容等。内容应当包括总体目标、研发领域、预期知识产权类型说明、可交付成果清单、项目进度计划及工作资金来源与金额等。⑤投融资项目知识产权保护。主要包括知识产权申请选择与保护成本分担、国外申请保护、职务知识产权转让等内容。⑥专有信息。与合同以及研究项目有关的以书面、口头、电子等方式表达的不对外扩散的有价值的文字、图形、数字、图像等信息（宋河发，2014）。

此外，知识产权作价入股合同还要包括以下内容：①商业秘密保护，应包括技术信息、隐性知识、内部资料、客户名单、政策文件等的保密责任、保密期限、保密费发放、竞业禁止协议签订等；②相关方利益，主要是知识产权作价入股企业成立后开展的研究开发活动，投资各方知识产权的使用，形成的知识产权权益，以及商业秘密保护等；③合同修订，主要指合同修订事项约定，补充合同及其效力；④合同期限，一般指作价出资项目合同签订开始到项目结束的时间；⑤违约责任，应约定违约事项和责任。根据《中华人民共和国民法典》第五百七十七条的规定，当事人一方不履行合同义务或者履行合同义务不符合约定的，应当承担继续履行、采取补救措施或者赔偿损失等违约责任。

6.9　知识产权作价出资会计分录

知识产权是非货币无形资产。知识产权作为无形资产入账，一是要有书面的知识产权作价入股协议，协议中要明确知识产权评估价格；二是要开具投资款的收款收据，在办理知识产权转让手续后要取得企业收到知识产权作价出资的证明和国家知识产权局登记的知识产权转让登记记录；三是要根据协议和知识产权作价出资收到证明编制记账凭证，借计无形资产科目，贷记实收资本。比如专利权评估价格为 500 000 元，则会计分录为：

借：无形资产——专利权　　　　　　　　　　　500 000 元
　　贷：实收资本　　　　　　　　　　　　　　500 000 元

知识产权作价出资一般是长期股权投资。2014 年 3 月 13 日，财政部印发修订后的《企业会计准则第 2 号——长期股权投资》。长期股权投资是指投资方对被投资单位实施控制、重大影响的权益性投资，以及对其合营企业的权益性投资。

《企业会计准则第 2 号——长期股权投资》规定，投资方能够对被投资单位实施控制的长期股权投资应当采用成本法核算。采用成本法核算的长期股权投资应当按照初始投资成本计价。追加或收回投资应当调整长期股权投资的成本。被投资单位宣告分派的现金股利或利润，应当确认为当期投资收益。而投资方对联营企业和合营企业的长期股权投资，应当采用权益法核算。权益法核算是指长期股权投资的初始投资成本大于投资时应享有被投资单位可辨认净资产公允价值份额的，不调整长期股权投资的初始投资成本；长期股权投资的初始投资成本小于投资时应享有被投资单位可辨认净资产公允价值份额的，其差额应当计入当期损益，同时调整长期股权投资的成本。

在知识产权作价入股中，根据股权或投资比例的不同，会出现联营企业、合营企业和子公司形式。按照上述规定，知识产权作价入股分为两类核算方法，可控制投资的按成本法核算，联营企业和合营企业一般按权益法核算。对于可控制的知识产权作价出资，假定上述专利权按直线法摊销每年摊销 10 万元，第二年会计分录如下：

借：长期股权投资
　　专利权累计摊销/减值准备　　　　　　　　200 000 元
　　贷：无形资产　　　　　　　　　　　　　200 000 元

6.10　小结

将知识产权和资本结合是促进科技成果转化和知识产权运用的有效途径，可以调动知识产权权利人和投资企业的积极性，有利于解决信息和风险不对称问题，知识产权作价出资对科技成果转化和知识产权转化实施具有极为重要的作用。但是我国技术和知识产权作价出资占企业注册资本的比例还很低，其重要原因在于我国现行法律政策还存在很多影响和制约知识产权投融资发展的问题。为促进知识产权投融资发展，本书提出以下建议：

一是要完善相应的法律法规政策，在有关法律法规中明确规定知识产权申请权、使用权的法律属性，尤其是财产权属性，特别要明确规定被许可方具有法定意义上的知识产权使用权，要规定知识产权申请权和使用权可以再转让、质押和作价出资。

二是明确规定知识产权申请权和使用权转让手续，只有办理了财产权转移手续和经过国家知识产权局登记公告的，才可以作价出资，而且规定知识产权申请权和使用权作价出资不属于虚假出资。

三是要明确知识产权申请权和使用权作价出资的条件，知识产权、知识产权申请权和知识产权使用权在作价出资时要处于有效状态，知识产权申请权要取得专利权评价报告，知识产权使用权作价出资的要取得原知识产权权利人的同意，应是特定范围的独占许可。

第 7 章

知识产权创新创业

创新创业是科技成果转化和知识产权运用的重要途径，知识产权投融资是科技人员创新创业的重要方式。创新创业的过程就是科技成果和知识产权获得投融资并变为现实生产力的过程。为促进以科技成果和知识产权投融资为核心的创新创业，不但要培育有效的知识产权创新创业模式，还要完善激励知识产权创新创业的各项政策。

7.1 创新创业政策

创新创业是科学技术转向追求利润的过程，也是利用产生于学术机构的智力资本创建新企业等的过程（Louis et al., 1989; Shane, 2004）。创新创业不是简单的创办企业，而是指利用新技术及其知识产权创办创新型企业的过程。由于内部技术转移机构存在的弊端，尤其是增加了交易成本，还对发明征收技术转移的服务费，很多人认为科技人员创业是高校和科研机构技术转移的重要途径。由于教授和科研人员对技术的深入了解和对后续研究开发的持续投入，科技人员创新创业成为科技成果转化的有效方式。将发明所有权赋予科研人员，由教授和科研人员创业，尤其是用技术和知识产权作价入股是较好的技术转移途径。即使在发明所有权归单位的国外发达国家，也存在未经许可的创新创业。如一些研究表明，即使在大都建立了内部技术许可办公室（OTL）的美国大学，仍然有 30% 左右的发明没有经过 OTL 或大学的许可转移到了企业。

近年来，我国十分重视包括技术和知识产权在内的大众创业和万众创新，创业投资发展迅速。2016 年 4 月 4 日，《国务院办公厅关于转发国家发展改革委等部门推进"互联网+政务服务"开展信息惠民试点实施方案的通知》（国办发〔2016〕23 号），提出了推进创新创业的三大举措："一号"申请，简化优化群众办事流程；"一窗"受理，改革创新政务服务模式；"一网"通办，畅通政务服务方式渠道。

2017 年 7 月 27 日，国务院发布《国务院关于强化实施创新驱动发展战略进一步推进大众创业万众创新深入发展的意见》（国发〔2017〕37 号），要求拓展企业融资渠道，完善债权、股权等融资服务机制，为科技型中小企业提供覆盖全生命周期的投融资服务；适时推广创业投资企业和天使投资个人有关税收试点政策，引导社会资本参与创业投资；推动国家新兴产业创业投资引导基金、国家中小企业发展基金、国家科技成果转化引导基金设立一批创业投资子基金。

2018 年 9 月 26 日，国务院发布《国务院关于推动创新创业高质量发展 打造"双创"升级版的意见》（国发〔2018〕32 号），提出了多方面的政策措施。涉及科技成果和知识产权创新创业投融资的主要内容包括以下三个方面：一是鼓励和支持科研人员积极投身科技创业；二是纵深推进全面创新改革试验，深化以科技创新为核心的全面创新；三是强化投资支持。

从上述可以看出，鼓励科研人员创新创业的政策主要包括三个方面，一是鼓励和支持科研人员创新创业，利用科技成果和知识产权获得投融资创办企业；二是通过体制机制改革，如赋予科研人员科技成果所有权或长期使用权，加大对科研人员的激励力度，鼓励和支持科研人员创新创业；三是通过建立各类创业创新投资基金和税收优惠政策激励科研人员创新创业。科研人员创新创业最关键的是要有好的科技成果和知识产权，要能获得外部投资。即使有好的科技成果，如果知识产权质量低、专利布局不好、专利与产品技术标准无关、专利形不成有效组合，那么创新创业也很难实现做大做强的目标。根据《中国科技成果转化 2018 年度报告》，全国 2017 年 2 766 家高校和研究机构有 9 910 人在外兼职从事成果转化和离岗创业，创设和参股公司 2 352 家。如图 7-1 所示。

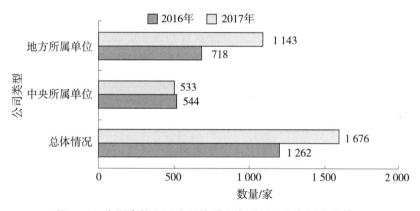

图 7-1　全国高校和研究机构科研人员创设和参股公司情况

在现实中，我国高校和科研机构的科研人员对科技成果评价、撰写商业计划书、培育专利组合、防范知识产权风险的意识和能力严重不足。因此，对科研人员开展创新创业辅导、指导撰写高质量商业计划书、防范知识产权风险具有十分重要的意义。

7.2　创业投资管理

我国很早就开始加强对以科技成果转化和知识产权运用为核心的创业投资管理。根据《中华人民共和国公司法》的规定，设立有限责任公司股东要符合法定人数。第二十四条规定，"有限责任公司由五十个以下股东出资设立。"第七十八条规定，"设立股份有限公司，应当有二人以上二百人以下为发起人，其中须有半数以上的发起人在中国境内有住所。"同时还要求有公司章程，有符合章程规定的全体股东认缴的出资额或实收股本总额，要建立符合要求的组织机构，要有公司住所等。

创新创业既是科技成果转化的重要途径，也是产业转型升级的重要方式。为促进创业投资公司的发展，国家发改委等十部门 2005 年 11 月 15 日制定了《创业投资企业管理暂行办法》。根据该办法，创业投资是指向创业企业进行股权投资，以期所投资创业企业发育成熟或相对成熟后主要通过股权转让获得资本增值收益的投资方式。创业企业系指在中华人民共和国境内注册设立的处于创建或重建过程中的成长性企业，但不含已经在公开市场上市的企业。该办法规定创业投资企业的备案条件是：①已办理注册登记。②经营范围符合规定。③实收资本不低于 3 000 万元，或者首期实收资本不低于 1 000 万元且全体投资者承诺在注册后的 5 年内补足不低于 3 000 万元实收资本。④投资者不得超过 200 人。其中，以有限责任公司形式设立创业投资企业的，投资者人数不得超过 50 人。单个投资者对创业投资企业的投资不得低于 100 万元。所有投资者应当以货币形式出资。⑤有至少 3 名具备 2 年以上创业投资或相关业务经验的高级管理人员承担投资管理责任。委托其他创业投资企业、创业投资管理顾问企业作为管理顾问机构负责其投资管理业务的，管理顾问机构必须有至少 3 名具备 2 年以上创业投资或相关业务经验的高级管理人员对其承担投资管理责任。

国家关于科技成果和知识产权在内的创业投资和创业投资企业的管理较为严格，对投资者的人数进行了严格限制，但对于科技成果和知识产权投融资项目本身没有提出要求。人数限制规定虽然降低了投资的风险，但也在一定程度上限制了科技成果和知识产权面向大众的投融资活动，造成一些区域股权交易市场、知识产权交易所公开募集资金促进科技成果和知识产权转化实施出现困难。为促进科技成果和知识产权创业，应研究适当扩大科技成果和知识产权投融资人数的可行性，以活跃知识产权投融资市场，同时要加强对科技成果和知识产权风险的管理，如可以利用投资和评估联动方式、面向认定的有经验投资人投资等方式降低风险。

7.3　创业引导基金

1.　中小企业创新引导基金

2007 年 7 月 6 日，科技部、财政部印发《科技型中小企业创业投资引导基金管理暂行办法》，支持引导创业投资机构向初创期科技型中小企业投资。现在该政策已并入到科技部技术创新引导基金的中。

该基金的引导方式有四种：阶段参股、跟进投资、风险补助和投资保障。引导资金来源为：中央财政科技型中小企业技术创新基金；从所支持的创业投资机构回收的资金和社会捐赠的资金。支持对象包括在中华人民共和国境内从事创业投资的创业投资企业、创业投资管理企业、具有投资功能的中小企业服务机构及初创期科技型中小企业。

创业投资企业申请引导基金支持应当具备下列条件：①经工商行政管理部门登记；②实收资本（或出资额）在 1 亿元以上，或者出资人首期出资在 3 000 万元以上，且承诺在注册后 5 年内总出资额达到 1 亿元以上，所有投资者以货币形式出资；③有明确的投资领域，并对科技型中小企业投资累计 5 000 万元以上；④有至少 3 名具备 5 年以上创业投资或相关业务经验的专职高级管理人员；⑤有至少 3 个对科技型中小企业投资的成功案例，即投资所形成的股权年平均收益率不低于 20%，或股权转让收入高于原始投资 20% 以上；⑥管理和运作规范，具有严格合理的投资决策程序和风险控制机制；⑦按照国家企业财务、会计制度规定，有健全的内部财务管理制度和会计核算办法；⑧不投资于流动性证券、期货、房地产业以及国家政策限制类行业。

创业投资管理企业申请引导基金支持应具备下列条件：（1）符合创业投资企业申报条件第①、第④、第⑤、第⑥、第⑦项条件；（2）实收资本（或出资额）在 100 万元以上；（3）管理的创业资本在 5 000 万元以上。

申请引导基金支持的中小企业服务机构需具备以下条件：（1）符合创业投资企业申报条件第⑤、第⑥、第⑦项条件；（2）具有企业或事业法人资格；（3）有至少 2 名具备 3 年以上创业投资或相关业务经验的专职管理人员；（4）正在辅导的初创期科技型中小企业不低于 50 家（以签订《服务协议》为准）；（5）能够向初创期科技型中小企业提供固定的经营场地；（6）对初创期科技型中小企业的投资或委托管理的投资累计在 500 万元以上。

申请引导基金支持的初创期科技型中小企业应当具备下列条件：（1）具有企业法人资格；（2）职工人数在 300 人以下，具有大专以上学历的科技人员占职工总数的比例在 30%以上，直接从事研究开发的科技人员占职工总数比例在 10% 以上；（3）年销售额在 3 000 万元以下，净资产在 2 000 万元以下，每年用于高新技术研究开发的经费占销售额的 5%以上。

2010 年 12 月 9 日，财政部、科技部印发《科技型中小企业创业投资引导基金股权投资收入收缴暂行办法》，引导基金股权投资收入包括：引导基金股权退出应收回的原始投资及应取得的收益；引导基金通过跟进投资方式投资，在持有股权期间应取得的收益；被投资企业清算时，引导基金应取得的剩余财产清偿收入。引导基金股权投资收入上缴中央国库，纳入中央一般预算管理。

2. 国家新兴产业创业投资引导基金

2015 年 1 月 14 日，国务院常务会议决定设立国家新兴产业创业投资引导基金，将中央财政战略性新兴产业发展专项资金、中央基建投资资金等合并使用，盘活存量，发挥政府资金杠杆作用，吸引有实力的企业、大型金融机构等社会、民间资本参与，形成总规模 400 亿元的国家新兴产业创投引导基金。该基金实行市场化运作、专业化管理，公开招标择优选定若干家基金管理公司负责运营、自主投资决策。为突出投资重点，新兴产业创投基金可以参股方式与地方或行业龙头企业相关基金合作，主要投向新兴产业早中期、初创期创新型企业。国家新兴产业创投基金收益分配实行先回本后分红，社会出资人可优先分红。国家出资收益可适当让利，收回资金优先用于基金滚存使用。通过政府和社会、民间资金协同发力，促进大众创业、万众创新，实现产业升级。

2016 年 6 月 21 日，国家发展改革委办公厅、财政部办公厅印发《国家发展改革委办公厅 财政部办公厅关于做好国家新兴产业创业投资引导基金参股基金推荐工作的通知》（发改办高技〔2016〕1509 号）。国家新兴产业创业投资引导基金主要投资的基金（以下简称参股基金）包括：地方政府出资（包括全额出资和部分出资）的新兴产业创业投资基金、行业龙头企业发起设立并出资的新兴产业创业投资基金。参股基金应由专业管理团队管理，发挥市场的决定性作用，通过股权投资方式，主要投资战略性新兴产业和高技术产业领域处于初创期、早中期且具有原始创新、集成创新或消化吸收再创新属性的创新型企业（投资此类企业的资金规模不低于参股基金总规模的 60%）发展。拟推荐的参股基金方案应满足以下要求：①参股基金总规模（各方认缴承诺出资总额，含地方政府出资）不低于 2 亿元。其中由地方政府出资的参股基金，社会出资不低于基金总规模的60%。②参股基金管理机构须已经完成工商注册，并在基金中认缴出资，出资比例不应低于基金规模的 1%，不支持推荐同一管理团队（实际控制人）发起设立多只基金。③参股基金出资人架构清晰明确，并详细披露。基金出资人基本落实并出具承诺出资函件。出资人对基金出资应自愿且满足本通知有关要求，严禁各类非法集资和出资人代持行为。④对于各地推荐的地方政府出资的新兴产业创业投资基金方案，参股基金主要发起人、托管银行应已基本确定，并已草签基金的相关协议且有一定的项目储备。

2016 年 7 月成立的国投创合国家新兴产业创业投资引导基金由财政部、国家发展改革委以及国家开发投资公司、中国邮政储蓄银行等出资人共同发起设立，实现了 178.5 亿元的基金募集规模，采取合伙制形式。这支引导基金 80% 的资金投资于从事新兴产业初创期、早中期领域投资的创业投资基金，20% 资金可直接投资于非上市成熟期企业。2016 年8 月中金资本运营有限公司投资成立的中金启元国家新兴产业创业投资引导基金管理有限公司注册成立，主要从事创业投资管理。

3. 国家中小企业发展基金

2015 年 9 月 1 日，国务院常务会议决定成立国家中小企业发展基金，基金的资金来源包括中央财政预算安排、基金收益、捐赠等。中央财政安排资金 150 亿元，分 5 年到位。基金主要用于引导地方、创业投资机构及其他社会资金支持处于初创期的小型微型企业等。国家中小基金的政策导向主要是面向新兴产业、民族特色产业（民族特色手工业、珠宝玉石、中医药、特色文化）。基金的运作方式主要采取"母基金"方式运作，与国内优秀创投管理机构形成战略合作，进行市场化投资。同时，国家中小基金还具有融资担保功能。

国家鼓励社会向基金捐赠资金，对向基金捐赠资金的企事业单位、社会团体和个人等，企业在年度利润总额 12% 以内的部分，个人在申报个人所得税应纳税所得额 30% 以内的部分，准予在计算缴纳所得税税前扣除。

4. 国家科技成果转化引导基金

2011 年 7 月 4 日，科技部和财政部发布《国家科技成果转化引导基金管理暂行办法》（财教〔2011〕289 号），明确转化引导基金的资金来源为中央财政拨款、投资收益和社会捐赠，主要用于支持转化利用财政资金形成的科技成果，支持方式包括设立创业投资子基金、贷款风险补偿和绩效奖励等。该基金选择符合条件的投资机构共同发起设立创业投资子基金，为转化科技成果的企业提供股权投资。

2014 年 8 月 8 日，《国家科技成果转化引导基金设立创业投资子基金管理暂行办法》（国科发财〔2014〕229 号）发布，规定子基金应当在中国大陆境内注册，募集资金总额不低于 10 000 万元，且以货币形式出资，经营范围为创业投资业务，组织形式为公司制或有限合伙制。引导基金不作为子基金的第一大股东或出资人，对子基金的参股比例为子基金总额的 20%～30%，子基金的其余资金应依法募集。子基金存续期一般不超过 8 年；在子基金股权资产转让或变现受限等情况下，经子基金出资人协商一致，最多可延长 2 年。在中国大陆境内注册的投资企业或创业投资管理企业（以下统称投资机构）可以作为申请者，向科技部、财政部申请设立子基金。申请者为投资企业的，其注册资本或净资产应不低于 5 000 万元；申请者为创业投资管理企业的，其注册资本应不低于 500 万元；并且应当确定一家创业投资管理企业作为拟设立的子基金的管理机构。子基金投资于转化国家科技成果转化项目库中科技成果的企业的资金应不低于引导基金出资额的 3 倍，且不低于子基金总额的 50%；其他投资方向应符合国家重点支持的高新技术领域；所投资企业应在中国大陆境内注册。子基金不得投资于已上市企业；不得从事担保、抵押、委托贷款、房地产（包括购买自用房地产）等业务；不得投资于股票、期货、企业债券、信托产品、理财产品、保险计划及其他金融衍生品；不得进行承担无限连带责任的对外投资；不得吸收或变相吸收存款，以及发行信托或集合理财产品的形式募集资金；不得向任何第三方提供资金拆借、赞助、捐赠等；不得从事其他国家法律法规禁止从事的业务。子基金存续期内，鼓励子基金的股东（出资人）或其他投资者购买引导基金所持子基金的股权或份额；同等条件下，子基金的股东（出资人）优先购买。对于发起设立的子基金，注册之日起 4 年内（含 4 年）购买的，以引导基金原始出资额转让；4 年至 6 年内（含 6 年）购买的，以引导基金原始出资额及从第 5 年起按照转让时中国人民银行公布的 1 年期贷款基准利率计算的利息之和转让；6 年以上仍未退出的，将与其他出资人同股同权在存续期满后清算退出。

2015 年 12 月 4 日，科技部、财政部发布《国家科技成果转化引导基金贷款风险补偿管理暂行办法》（国科发资〔2015〕417 号）。科技成果转化贷款应符合以下条件：①向年销售额 3 亿元以下的科技型中小企业发放用于科技成果转化和产业化的贷款；②贷款期限为 1 年期（含 1 年）以上。合作银行应具备下列条件：①在中国大陆境内注册，具有开展人民币贷款业务资格的银行业金融机构；②自身实力较强，服务网点较多；③资产状况良好，科技信贷管理机制较完善，具有较强的风险控制能力和较好的经营业绩，无重大违法违规行为。合作银行应明确科技成果转化贷款的条件、标准和程序等，并在转化基金及合作银行等网站上公布。对于符合条件的贷款，合作银行应在综合评审、合理定价、风险可控的条件下积极支持，降低贷款成本，提高贷款效率。对合作银行年度风险补偿额按照合作银行当年实际发放的科技成果转化贷款额进行核定，最高不超过合作银行当年实际发放的科技成果转化贷款额的2%。

2016年，科技部成果转化基金首批批复"北京国科瑞华战略性新兴产业投资基金""北京君联成业股权投资合伙企业""天创成果转化创业投资基金"等3支创业投资子基金。2017年，科技部再次推出8支创业投资子基金，规模合计超过170亿元，分别是：规模100亿元的"国投（上海）科技成果转化创业投资基金企业"，规模10亿元的"国投京津冀科技成果转化创业投资基金"，规模5亿元的"新能源汽车科技创新（合肥）股权投资合伙企业"，规模22亿元的"北京国科瑞华战略性新兴产业投资基金"，规模17亿元的"北京君联成业股权投资合伙企业"，规模10亿元的"苏州瑞华投资合伙企业"，规模约3.5亿元的"上海高特佳懿海投资合伙企业"，规模约2.9亿元的"天津天创盈鑫创业投资合伙企业"❶。2017年10月还批准转化基金设立上海绿色技术创业投资基金。

一些部门也在设立科技成果转化基金。2017年9月14日，中国科学院设立"中国科学院科技成果转化与知识产权运营基金"，基金首期规模为30亿元。在直接投资具有突出市场潜力的重点科技成果产业化项目的同时，围绕战略新兴产业、结合区域产业布局，设立30支子基金。基金展开项目遴选与投资，对接中科院成果转化项目500余个，达成投资意向项目近20个，签约投资项目10个，跟进院内成果转化项目百余个。2018年2月，中国科学院国科控股有限公司在武汉注册成立科技成果转移转化基金，采取"子基金+直投"业务模式，对中国科学院微电子所以研究所知识产权作价出资入股成立的芯长征科技有限公司进行投资，该企业是国内领先的功率器件设计企业，产品覆盖CoolMOS、IGBT、SGTMOS、SiC等新型功率器件。中国科学院科技成果转移转化基金于2018年11月完成对芯长征A轮3 000万元领投，该公司分别将其研发总部和封装产线子公司落地于给母基金出资的南京江宁区和山东荣成市，对接南京江宁区基金再为公司投资2 000万元。目前公司业务发展迅速，已整合上市公司大洋电机（002249）的模块封装产线，并将业务拓展至封装领域，于2020年1月完成7 100万元B1轮融资。

中国科学院使用财政资金建立了"弘光专项"，专门支持科技成果转化和知识产权运营。中国科学院计算技术研究所研发成功空天地一体化网络卫星移动通信芯片及终端设备，申请涵盖卫星通信协议软件、芯片架构、核心DSP、物理层算法等与芯片相关的核心技术专利300余项，突破了低功耗可重构芯片架构、微弱信号接收、节带化处理等关键技术，并实现批量化生产，解决了制约我国卫星移动通信产业高端核心器件供给瓶颈难题。基于终端芯片，推出了面向我国第一代卫星移动通信系统的手持、便携、车载、船载等多

---

❶ 顾海丰. 国家科技成果转化引导基金发展现状［J/OL］.（2017-03-25）［2022-08-30］. https://xueshu. baidu. com/usercenter/paper/show?paperid=1e0k0a70cg290gv0mk6p00d0tg050120&site=xueshu_se22 50.

型终端设备。面向特种领域，实现了手持终端 CP 模块量产，研制了基于 VPX 平台的特种终端原型样机，并在特定领域实现规模应用，面向民用领域，研制了民用卫星终端，实现与国内地面移动通信手机话音及短消息的互联互通。项目成果由中科晶上有限公司实施产业化推广，已经在重大事件保障、边远地区信息覆盖等领域得到了成功应用。目前，卫星移动通信终端芯片及其相关成果已实现亿元级规模的直接销售收入，间接经济效益达数十亿元，促进了我国卫星移动通信技术和产业的发展，全面支撑了卫星移动通信系统建设。为推进产业化，中国科学院计算技术研究所 2017 年 12 月与南京市政府签署战略合作协议，共建国家卫星移动通信与计算创新与产业化基地，南京市政府首期投入 2 亿元，弘光专项项目转阶段后拟再投入 5 亿元，江苏省、南京市首期给予 500 亩土地的支持。2018 年 2 月，中科院计算所与南京麒麟高新区管委会联合成立了中科院计算技术研究所南京移动通信与计算创新研究院，并被列为南京市新型研发机构、江苏省新型研发机构，获得江苏省市两级数千万元重点项目支持和《江苏省高技术发展重点项目计划（2018—2020 年）》35 亿元规划投资。在中国科学院弘光专项的支持下，中科晶上作为项目产品研制和市场推进的产业化主体，在卫星移动通信信关站、测试仪表等方面实现了技术转移转化和产品规模化应用，已发展成为国内领先的卫星移动通信系统综合方案提供方。

无论是中小企业创业引导基金，还是国家战略性新兴产业创业引导基金，大多是对创业投资企业的投资，少部分是对风险投资基金的投资，只有很少部分是对企业的直接投资。目前的引导基金对早期的创新创业支持明显不足，即使是科技成果转化引导基金及子基金也是如此。同时，各类国家创业引导基金对享受政策的创投企业或传统管理企业要求门槛都比较高，支持的企业往往是已经过了资金困难时期的发展较好的企业。我国需要转变政府各类创业引导基金的支持方式，加强对种子期风险投资企业的引导和支持。

7.4　科研人员创新创业

科技人员创新创业对实现发展动力转换和经济转型升级至关重要（张明妍 等，2017）。根据中国科协 2018 年对全国 18 629 位来自高校、科研院所、企业等单位的科技工作者关于创新创业的调查，2013—2016 年，我国科技工作者中只有极少数人真正创业，2016 年仅有 1.9% 的科技工作者已经开始创业。即使在发达国家，中小高新技术企业创业的失败率也高达 70%。创新创业失败的主要原因在于技术、市场、管理都存在很大的风险。

一是技术和知识产权风险。科研人员创业最大的风险是技术和知识产权风险。技术成果总体先进性和成熟度不高是突出问题。大多数科研人员并不掌握技术的全部知识产权，技术本身的知识产权质量还可能较低，科技人员往往不具有识别知识产权风险的能力，导致创新创业知识产权侵权，或者技术无法得到有效知识产权保护。

二是科技成果转化过程风险。科技成果转化过程较长，存在很多风险。科技成果转化需要经过工程化、熟化集成、样品化、产品化、商品化的过程，甚至概念验证、规模化和获取产业主导收益的过程，每个环节都存在很大风险。

三是新产品更新过快风险。科研人员科技成果和知识产权创新创业的主要领域在高新技术领域，高新技术尤其是信息通讯和互联网技术更新速度很快。科技成果和知识产权投融资过程较长，往往错过最佳生命周期，或者科技成果本身有效生命周期较短。

四是岗位权益无法获得的风险。近年来，我国出台了一系列鼓励科研人员兼职和创新创业的政策，但实践中很多单位将科研人员按干部管理，一些单位还将科研人员离岗创业按不在岗进行纪律处分处理。很多单位缺乏相应的制度，对兼职或离岗创业科研人员的社保、档案、晋级等缺乏明确规定，一些单位往往要求科研人员将兼职和创业备案审批和公示，也造成科研人员对创新创业存在顾虑。随着中科院和许多大学聚焦主责主业，以科技成果作价出资创办企业的越来越少。

五是国有资产流失的风险。由于目前的职务科技成果及其知识产权仍属于国有资产，而国有资产所有权属于国家，多数高校和科研机构虽然是职务科技成果知识产权的申请人或权利人，国家虽然将职务科技成果和知识产权作价出资国有股权转让、无偿划拨和清算等审批备案的权利下放给主管部门，但由于国有资产报告制度，股权转让仍存在事实的审批备案制度，很多高校和科研机构在知识产权作价入股过程中仍心存国有资产流失的顾虑。尤其是相关法律法规对奖励报酬的法律属性规定不明确，一些高校和科研机构担心直接将获得奖励的职务科技人员注册为股东会有国有资产流失的风险。

六是资金链断裂风险。在创业过程中科研人员遇到谈投资的人多，但实际能投资的人少，很多项目初期能获得投资但经营过程中很难获得新投资。科技工作者反映创新创业的主要问题是缺乏资金、融资困难。很多科研人员因为资金流断裂而退出创业。北京市大量的中小高新技术和创新型中小企业申请政府部门的知识产权商业化资金等各类资助，虽然数额不大，但也反映了企业资金不足的现实问题。

由于高校、科研机构的科研人员本职工作是科研和教学，虽然赋予科研人员拥有职务科技成果所有权能够促进创新，促进科技成果与知识产权的作价入股，但科研人员很难解决上述风险。高校和科研机构科研人员创新创业亟须专业化的知识产权管理、技术转移和种子期投资。在科研人员创新创业过程中，由内部专业化技术转移机构对披露的发明进行评估，对申请的专利文件进行权利强化设计、布局组合和质量管理，能够大大降低科技成果转化和知识产权实施运用的风险。必要的时候内部技术转移机构建立的种子资金可以对职务科技成果和知识产权进行早期投资，解决创业初期资金困难的问题。所以，高校、科研机构虽然可以在一定条件下将创新创业的科技成果所有权或长期使用权下放给科研人员，但仍然需要建立内部专业技术转移部门，为知识产权管理提供高水平的服务。其中最关键的问题是要解决各方的利益平衡问题，职务科技成果所有权归单位会造成职务科技成果完成人收益比例较低，所有权归职务科技成果完成人个人却会产生较多的创新创业风险。这就需要对科技成果和知识产权的价值进行科学评估，确定职务发明人合理收益的比例。因此，不能否定下放科技成果所有权或长期使用权的作用，对职务科技成果完成人下放科技成果所有权或长期使用权等于给予了科研人员创新创业的选择权，其在科技成果转化和知识产权创新创业过程中完全可以选择内部或外部的知识产权和技术转移服务机构提供专业服务。所以，不能简单地像国外多数高校和科研机构技术许可办公室或技术转移公司那样，不允许职务发明人参与技术转移过程，剥夺发明人参与技术转移谈判和实施发明的权利，而且职务发明人只能获得许可收入或股权收益扣除成本后的三分之一，最高不超过 50%。

7.5　知识产权互联网投资

众筹（Crowd Funding）是基于互联网的一种大众风险投资筹集活动，也是一种近年兴起的投融资方式。知识产权众筹是由知识产权项目发起人、跟投人、平台三方构成的知识产权投融资模式，具有投资人多、新创性强、筹资便利、回报率较高等特征。在许多知识产权众筹活动中，投资者不仅为知识产权项目进行融资，而且还积极参与知识产权项目实施，为知识产权项目的实施出谋划策。

知识产权众筹通过 P2P 或 P2B 平台的协议机制使知识产权投融资成为可能。知识产权众筹由知识产权众筹项目发起人在平台上展示项目，投资人利用在线支付方式对自己感兴趣的知识产权项目进行小额投资。知识产权众筹项目发起人获得资金实施知识产权，并以知识产权项目形成企业的股权、债券、分红、利息、产品等回报出资人。

知识产权众筹可以分为四种模式。一是知识产权产品众筹。产品众筹是一种产品回报类众筹，其形式为"团购+预售"，筹资人在完成项目研究开发，并申请知识产权保护但项目还没有实施的情况下通过众筹平台先行筹资，筹集到一定资金后生产知识产权产品，然后按承诺给予投资者一定数量的产品回报。这种方式可以让创业者获得来自于预购知识产权产品人的投资，投资人通过众筹获得预定的产品回报。

二是知识产权股权众筹。投资人将资金以股权方式投入筹款人以知识产权项目设立的企业，获得相应的股权，在该企业上市、转让、兼并收购后或清算后获得相应股权收益。根据证监会规定，股权众筹又分为股权众筹和互联网非公开股权融资。股权众筹可促进科技成果和知识产权的早期创业，促进具有知识产权的初创型企业发展，解决小微企业融资难题。但这种模式创业成功的概率较低，风险较大。

三是知识产权债权众筹。知识产权债权众筹由发起人成立知识产权项目或公司，通过众筹平台向公众借款，借款人取得知识产权项目或公司一定比例的债权，该公司还本付息或者根据约定在一段时间后还本付息。该模式表现形式是借钱集资，这种形式很容易出现集资诈骗，因此管理也较为严格。

众筹平台是知识产权投融资项目发起人的监督者和辅导者，还是出资人的利益维护者。众筹平台要有网络技术支持，要在项目上线之前进行细致的实名审核，并且确保项目内容完整、可执行和有价值。在项目筹资成功后要监督、辅导和管理项目的实施。当项目无法执行时，众筹平台有责任和义务督促发起人退款给出资人。

2016 年 5 月 6 日，中国高新区研究中心通过科技部火炬中心发布《科技部火炬中心关于协助开展众创、众筹、众包平台调查工作的函》（国科火函〔2016〕15 号），开展了全国众筹、众包平台发展现状的专项调查（朱长海，2016）。根据该调查，参与调研的拥有众筹业务的 140 家平台型企业绝大多数开展的是产品或项目众筹业务，开展股权众筹业务的仅占 1/4 左右。投资人退出的方式主要是股权转让，如创始人回购股权或者是向下一轮投资的投资机构转让股权。众筹平台上的投资人，尤其是专业天使投资人和机构投资人，普遍会选择持有股权到下一轮融资或上市，由于众筹平台成立的年限一般少于三年，而一个创业项目获得 B 轮、C 轮融资需要三年甚至更长时间，所以实际投资人退出的比例并不高，大多数处于项目持有期。

知识产权众筹平台经营普遍较为困难。调查结果显示，由于存在严重的信息和风险不对称问题，知识产权众筹项目由于网上募集资金难度大、合格投资人缺乏、政策法规缺失等问题，项目质量不高的占大多数。同时，投资人收益低、股权退出机制不完善、平台风险管控难度大等，也是较突出的问题。

目前的众筹平台还存在明显的知识产权问题。一是知识产权泄露问题。在项目资金筹集阶段，投资者或借款人希望能够最大限度地了解项目情况，以判定项目是否具有投资价值，而众筹方会担心披露过多信息会导致其创意被抄袭。在资金投入后，投资方希望了解项目经营情况，而众筹方为了保密需求则希望尽量少地披露信息。二是知识产权质量低问题。一些项目市场前景不好，缺乏知识产权，或者知识产权质量不高。根据对北京市海淀区和丰台区 2016 年和 2017 年知识产权投融资成功并申请政府专利技术商业化资助项目的分析，相当比例项目的知识产权质量尤其是专利质量不高，知识产权保护范围过窄，缺乏有效的知识产权组合尤其是专利组合，存在较大的投资风险。三是存在知识产权保护困难问题。众筹项目本身多是创意类、个性化项目，虽可以形成著作权、技术秘密专有权，但很难形成专利权。众筹方不公布项目创业和设计方案很难获得投资，如果将创意方案、商业计划书等放在众筹平台上公布，则项目知识产权很容易被他人免费使用。如果投资人实力较强，项目可能会被实施，但无法主张知识产权权利。

目前，我国已有一些知识产权服务机构开始涉足知识产权众筹项目。如 2015 年 4 月 20 日在广州股权交易中心成立的"广州知商互联网科技有限公司"。该公司就是"汇桔网"，运营主体为"广州博鳌纵横网络科技有限公司"。该公司有四种知识产权金融产品：知商创新券、知商交易宝等。知盈商平台是一个知识产权众筹平台，投资人授权该平台进行投资，该平台将投资人的投资分散投资到平台的知识产权项目，资金回款后可自动投资到其他项目。如有资金期转需求，可申请债权转让退出。首月约定年化利率为 7%，月增 0.5%，最高约定年化利率为 12%。后来，该知识产权众筹项目停止运行。

知识产权众筹还存在法律风险问题，众筹的人数不确定，但按照有限责任公司或股份有限公司的规定，参与投资的人不能超过 50 人或 200 人，一些众筹项目可能会超过这个人数限制，违反了相应法律规定。众筹项目虽不复杂，但存在较大风险，因为大多数众筹平台缺乏投资人投资失败后的风险化解机制。要促进知识产权众筹的发展，就要制定相应的法律政策，规范众筹平台和投资人的资格条件，制定知识产权风险评估和防范规定，制定投资失败风险分担机制，如知识产权转让拍卖、投保和政府担保等。

7.6　种子资金

　　种子资金是支持科技人员创新创业的投资资金，更是对科技成果和知识产权进行早期投资孵化最重要的资金。通过种子资金支持，可以破解利用职务科技成果和知识产权的科研人员创新创业缺乏资金的问题，可以识别和培育一批优质知识产权投融资项目。种子资金一般以无偿资助、股权投资、融资担保、融资补贴等方式支持知识产权作价出资项目。种子资金的股权投资分独立投资和联合投资两种，独立投资一般为 50 万~200 万元，联合投资一般为 50 万~100 万元，联合投资一般不做最大股东，不参与管理，投资期一般为 3 年。种子资金可以对银行贷款进行担保，对创投机构投资提供担保，最高限额一般为 100 万元，担保期限最长 2 年。种子资金的贷款贴息补贴一般按实际利率贴息，时间最长不超过 3 年。如《佛山南海区粤港合作创享蓝海孵化器管理办法》规定，政府建立种子资金，对创享蓝海孵化器内的项目提供支持，支持方式包括无偿资助和股权投资，无偿资助最高可达 50 万元，独立投资的资助金额最高可以达到 200 万元，联合投资最高可达 100 万元。温州市大学科技园孵化器种子资金独立投资的金额最高达 50 万元，联合投资最高达 50 万元但不超过总投资额的 30%；对初创企业银行贷款进行担保金额可达 100 万元，时间 2 年，对创投机构投资担保 50% 的银行贷款。

　　政府部门所建立的种子资金一般由政府投资公司负责，对初创企业的要求比较高，除了要求知识产权项目技术先进和成熟外，一般还要求项目市场前景好、完成中试、能够形成新的产业，有些还要求是已经成立并处于三年孵化期内的科技型中小企业。这些政府部门或者社会的种子投资仍属于外部资金，仍然存在投资中技术与知识产权转移转化信息不对称问题和风险不对称问题，投资的积极性往往较低，投资成功的概率因此不高。这些资金仍然没有解决知识产权项目的早期投资问题。早期的种子资金只有通过高校和科研机构内部的种子资金才能建立。

　　高校和科研机构建立的内部技术转移机构的种子资金是对早期技术和知识产权进行支持的投资资金，也是促进高校和科研机构科技成果与知识产权转移转化的重要途径。种子期投资一般在完成技术开发且已申请知识产权保护阶段开始投资，解决了外部社会风险资金投资高校、科研机构技术和知识产权较晚的问题。虽然有人认为国外大多数技术转移机构资金不足和人手不足，永远不会盈利，耗尽有限的大学资源，并可能阻碍创新和知识转移，让其拥有所有权并将研究结果商业化是无效和低效的（Kenney，2009），但由于高校和科研机构的内部技术转移机构的种子资金对自己的技术和知识产权有深入了解，开展了发明披露评估和专利申请评估、专利许可谈判，能够解决信息和风险不对称问题，现仍然成为一种风靡全球多数高校和科研机构的技术与知识产权转移转化模式。

　　我国也有很多高校和科研机构认识到种子投资对技术转移与知识产权运用的重要性，纷纷成立投资基金。例如，中国科学院西安光机研究所建立了所内行政部门、技术转移公司、西科基金与孵化器运营公司三层新型科技创新基本组织架构。该所内行政部门负责知识产权及科技成果转化流程管理协调工作，技术转移公司为该所全资资产管理公司，负责科技成果转化工作的具体实施，西科基金和孵化器运营公司由该所和中国科学院控股有限公司联合社会资本发起创办的"硬科技"创业投资孵化平台，该所参股不控股，只占 3% 股份。到 2017 年 6 月，西科天使基金已完成投资项目约 180 个，累计投资额达 12 亿元。

教育部、国家知识产权局、科技部 2020 年 2 月 3 日出台的《教育部 国家知识产权局 科技部关于提高高等学校专利质量促进转化运用的若干意见》（教科技〔2020〕1 号）提出："支持有条件的高校建立健全集技术转移与知识产权管理运营为一体的专门机构，在人员、场地、经费等方面予以保障"；要求"设立知识产权管理与运营基金。支持高校通过学校拨款、地方奖励、科技成果转移转化收益等途径筹资设立知识产权管理与运营基金，用于委托第三方专业机构开展专利导航、专利布局、专利运营等知识产权管理运营工作以及技术转移专业机构建设、人才队伍建设等，形成转化收益促进转化的良好循环"。国家知识产权局、中国科学院、中国工程院、中国科学技术协会 2021 年 3 月 31 日发布的《国家知识产权局 中国科学院 中国工程院 中国科学技术协会关于推动科研组织知识产权高质量发展的指导意见》（国知发运字〔2021〕7 号）也提出："有条件的科研组织可建立独立的知识产权管理和运营机构"；"发挥财政资金的杠杆作用，带动社会资本投入，鼓励利用科技成果转移转化收益，筹资设立知识产权管理和运营基金"，但均并未要求内部专业化技术转移与知识产权运营机构建立种子资金，更没有要求内部专业化技术转移与知识产权运营机构建立知识产权管理、技术转移和投资资金之间"相互合作、项目约束"的运行机制。

国内外的经验证明，只有在高校和科研机构内部技术转移机构建立种子资金才是解决技术和知识产权早期转移转化和实施难问题的基本途径。只有种子资金能够解决技术转移和知识产权运营中的信息与风险不对称问题。种子资金只有与技术转移和知识产权运营团队形成"相互支持、相互制约"的机制，才能解决技术是否能够转移转化，知识产权是否有质量和风险，以及如何引导外部投资等问题，才能提高种子期投资成功的概率。我国许多高校和科研机构虽然建立了种子资金，但种子资金没有与发明披露评估和专利申请质量与布局评估紧密结合，没有参与早期技术评估，因此在解决信息和风险不对称问题上还存在不小差距。

7.7　小结

为促进创新创业和知识产权投融资的发展，需要进一步加大知识产权创新创业的政策支持力度。一是要提高科研人员离岗创业、在岗创业的积极性，打消科研人员关于国有资产流失、影响本职工作、担心受骗或者浪费时间等各种顾虑，对有创新创业能力的科研人员实现真正的松绑。

二是要深化高校和科研机构技术转移和知识产权管理体制机制改革。以相关文件出台为契机，积极推动高校和科研机构建立技术转移、知识产权管理和种子资金投资功能"三合一"的内部技术转移和知识产权运营机构，内部机构要建立种子期投资资金，对于适合投资的技术和知识产权，通过种子资金投资方式引导社会资本投资，推进知识产权转化实施。我国高校和科研机构内部专业化技术转移和知识产权运营管理机构还应开发知识产权投资评价方法，形成技术和知识产权项目投资前"相互合作"和"相互约束"的机制。对于知识产权作价出资成立的企业，高校和科研机构一般不做大股东，不做董事长，职务科技成果完成人一般不做企业首席执行官，但高校和科研机构要派人参与企业管理，尤其是选派科研人员主导或参与企业研究开发工作。

三是要优化政府支持政策。政府知识产权运营资金、创业引导基金和科技成果转化基金及子基金应通过直接资助方式支持高校和科研机构建立技术转移办公室，比如试点高校和科研机构每年投入建设经费 30 万~50 万元，投入 5 年左右，主要用于招聘和培养技术转移和知识产权运营人才、投资人才。要通过母基金投资扩大种子资金规模，母基金投入种子资金的规模最高可达 30%。要建立知识产权运用担保基金，为高校和科研机构投资的技术和知识产权项目提供担保，担保额度可以达到投资额的 50%。

四是要优化知识产权权利归属制度。根据创新的规律，财政性资金形成的用于转让许可、单位实施、重大转化项目的科技成果和知识产权应下放给单位。但是，横向项目、小项目、知识产权权属清晰项目，或者对国家战略需求等影响不大的项目，如果符合公开公平透明原则，科研人员创新创业的基础条件比较好，职务科技成果所有权及知识产权也可以进一步下放给科研人员个人。

第8章

知识产权投融资法律风险与责任

知识产权投融资是一个复杂的技术和权利转移转化的过程，存在较多的技术、市场、法律和管理的风险，任何风险都可能会导致知识产权投融资项目的失败。同时，我国相当部分科技成果和知识产权属于财政资金支持形成，知识产权投融资中还存在国有资产流失风险、关联交易问题和领导者责任问题。准确把握和降低各种风险，明确相应责任是促进知识产权投融资健康发展的关键。

8.1 知识产权投资风险

在知识产权投融资过程中，会遇到各种风险和问题。除了知识产权权利人和投融资方对接不畅，科研人员岗位权益无法保障，国有资产流失，资金链断裂等风险外，知识产权投融资容易忽略或者较难识别的风险主要是技术风险、法律风险、市场风险和管理风险。这些风险是知识产权投融资项目都会遇到的风险，是必须降低的风险。

1. 技术风险

具有知识产权的技术变成市场销售的商品需要经历一系列过程，会出现一系列可能导致技术产品化失败的风险，这些风险主要包括研究开发失败风险、技术寿命过短风险。

技术研究开发是一个研究开发资源投入和要素组合的过程，具有较高的不确定性和风险性，加上许多企业不懂或不会利用技术预见或技术预测方法，不能掌握未来技术发展方向，导致一些企业技术研究开发偏离主流技术轨道。同时，由于研究开发中小试与中试、放大试验和规模化生产存在巨大差异，技术研究开发在小试、中试、放大试验等过程中存在较大的失败可能。最突出的问题是专利检索不够导致专利技术缺乏新颖性，技术研发水平不高导致专利技术缺乏创造性，对实用性判断不准确导致专利技术缺乏市场。根据国家知识产权局的一项研究，我国发明专利因新颖性和创造性造成全部或部分无效的比例超过80%。到目前为止，很多企业仍然存在研发活动缺乏规划与方法的问题，尤其是很多企业不会利用知识产权信息检索分析来降低技术研发的风险、提升技术研发的质量。

技术寿命短也是影响技术和知识产权转化实施的一个重要风险。若技术开发周期过长，或者技术更新速度过快，技术寿命远小于同类技术寿命或者合理技术寿命，则会产生多方面的问题。如投资专利技术生产的专利产品尚未进入市场阶段即被新技术新产品替代，或者进入市场阶段时间不长就被新技术新产品替代，投资者无法收回投入的资金；专利出质后，质权人尚未收回成本，该专利就丧失市场价值，若出质人仅仅考虑商业价值，则会增加道德风险的概率，此时贷款是否能够收回取决于出质人自身的还款意愿。

2. 法律风险

知识产权投融资的法律风险主要是知识产权质量风险和知识产权侵权风险。如专利存在创造性问题和文件撰写质量问题，专利可能不是核心专利、技术标准必要专利，专利技术产品即使开发成功也会由于上述问题而无法对主导产品产生垄断性和控制力。目前，专利创造性不足、权利要求保护范围过窄是我国专利质量最突出的问题，专利创造质量不高会直接导致产品先进程度不高，缺乏市场吸引力。专利撰写质量不高，会导致专利权不稳定，很容易被宣告无效，又白白公开技术。据观察，有相当一部分知识产权投融资项目存在专利撰写质量问题，尤其是已获得授权的专利范围过窄，很容易被他人规避设计，导致专利无法有效保护主导产品，最终导致知识产权投融资项目出现风险。

知识产权侵权是知识产权投融资项目出现困难或失败的一个重要风险。知识产权投融资项目中的专利侵权风险分为两类：一是纵向侵权，由于专利技术前后交叉导致在后实施的专利造成对在先专利的侵权；二是横向侵权，由于没有掌握专利技术商业化中的全部专利权或其他知识产权，导致需要使用他人的专利技术或其他知识产权技术时形成对他人知识产权的侵权。我国目前知识产权投融资项目和科技成果转化中很少关注横向侵权问题。知识产权投融资项目中的技术秘密侵权，主要是创业团队成员来自其他企业或单位，有可能在投融资项目中使用了原单位采取了保密措施的有价值的技术信息，使用了他人的保密技术信息就会存在较大的商业秘密侵权风险。

3. 市场风险

知识产权投融资项目的市场风险主要是知识产权评估不准风险和投资失败风险。由于知识产权类无形资产自身存在较大的不确定性，加上多数知识产权评估机构不能准确把握知识产权评估的特点和规律，简单采用有形资产评估模式，生硬套用评估方法，知识产权评估的价格基本上是根据客户的要求倒推的评估，评估的真实性难以保障。尤其是一些评估机构对市场预测较为随意，成本费用归集计算粗放。知识产权价格评估不准，直接导致知识产权作价出资形成股权、银行发放贷款额度出现困难，如果出现差异还会导致评估风险。

目前，我国知识产权投融资产生风险的主要原因在于权利人缺乏获得投融资的渠道和能力，投融资机构缺乏高水平的知识产权投融资专业人才。很多投融资中介机构缺乏基本的知识产权分析能力，缺乏对知识产权直接投资的能力。知识产权投融资项目的商业计划书或可行性研究报告对项目投融资规模和投融资的重点、阶段分析不准确，造成资金不足或者浪费，从而可能造成损失。我国支持专利技术商业化的投融资政策也存在不足，我国实行创投、风投企业 70% 投资额税前列支政策，但该政策具有较强的选择性，对被投资企业采取"规模"和"高新"双重标准，符合两个标准的企业很少，这导致不少创投、风投企业享受不到该政策。

4. 管理风险

现在很多技术和知识产权投融资项目较少关注管理风险。现有知识产权项目的可行性研究报告或商业计划书、知识产权价格评估报告等大多缺乏对实施知识产权投融资项目企业管理的评估。由于知识产权投融资项目的复杂性，只有高水平团结协作的管理团队才可能将知识产权投融资项目顺利实施。我国目前科技成果转化率低、新创业企业死亡率高，这在很大程度上是由于管理团队存在问题。管理团队领导人缺乏战略思维与凝聚力、知识水平与能力不高、不重视知识产权管理，管理团队缺乏协作配合是产生管理风险的主要原因。知识产权权利人往往将自己的技术和知识产权视为宝贝，抬高知识产权价格，而投资人往往横加挑剔，压低知识产权价格。在知识产权投融资项目实施过程中，也会存在投资人和科研人员关于产品研发重点、长期利益与短期利益等意见不一致的问题，甚至出现一些投资人团队逼走科研人员、侵占知识产权作价出资形成的股权情况，当然也存在科研人员不提供专有技术或者隐性知识或者不进行新的研发导致合作不下去的风险。知识产权投融资项目中投资人与科研人员在合作中的性格特征、纠纷解决机制、领导人的团结协作能力都极为重要。

为降低知识产权投融资项目的风险，需要开展知识产权尽职调查，提出独立的知识产权投融资项目的知识产权尽职调查报告。为深入推进"弘光专项"，中国科学院制定了《中科院科技成果转化项目知识产权尽职调查指南》，开发了知识产权尽职调查评价指南和评价指标体系，评价指标涵盖技术先进性、成熟性，知识产权质量，知识产权组合和标准的关系，主要知识产权管理人员的管理能力，产品的市场成长率、渗透率、替代率等内容，中国科学院科技促进发展局各专业处针对"弘光专项"开展高水平尽职调查，撰写知识产权尽职调查报告，有力支撑了中国科学院的科技成果转移转化。清华大学 2016 年制定了《科技成果处置尽职调查办法》，对标的技术情况、技术受让人、交易方案、审批程序等进行了规范。技术情况调查包括知识产权权属、知识产权法律状态、权利限制情况、法律纠纷情况、技术先进性、涉外涉密情况等。技术受让人情况调查包括股权结构与实际控制人、资信和经营情况、与学校关联情况等。交易方案调查与分析包括产业宏观经济和行业情况、交易形式、价格、关联关系等。审批程序合规性调查遵循成果完成人、院系、学校的顺序开展，当科技成果完成人及审批人员与项目存在利益关系时，需进行回避。尽职调查由技术转移专员负责开展，并编制尽职调查报告，经分管副主任审查同意后报主任审批。涉及重大复杂项目委托第三方专业机构开展部分尽职调查的，由第三方机构出具书面报告或意见。尽职调查报告编制完成并经审批通过后，方可将科技成果处置方案提交学校知识产权管理领导小组会议审议。❶

---

❶ 教育部科技司. 教育部科技司关于印发首批高等学校科技成果转化和技术转移基地典型经验的通知［EB/OL］.（2020-04-17）［2022-8-30］. http://www.moe.gov.cn/s78/A16/tongzhi/202004/t20200417_444200.html.

8.2　关联交易

市场经济中关联交易普遍存在，对一个企事业单位的发展具有重要影响。根据财政部 2006 年 2 月 15 日发布的《企业会计准则第 36 号——关联方披露》规定，一方控制、共同控制另一方或对另一方施加重大影响，以及两方或两方以上同受一方控制、共同控制或重大影响的，构成关联方。根据财政部的《企业会计准则第 36 号——关联方披露》，关联方包括：①该企业的母公司；②该企业的子公司；③与该企业受同一母公司控制的其他企业；④对该企业实施共同控制的投资方；⑤对该企业施加重大影响的投资方；⑥该企业的合营企业；⑦该企业的联营企业；⑧该企业的主要投资者个人及与其关系密切的家庭成员；⑨该企业或其母公司的关键管理人员及与其关系密切的家庭成员；⑩该企业主要投资者个人、关键管理人员或与其关系密切的家庭成员控制、共同控制或施加重大影响的其他企业。《企业会计准则第 36 号——关联方披露》还规定了关联方交易通常包括的类型：①购买或销售商品；②购买或销售商品以外的其他资产；③提供或接受劳务；④担保；⑤提供资金（贷款或股权投资）；⑥租赁；⑦代理；⑧研究与开发项目的转移；⑨许可协议；⑩代表企业或由企业代表另一方进行债务结算；⑪关键管理人员薪酬。

近年来，我国高度重视科研经费和科技成果转化中的关联交易问题。《教育部 财政部关于加强中央部门所属高校科研经费管理的意见》（教财〔2012〕7 号）规定，涉及外拨经费的，必须充分论证并严格审核合作（外协）单位和参与人员与科研项目的相关性以及关联交易的公允性。为规范关联交易行为，规范科研人员使用科研经费和知识产权作价出资公司的关联交易，中国科学院 2018 年出台了《中国科学院关于加强科研项目关联业务管理的暂行规定》，明确指出，"关联业务是指课题承担单位委托具有关联关系的企业或单位提供有偿业务的行为，包括委托任务、采购、化验加工、试制改造等"；"关联业务方是指院内各课题承担单位、课题承担单位参与投资的企业、课题承担单位职工参与投资的企业和特定关系人参与投资的企业"；"特定关系人是指课题承担单位职工的近亲属，以及其他共同利益关系人（包括在职人员的学生、老师等）"。

由此可知，科技成果转化和知识产权投融资过程中存在关联交易，课题承担单位与投资所办企业、科研人员与持股企业、科研人员与特定关系人所办企业都存在关联关系。上述政策明确规定了关联业务处理的原则：专款专用原则、以预算为依据原则、真实性原则、必要性原则、公平公正公开原则、独立交易原则，并规定，课题承担单位应建立关联业务管理制度，原则上禁止与本单位职工个人投资的企业（公众公司除外）开展业务，以避免利益输送；原则上限制与特定关系人投资的企业开展关联业务，确有必要发生关联业务的，应在签订合同或业务发生前进行申报，并在单位范围内公示，同时签订书面承诺函，承诺真实性和不存在利益输送行为；与课题承担单位投资的企业开展业务，应完善内部控制管理，加强对其承担业务的资质和能力进行审核管理，完善内部审批程序。

《中国科学院关于加强科研项目关联业务管理的暂行规定》还规定，课题承担单位应建立职工利益冲突回避制度，应主动回避的情形包括：①本单位职工不得以外部企业名义，承接课题的关联业务谋取或为他人谋取不当利益，不得为特定关系人从事营利性活动提供便利和优惠条件；②在涉及课题的设备、材料等采购、测试化验加工等事项招投标时，与投标方存在关联关系的单位职工或特定关系人应事先声明，并采取回避制度，同时不得对审核和决定等环节工作施加影响；③单位职工不得利用职权或者学术上的影响，以暗示、授意、指定、强令等不当方式，影响课题关联业务审批的正常开展。课题承担单位还应建立职工利益冲突回避制度、关联业务公示制度。

浙江大学 2019 年制定的《浙江大学科技成果转化审批细则》（浙大发科〔2019〕15号）明确了交易关联方的确认标准，主要包括：①股东/实际控制人：科技成果完成人或其亲属为受让方法人或受让方直接或者间接控制的法人的股东或实际控制人；②任职：科技成果完成人或其亲属在受让法人或受让方直接或者间接控制的法人任法定代表人、董事、监事或高级管理人员（亲属是指夫妻、直系血亲、三代以内旁系血亲或者近姻亲，包括但不限于配偶、父母、子女及其配偶、兄弟姐妹及其配偶，配偶的父母、兄弟姐妹，子女配偶的父母等）；③收益/收入/消费：科技成果完成人接受受让方任何形式的收入或享受受让方提供的任何形式的收益分配、消费（包括已发生或在将来发生）；④其他：科技成果完成人与受让方之间，或与受让方直接或者间接控制的法人之间，存在可能导致科技成果转移转化利益转移的其他关系。《浙江大学科技成果转化审批细则》还规定，与关联方进行的科技成果转移转化，科技成果完成人负有主动、充分披露该关联交易的义务，并承担不实披露的法律责任。科技成果转移转化涉及关联方且拟采取协议定价方式确定交易价格的，科技成果完成人须做论述说明，经所在单位审批后学校可一事一议。

清华大学采取四项措施规范关联交易方面。第一，明文禁止不公正的关联交易。《清华大学关联交易管理办法》中明确规定，成果完成人与审批人员在科技成果处置过程中不能进行不公正的关联交易，不能进行利益输送，不能利用职权或者影响力干扰科技成果处置的公平、公开和公正性。第二，建立关联关系披露、回避等制度。成果完成人在申请科技成果处置时应当如实披露与技术需求方是否存在关联关系，如果存在关联关系的，在商务谈判、拟订方案等处置程序中应当回避。第三，采取交易模式限制措施。对成果完成人现金出资设立企业与学校开展技术合作的，一般不进行转让入股等涉及知识产权所有权变动的合作，仅给予普通许可。第四，开展培训，提高合规和风险意识。以各种形式组织开展宣传培训活动，宣讲国家和学校政策，鼓励和引导成果完成人熟悉规则，增强风险意识。

由上述规定可以看出，国家层面并没有关于关联交易的统一标准和具体细则，但很多高校和科研机构对关联交易进行了规定。从积极方面看，在科技成果和知识产权作价出资过程中，科研单位、科研人员与职务知识产权作价入股的公司存在关联关系可以解决信息不对称问题和由此导致的风险不对称问题，从而降低知识产权投融资的交易成本，也可保证合同的优先执行，也有利于提高科技成果转化和知识产权运用的效率。但是，由于关联交易方可以运用垄断优势或者信息控制等手段保障合作或委托研发交易的进行，从而有可能存在科技经费违规转拨改变用途，产生挪用、截留、国有资产流失等问题，为自己或特定关系人谋取不正当利益，从而危害公共利益。

美国斯坦福大学在防止关联交易上做出了较好的示范，斯坦福大学技术许可办公室对全部潜在被许可人提供公平、公开的接触机会，即使是技术开发者及其关联的初创公司也不优先对待；学校教职员工不能代表潜在的被许可方，不能直接与技术许可办公室谈判；如果技术许可办公室经过市场调查，认为教师关联公司是合适的被许可方，应提交书面理由，交由教师所在院系主管和学校科研主管对潜在的利益冲突进行审查。教师应向审查者充分说明其与关联公司的利益关系，并承诺其对关联公司的义务不得影响其对斯坦福大学的职责；如果利益冲突审查机构认为上述冲突是可以有效控制的，则技术许可办公室可以继续推进许可工作；技术许可办公室根据最适合该项技术转移的情况给予独占或普通许可。教师应将其在公司的经济利益和在学校的教学、科研职责分离开来。教师对该公司的咨询每季度不得超过 13 天；在公司只能担任顾问职务，而非管理职务或暗含管理职责的职务，如果担任公司管理职务则应当从学校离职。不得代表公司与学校谈判；不得接受公司的捐赠和项目支持；不得安排学校科研助理或其他助理人员参与公司业务，不得安排公司人员参与学校科研；不得安排在校学生参与公司业务，如果学生要求休学加入公司的，应向所在院系主管报告；不得安排受其管理的低年级研究人员参与公司业务；不得为公司业务使用学校设备（王玉柱 等，2018）。

为促进科技成果转化，我国现有很多科技计划项目往往要求有企业参与项目研发。科技计划承担单位如果寻找外部企业合作，在任务完成后一般难以控制科技成果和知识产权转移转化的过程；如果寻找关联业务企业，则可以较好地控制科技成果和知识产权转让和新后续知识产权的作价出资等。由于职务科技成果转化往往是由职务科技人员推进，关联业务公司往往是科研人员拥有股权的企业，因此很有可能发生资金拨付、知识产权作价入股向企业倾斜及为关联业务企业谋取私利、损害单位利益和公共利益的问题。最近几年出现的一些知名科研人员为所办关联业务企业或者向外部关联企业转拨财政资金导致违规违法的问题，就是典型的关联交易问题。

目前，涉及知识产权投融资的关联交易主要是科研人员违反专款专用原则、真实性原则、必要性原则、公平公正公开等原则，故意隐瞒关联关系开展的交易。一是低价或未经批准利用职务科技成果和知识产权创业或作价入股给特定关系人创办企业，为自己或特定关系人谋取利益，损害本属于单位和国家的利益。二是科研人员故意隐瞒关联关系，将所持股公司列为参与单位联合申请科研项目并转拨项目经费，科研人员在本单位完成科研工作而企业没有开展约定的科研工作，通过分配企业经营利润、企业转增资本等方式为持股关联企业谋利。三是科研人员与特定关系人所办的企业联合申请科研项目并将科研经费划拨到该企业，科研人员在本单位完成科研工作而该企业并没有开展实质性科研活动，为特定关系人谋取利益，损害公共利益。

为解决科技成果转化过程中的关联交易问题，不能只是简单禁止、限定关联业务，将避免利益输送作为限制关联交易的条件，以及简单规定必须进行利益回避，而是要完善相应的规章制度，明确影响国家和单位利益的关联交易类型，建立涉及关联交易的科技成果转化、科技经费划转、人员参与等的公开透明公示制度和争议处理制度。不是简单地要求全面禁止和束缚科研人员和有关人员创业、兼职，而应是在向单位报告的情况下，允许科研人员利用所学知识和技能开展不损害国家和本单位利益的技术服务或咨询活动。还应明确规定关联交易的行政责任和处罚规定，根据关联交易的情节给予科研人员和相关人员警告、罚款，直至开除公职的处罚。

8.3　法律责任

根据《中华人民共和国促进科技成果转化法》，知识产权投融资过程中的法律责任主要有三种。一是侵占职务科技成果。该法第十九条第二款规定，"科技成果完成人或者课题负责人，不得阻碍职务科技成果的转化，不得将职务科技成果及其技术资料和数据占为己有，侵犯单位的合法权益。"现实中确实存在一些科技成果完成人私自将本属单位的职务科技成果和知识产权转化或转移给特定关系人的情形。但是一些科技成果完成人竟然认为，科研活动是自己创造性的劳动，科技成果是属于自己的，自己转化实施并不违法。

二是欺骗作假。《中华人民共和国促进科技成果转化法》第四十七条规定，"在科技成果转化活动中弄虚作假，采取欺骗手段，骗取奖励和荣誉称号、诈骗钱财、非法牟利的，由政府有关部门依照管理职责责令改正，取消该奖励和荣誉称号，没收违法所得，并处以罚款。给他人造成经济损失的，依法承担民事赔偿责任。构成犯罪的，依法追究刑事责任。"现实中已经存在一些典型案例，一些人包括一些科技成果完成人打着高科技和科技成果转化的名义，隐瞒科技成果和知识产权存在的问题，非法吸引外部投资，给投资人带来巨大损失。

三是国有资产管理流失。《中华人民共和国促进科技成果转化法》第十八条规定，"国家设立的研究开发机构、高等院校对其持有的科技成果，可以自主决定转让、许可或者作价出资，但应当通过协议定价、在技术交易市场挂牌交易、拍卖等方式确定价格。通过协议定价的，应当在本单位公示科技成果名称和拟交易价格。"虽说职务科技成果和知识产权转让和许可、作价出资不需要评估，但是无形资产评估还包括知识产权质押、知识产权财务报告、知识产权和技术形成的股权等的评估，所以仍然存在防止造成国有资产流失的责任。财政部《关于进一步加大授权力度 促进科技成果转化的通知》（财资〔2019〕57号）规定，中央级研究开发机构、高等院校的主管部门办理科技成果作价出资形成国有股权的转让、无偿划转或者对外投资等管理事项，不需报财政部审批或者备案。授权中央级研发机构、高等院校的主管部门办理科技成果作价出资成立企业的国有资产产权登记事项，不需报财政部办理登记。这些规定没有取消审批备案责任，只是将职务科技成果和知识产权的作价出资的审批备案责任下放给了主管部门。

虽然党中央和国务院多次强调下放科技成果所有权或长期使用权，但科技成果的所有权和使用权下放是有条件的，主要是针对纳入试点的40家高校科研机构的，而且还规定财政新资金形成的职务科技成果要符合科技成果权属清晰、转化前景明朗，承接对象明确、科研人员转化意愿强烈等条件，我国在财政资金形成的科技成果和知识产权的国有资产管理上还没有全面下放给个人的具体规定，一些单位将本属于国有资产的科技成果和知识产权下放给科研人员个人，一些单位将获得科技成果和知识产权作价入股奖励的科研人员直接注册为股东，这些都存在国有资产流失的法律风险。

大连理工大学在科技成果转移转化过程中注重关键环节的风险防控，这些环节主要包括许可、转让、作价出资、收益分配、兼职和离岗创业等，风险主要包括在明确侵犯他人知识产权、擅自实施和转让或变相转让、转化过程中弄虚作假和非法牟利等行为的法律责任等。为防止出现违法犯罪，大连理工大学要求科研人员提交《职务科技成果登记表》和《职务科技成果许可/转让/作价出资申请表》，学校知识产权办公室对科技成果的有效性、成果完成人真实性和受让企业合法性进行审查。学校设立科技成果洽谈与取证室，要求全体成果完成人进行现场确认签字，取证视频影像备存。如有特殊情况需授权，由被委托人（必须是完成人之一）与委托人签署授权委托书，明确授权的责任、义务及收益分配等事项，留存被委托人与委托人的签字确认视频影像。

8.4　领导责任

高校和科研机构的领导人负有科技成果和知识产权投融资中的领导责任，如建立科技成果转化组织机构、建立领导决策制度和科技成果转化流程、防止国有资产流失的责任等。对于知识产权价值识别、风险防范、资源调度、合同签订、利益分配负有重要的管理和监督责任。具体来说，高校和科研机构领导人在科技成果转化和知识产权运用中主要有以下几个方面的责任。

一是建设专业化科技成果转化机构责任。《中华人民共和国促进科技成果转化法》第十七条规定，国家设立的研究开发机构、高等院校应当加强对科技成果转化的管理、组织和协调。国务院发布的《实施〈中华人民共和国促进科技成果转化法〉若干规定》规定，"鼓励研究开发机构、高等院校在不增加编制的前提下建设专业化技术转移机构。"教育部、国家知识产权局、科技部2020年2月3日发布《关于提升高等学校专利质量促进转化运用的若干意见》，更是明确要求"高校要成立知识产权管理与运营领导小组或科技成果转移转化领导小组，统筹科研、知识产权、国资、人事、成果转移转化和图书馆等有关机构"；"支持有条件的高校建立健全集技术转移与知识产权管理运营为一体的专门机构，在人员、场地、经费等方面予以保障"。国家知识产权局、中国科学院、中国工程院、中国科学技术协会2021年3月31日印发的《关于推动科研组织知识产权高质量发展的指导意见》，也要求"有条件的科研组织可建立独立的知识产权管理和运营机构。鼓励科技中介服务机构、金融机构等专业化服务机构参与科研组织的知识产权运营"。

我国高校和科研机构科技成果与知识产权数量大，转移转化率低，转化效果差，这固然有我国法律和政策规定不具体的问题，但高校和科研机构领导没有真正负起建设专业化技术转移和知识产权运营管理机构的领导责任也是一个突出问题。一些领导人没有深入把握科技成果转化和知识产权运用的规律，在内部机构建设上缺乏清晰思路和有效的措施，仍由科研人员自行转化，科技成果转化效果自然不好。

二是健全科技成果转化制度和流程责任。高校和科研机构法人是科技成果转化的责任主体。《中华人民共和国促进科技成果转化法》规定，"国家设立的研究开发机构、高等院校应当加强对科技成果转化的管理、组织和协调，促进科技成果转化队伍建设，优化科技成果转化流程。"国务院《实施〈中华人民共和国促进科技成果转化法〉若干规定》规定，国家设立的研究开发机构、高等院校应当"完善科技成果转移转化的管理制度，明确科技成果转化各项工作的责任主体，建立健全科技成果转化重大事项领导班子集体决策制度，加强专业化科技成果转化队伍建设，优化科技成果转化流程"。作为责任主体，高校和科研机构领导人应建立和健全科技成果转化的相关制度，如发明披露评估制度、专利申请前质量管理制度、专利申请与放弃审批制度、专利布局制度、技术转移制度、技术投资决策制度、收益分配制度；要优化科技成果和知识产权投融资的流程，如发明披露评估流程、专利申请前质量评估流程、技术许可流程、技术投资流程等。相当长的一段时间内，我国财政资金支持的科研项目产生的科技成果的知识产权数量少、知识产权质量不高、转化率低等，都与高校和科研机构领导人没有充分履行好主体责任有关。

三是提交科技成果报告责任。《中华人民共和国促进科技成果转化法》第四十六条规定："利用财政资金设立的科技项目的承担者未依照本法规定提交科技报告、汇交科技成果和相关知识产权信息的，由组织实施项目的政府有关部门、管理机构责令改正；情节严重的，予以通报批评，禁止其在一定期限内承担利用财政资金设立的科技项目。国家设立的研究开发机构、高等院校未依照本法规定提交科技成果转化情况年度报告的，由其主管部门责令改正；情节严重的，予以通报批评。"我国发布科技报告的目的是将财政资金支持形成的科技成果和知识产权向全社会公开，吸引社会资本投入和促进企业转化实施，畅通科技成果转化信息渠道。

四是公开公平转化责任。高校和科研机构领导大多也是科研人员，但因为属于单位法人，很容易通过职务行为为职务科技成果转化和知识产权运用谋取利益，尤其是为科技成果知识产权作价入股的企业谋取不当利益。在现实中，有一些职务科技成果和知识产权作价入股的科研人员走上法人领导岗位，很容易为持股的企业投入新的资源，可能会因为自己获得奖励的股权或投资比例增加收益。这些资源可以包括安排新的科研任务、提供设备和内部技术资料、划拨单位经费，无偿投入新的技术和知识产权投入等。因此《实施〈中华人民共和国促进科技成果转化法〉若干规定》明确规定，事业单位（不含内设机构）正职领导，以及事业单位所属具有独立法人资格单位的正职领导，可以按照促进科技成果转化法的规定获得现金奖励，原则上不得获取股权激励。中国科学院在 2016 年发布的《中国科学院关于新时期加快促进科技成果转移转化指导意见》规定，担任院属单位正职领导和领导班子成员中属中央管理的干部，所属单位中担任法人代表的正职领导，在担任现职前因科技成果转化获得的股权，可在任职后及时予以转让，转让股权的完成时间原则上不超过 3 个月；股权非特殊原因逾期未转让的，应在任现职期间限制交易；限制股权交易的，也不得利用职权为所持有股权的企业谋取利益，在本人不担任上述职务一年后解除限制。在现实中，一些高校和科研机构为避免领导持有股份的情况，往往会成立科技成果转化公司代持作为法人领导的科研人员的股份，但这并没有改变领导持股的性质，也不属于限制交易的方式，实际上这并不符合不允许事业单位法人领导持股的规定。

科技成果转化尤其是知识产权作价出资能将资本与科研人员紧密结合，高校和科研机构法人领导是重要的科研人员，高校和科研机构法人领导持有股份是较好的科技成果和知识产权投融资途径，现有上述规定虽然可防止高校和科研机构法人领导出现法律风险和承担法律责任，但并没有规定什么叫非法获利，这会造成高校和科研机构法人领导所持股企业无法继续得到后续研发支持、科技成果转化和知识产权服务等，所持股企业的后续发展必然会受到影响。为促进科技成果和知识产权的投融资顺利发展，应该规定非法获利特指法人领导私自投入本属于单位的资金、设备和不对外公开的资料、新的技术和知识产权等资源，应规定必须坚持公开、公平、透明原则，投入的资源包括领导人的声誉，只要是公开、公平、透明的，在单位进行了公示且没有异议的，就不应当认为属于关联交易、违反合同约定或造成国有资产流失，就不必出售股权或者限制交易。

8.5　小结

在知识产权投融资过程中，会存在大量的技术、法律、市场和管理风险，财政性资金形成的科技成果和知识产权存在关联交易问题，以及高校和科研机构正职领导为持股企业谋取不当利益问题。解决这些问题和风险，都需要制定和完善相应的政策。

一是建立专业化技术转移和知识产权运营机构。为降低上述风险，避免上述风险和责任，高校和科研机构应当建立技术转移、知识产权管理和投资功能"三合一"的内部运营机构。应当将建立专业内部技术转移和知识产权以及种子资金为一体的机构作为高校和科研机构领导干部任职、考核和离岗审计的重要内容。

二是制定知识产权投融资关联交易政策。要明确知识产权投融资中关联交易的情形：如科研人员私自或低价将科技成果和知识产权作价入股给特定关系人投资创办企业、科研人员将所持股公司列为参与单位联合申请科研项目并转拨项目经费而企业没有开展实际科研工作。还应当明确规定关联交易的行政责任和处罚规定，根据科研人员关联交易的情节进行警告、罚款，直至开除公职。

三是建立知识产权投融资的公开、公平、透明机制。应当明确规定高校和科研机构应建立关联交易信息公示制度，公示不少于 15 个工作日，任何人如有意见，进行核实后再进行公示，公示期满后无异议的不再认定为违法关联交易。如仍有异议的，提交职代会讨论。无异议和讨论通过后的，本单位纪律检查部门和财务部门经过审批向甲方单位报告。法人领导不必出售股权或者限制交易。国家重大项目科技经费使用应在单位信息公示的基础上，由甲方单位开展独立第三方审计，审计出问题的由承担单位改正，无问题的应将审计报告提交甲方单位。

第 9 章

知识产权股权融资

知识产权作价形成企业股权融资是企业发展的重要途径，也是风险投资获利和投资退出的重要方式，对发展知识产权密集型产业、推进科技成果产业化具有极为重要的意义。促进知识产权股权投融资的发展，既要建立和完善涵盖企业不同成长阶段的公开市场，也要发展私募投资资金和股权交易市场，建立风险投资为核心的多层次知识产权投融资体系。

9.1 私募股权融资

在种子期科技成果和知识产权作价出资形成企业股权后，企业可以以股权方式融资，促进企业健康发展。企业股权融资主要包括私募股权融资、公开市场股权融资。私募股权融资（Private Equity，PE）是指非上市企业通过私募形式获取权益性投资，投资在交易实施过程中附带考虑了将来的退出机制，即通过上市、并购或管理层回购等方式，出售持股获利。

广义的 PE 是涵盖企业首次公开发行前各阶段的权益投资，即对处于种子期、初创期、发展期、扩展期、成熟期和 Pre-IPO 各个时期企业所进行的投资，相关资本按照投资阶段可划分为风险投资、发展资本、并购基金、夹层资本（长期无担保债权类风险资本）、重振资本和 Pre-IPO 资本，以及其他如上市后私募投资、不良债权和不动产投资等。狭义的 PE 主要指对已经形成一定规模的、并产生稳定现金流的成熟企业的私募股权投资部分，主要是指创业投资后期的私募股权投资部分，其中并购基金和夹层资本在资金规模上占最大的一部分。本书的 PE 主要是指狭义的 PE。

知识产权作价入股企业一般处于发展的初期，经营风险很大，尤其是缺乏发展资金，而通过私募股权投资可以获得急需的发展资金。私募股权投资也是种子资金退出的重要渠道，由于知识产权作价出资一般需要高校、科研机构内部种子资金或者外部种子资金投资，为了发展的需要，种子资金必须在一定时间内全部退出或者部分退出。在投资工具上，私募股权投资多采用普通股或者可转让优先股以及可转债形式，投资期限较长，一般可达 3~5 年甚至更长，属于中长期投资。富有的个人、风险基金、杠杆并购基金、战略投资者、养老基金、保险公司等都可以是私募投资人。私募资金多采取有限合伙制，这种企业组织形式有很好的投资管理效率，并避免了双重征税的弊端。

中国科学院大连化学物理研究所（以下简称大化所）五氧化二钒电池项目就获得了多轮次的私募投资融资。该所张华民研究员很早就开始五氧化二钒电池的研发，在技术研发早期就引入产业投资人，共同进行项目工程化开发和商业推广。2005 年建立了 5kW～10kW 级示范项目，在项目建设过程中，张华明团队不断发现问题，优化技术，提高了技术的可靠性、耐久性。2006 年，大化所引入博融投资公司（高纯钒生产商）投资 4 000 万元，大化所知识产权作价入股 23%，并共建全钒液流电池研发中心。2008 年，博融投资公司又投资 1 400 万元与大化所共同成立融科储能公司，共同进行工业化开发和商业化推广。2009 年，博融投资公司增资约 1 900 万元，购置了土地厂房，并与辽宁省国家电网共建龙源示范项目。2011 年 4 月，张华民研究团队在全钒液流电池关键材料——非氟离子交换膜材料研究中取得重要突破，成功实现了多孔膜对氢离子的选择性透过而钒离子不透过，为高性能、低成本的全钒液流储能电池离子交换膜的开发开辟了一条全新的途径。2012 年，由融科储能公司建设的"5MW/10MWh 全钒液流电池储能应用示范电站"在沈阳市龙源卧牛石风电场落成，并顺利通过了辽宁省国家电网和业主的验收，各项指标均达到了设计要求。大化所还投资成立了全资公司——大连融科储能装备公司，产能达到300MW/年。融科储能与大化所通过产学研合作，已在全钒液流电池核心领域和关键技术攻关上实现重大突破，相继在电池材料、成套装备系统、储能应用以及产业化制造等方面形成完整的知识产权管理体系，拥有 170 余项国内外专利，是全钒液流电池国内及国际标准制定的牵头单位。

私募股权投资通常由投资基金管理人投资。2014 年 8 月 21 日，中国证券监督管理委员会发布《私募投资基金监督管理暂行办法》，我国开始了规范意义上的私募基金管理人登记管理。根据该办法，私募投资基金（以下简称私募基金）是指在中华人民共和国境内，以非公开方式向投资者募集资金设立的投资基金，私募基金资金标的包括买卖股票、股权、债券、期货、期权、基金份额及投资合同约定的其他投资标的。

各类私募基金管理人应当根据规定向基金业协会申请登记，报送基本信息和备案信息。备案信息包括：①主要投资方向及根据主要投资方向注明的基金类别。②基金合同、公司章程或者合伙协议。资金募集过程中向投资者提供基金招募说明书的，应当报送基金招募说明书。以公司、合伙等企业形式设立的私募基金，还应当报送工商登记和营业执照正副本复印件。③采取委托管理方式的，应当报送委托管理协议。委托托管机构托管基金财产的，还应当报送托管协议。④基金业协会规定的其他信息。

私募基金应当向合格投资者募集，单只私募基金的投资者人数累计不得超过《中华人民共和国证券投资基金法》《中华人民共和国公司法》《中华人民共和国合伙企业法》等法律规定的特定数量，股份有限责任公司不超过 200 人，有限责任公司不超过 50 人。合格投资者是指具备相应风险识别能力和风险承担能力、投资于单只私募基金的金额不低于100 万元且净资产不低于 1 000 万元的单位，或者银行存款、股票、债券、基金份额、资产管理计划、银行理财产品、信托计划、保险产品、期货权益等金融资产不低于 300 万元或者最近三年个人年均收入不低于 50 万元的个人。

创业投资基金属于私募基金，是指主要投资于未上市创业企业普通股或者依法可转换为普通股的优先股、可转换债券等权益的股权投资基金。国家鼓励和引导创业投资基金投资创业早期的小微企业，基金协会和证券化实行区别化管理监督政策。

红杉资本是著名的私募投资基金。1972 年由唐·瓦伦丁（Don Valentine）创办，他 1974 年和资本集团（Capital Group）一起建立了资本管理服务基金（Capital Management Services），建立了第一个 300 万美元的风险投资基金。1978 年，瓦伦丁投资了史蒂夫·乔布斯（Steve Jobs）的苹果公司 15 万美元，苹果公司共筹资 51.7 万美元。在 20 世纪 80 年代中期，瓦伦丁对斯坦福大学教师列昂纳德·波萨克和桑迪·德拉创办的思科（Cisco）的公司投资 240 万美元，红杉资本拥有了思科 30% 的股份并且拥有了人事的管理权。后来，红杉资本又获得该两个人委托的股份投票权，共掌握了思科 64% 的表决权，瓦伦丁就任思科公司董事长。1999 年，红杉资本对只有 12 名员工、价值 1.2 亿美元的谷歌投资 1 250 万美元，最终获利达 50 亿美元。

根据《私募基金管理人登记 2018 年度报告》，截至 2018 年年底，在中国证券投资基金协会登记的私募基金经理人 24 432 家，管理的私募基金实缴达到 12.79 万亿元，占比最大的是私募股权、创业投资基金管理人，有 14 526 家，占 60%，私募证券投资基金管理人 8 868 家，占 36%。其中红杉资本中国基金控制了大半个中国的互联网产业。❶

9.2　非上市股权转让融资

非上市企业要获得大量的发展资金，仅仅通过私募资金或者银行贷款是不够的，也需要借助非上市和上市股权转让渠道获得发展资金。股权转让是指公司股东依法将自己的股份让渡给他人使他人成为公司股东并获得股权转让资金的民事法律行为。当前，股权转让成为企业募集资本、产权流动重组、资源优化配置的重要形式，主要包括区域股权交易和三板市场的中小企业股权转让。

1. 区域股权交易市场

股权交易是企业进行融资和投资退出的重要渠道。我国区域股权市场机构产生于 2008 年，是由省级人民政府实施监督管理、证监会备案的交易场所，其目的是为中小微企业融资提供便利。

2011 年 11 月 11 日，《国务院关于清理整顿各类交易场所 切实防范金融风险的决定》（国发〔2011〕38 号）发布，对属于地方管辖的从事产权交易、文化艺术品交易和大宗商品中远期交易等各种类型的交易场所进行清理整顿，明确新四板的"七不得"行为，即不

---

❶ 私募牛管家. 私募基金管理人登记 2018 年度报告［P/OL］.（2019-01-14）［2022-10-30］. http://www. 360doc. com/content/19/0104/13/34265476_806462744. shtml.

得将任何权益拆分为均等份额公开发行；不得采取集中竞价、做市商等集中交易方式进行交易；不得将权益按照标准化交易单位持续挂牌交易。

2012 年 7 月 12 日，为贯彻落实 38 号文，《国务院办公厅关于清理整顿各类交易场所的实施意见》（国办发〔2012〕37 号）发布，明确清理整顿的范围包括从事权益类交易、大宗商品中远期交易以及其他标准化合约交易的各类交易场所，包括名称中未使用"交易所"字样的交易场所，但仅从事车辆、房地产等实物交易的交易场所除外。其中，权益类交易包括产权、股权、债权、林权、矿权、知识产权、文化艺术品权益及金融资产权益等交易。

2017 年 1 月 20 日，《国务院办公厅关于规范发展区域性股权市场的通知》（国办发〔2017〕11 号）印发。2017 年 5 月 3 日，证监会发布《区域性股权市场监督管理试行办法》（证监会第 132 号令），规范交易中心整合，跨区域服务，要求实行合格投资者制度，即投资经验达到 2 年以上、具备较强风险承受能力且金融资产不低于 50 万元的自然人。

到 2020 年，我国区域股权交易中心数量达到 36 个，注册资本金 60 亿元，9 家由券商控股，9 家由地方国有资产控股平台控股。区域性股权交易中心提供股权、债券转让和融资服务的场外私募，挂牌的股份公司股东不能超过 200 人，区域性股权交易中心只能选用协议方法进行交易。根据中国证监会 2017 年发布的《区域性股权市场监督管理试行办法》的规则，区域性股权市场原则上效劳于该行政区划内的中小微企业（任涛，2018）。

2. 股权转让代办系统

根据 2006 年国务院印发的《国家中长期科学和技术发展规划纲要（2006—2020年）》，要求"开展对未上市高新技术企业股权流通的试点工作"，之后，中国证券业协会等有关单位相继发布了《证券公司代办股份转让系统中关村科技园区非上市股份有限公司股份报价转让试点办法（暂行）》《主办券商推荐中关村科技园区非上市股份有限公司股份进入证券公司代办股份转让系统挂牌业务规则》及尽职调查工作指引、信息披露规则、申请股份报价转让试点资格确认办法等相关规定。

非上市高新技术企业拥有自主知识产权，这些企业的股份也主要是基于知识产权作价出资形成的。《证券公司代办股份转让系统中关村科技园区非上市股份有限公司股份报价转让试点办法（暂行）》规定了非上市公司申请股份在代办系统挂牌的条件、程序、股权转让信息和保价服务等。

2006 年，中关村代办股份系统正式运行，因不同于原转让系统内的退市企业及原STAQ（全国证券交易自动报价系统）、NET（全国证券交易系统）挂牌公司，故被称为"新三板"。2011 年，国务院批复《中关村国家自主创新示范区发展规划纲要（2011—2020 年）》，要求"完善非上市股份公司股份公开转让制度"。2012 年，国务院批准扩大非上市股份公司股份转让试点，首批扩大试点新增上海张江高新技术产业开发区、武汉东湖新技术产业开发区和天津滨海高新区。

全国中小企业股份转让系统于 2001 年 7 月 16 日正式开办。2012 年 9 月，经国务院批准正式注册成立，该系统成为继上海证券交易所、深圳证券交易所之后的第三家全国性证券交易场所。2013 年 12 月 31 日，股转系统开始面向全国接收企业挂牌申请。"新三板"系统不断完善挂牌条件、交易制度、结算制度、定向增发制度、转板制度。2017 年 12 月，全国股转系统推出了最新的新三板分层、交易制度和信息披露等制度。

证券公司从事非上市公司股份报价转让业务的条件是，最近年度净资产不低于 8 亿元，净资本不低于 5 亿元，营业部不少于 20 家，且布局合理。根据中国证券业协会公布的 106 家券商财务数据，符合上述标准的券商有 85~90 家。

为促进企业挂牌交易，中关村科技园管理委员会还对进入代办系统的企业进行资助，资助额最高达 20 万元。截至 2018 年年底，新三板挂牌公司共有 10 691 家，挂牌企业总股本 6 324.53 亿股，总市值 34 487.26 亿元。10 119 家公布中报的新三板企业平均营业总收入和平均净利润分别为 8 805.45 万元和 421.36 万元。52.98% 的企业净利润主要集中于"0-1 000 万元区间"，有 3 328 家亏损，占比 32.89%，而净利润超过 5 000 万的仅有 142 家，占比 1.40%。2018 年，新三板市场成交金额 888.01 亿元，成交数量 236.29 亿股，新三板挂牌公司 2 018 年净退出 39 家。新三板机构投资者账户数共 5.63 万户，个人投资者共 37.75 万户，投资者总数 43.38 万户。

9.3 知识产权股权公开融资

1. 首次公开募集资金

企业上市即首次公开募股（IPO），是指企业通过证券交易所首次公开向投资者发行股票，以期募集用于企业发展资金的过程。上市分为中国公司在中国境内上市如深圳证券交易所上市（A 股或 B 股），中国公司直接到境外证券交易所（比如纽约证券交易所、纳斯达克证券交易所、伦敦证券交易所等），以及中国公司间接通过在海外设立离岸公司并以该离岸公司的名义在境外证券交易所上市（红筹股）三种方式。广义的上市除了公司公开（不定向）发行股票，还包括新产品或服务在市场上的发布或推出。上市公司的股份是根据向中国证监会出具的招股书或登记声明中约定的条款通过经纪商或做市商进行销售的。一般来说，一旦首次公开上市完成后，这家公司就可以申请到证券交易所或报价系统挂牌交易。

对应于一级市场，大部分公开发行股票由投资银行集团承销而进入市场，银行按照一定的折扣价从发行方购买到自己的账户，然后以约定的价格出售，公开发行的准备费用较高，私募可以在某种程度上部分规避此类费用。

IPO 的优点是募集资金更容易，其股票的流通性好，企业名声好，知识产权权利人、科研人员和投资人的回报有保障，还可能给企业带来管理、技术、市场和其他需要的专业技能。但是 IPO 的费用较高，一般高达 20%，而且必须符合中国证监会的规定。由于各种规定管理，企业通过知识产权 IPO 上市压力较大，科研人员和投资人还有可能失去对公司的控制。

进行 IPO 的流程一般包括以下步骤：一是企业改制为规范的股份有限公司。企业要制定上市计划，依法建立规范的组织制度和运行机制。要建立 IPO 团队，要任命首席执行官（CEO）、首席财务官（CFO）、首席合规咨询师（CPA），以知识产权为核心资产的要任命首席知识产权官（CIPO）或者首席技术官（CTO）。二是进行上市辅导。上市辅导期限为一年，要聘请专业的主承销商和中介机构进行辅导，要聘请律师作为法律顾问。律师要安排公司重组，复核相关法律确认书，确定承销协议。三是挑选承销商尤其是投资银行，签署承销协议等事项。四是开展尽职调查，尤其是对知识产权作价出资的企业的技术、市场和法律风险以及管理团队进行尽职调查。四是准备相关材料。公司要准备批准招股书，准备承销协议，以及知识产权评价报告。会计师要准备审计报告，要进行盈利和现金流量预测。保荐人律师要安排时间表，协调顾问工作，准备招股书草稿和上市申请，建议股票定价。五是开展路演和确定股票价格。六是证券交易所审核上市申请书和招股说明书，进行股票过户登记，挂牌交易。按照《中华人民共和国证券法》的规定，公开发行的股票不能低于 25%，股本总额超过 4 亿元的，不低于 10%。以募集方式成立的，发起人认购的股份不得低于总股份的 35%。

知识产权问题是企业 IPO 中的突出问题之一。中国证监会《首次公开发行股票并上市管理办法》第三十条规定，"发行人不得有下列影响持续盈利能力的情形：……（五）发行人在用的商标、专利、专有技术以及特许经营权等重要资产或技术的取得或者使用存在重大不利变化的风险；……"。近年来，在 IPO 过程中，有相当比例的企业因为知识产权问题被否决或者撤回申请。突出问题有不披露潜在侵权、未决诉讼、权利无效等信息，专利信息披露不完善，知识产权与核心业务关系不紧密。自 2019 年 7 月 22 日科创板首批新股上市以来，截至 2021 年 12 月 31 日，上交所公告的科创板上市成功企业数量 279 家，失败企业数量 160 家，其中主动终止 132 家，上会被否 13 家，终止及不予注册 15 家。其中上会被否的 13 家中，有 10 家企业被否定的原因中涉及技术和知识产权问题，占比76.92%。2021 年创业板 IPO 共计终止上市企业 111 家。未通过企业为 8 家，暂缓表决 2家，取消审核 2 家。其中 3 家上会被否的原因涉及技术和知识产权问题。如方邦电子和信利光电因为专利侵权诉讼被否决，安翰科技、贵州白云山、周六福、宜搜科技、光祥科技、微导纳米、上海托普等因为专利或商标诉讼撤回上市申请。

2. 创业板市场

为促进高技术企业股权融资，我国创业板在 2009 年 10 月 30 日正式上市。创业板又称二板市场（Second-Board Market）或第二股票交易市场，主要是为高技术企业提供融资渠道。创业板最大的特点是低门槛进入、运作要求严格、通过市场机制促进知识产权与资本的结合，为风险投资基金提供退出渠道，有利于企业实施股权激励计划等，鼓励员工参与企业价值创造，也有利于企业建立现代企业制度。创业板可以交易股票、投资基金、债券（含企业债券、公司债券、可转换公司债券、金融债券及政府债券等）、债券回购等品种。与主板市场相比，创业板对上市要求往往更加宽松，在成立时间、资本规模、中长期业绩等方面的要求和上市门槛、监管制度、信息披露、交易者条件、投资风险等方面有较大区别。

2012 年 4 月 20 日，深交所正式发布《深圳证券交易所创业板股票上市规则》。上市企业主体资格是：①依法设立且持续经营三年以上的股份有限公司（有限公司整体变更为股份公司可连续计算），股票经证监会核准已公开发行；②公司股本总额不少于 3 000 万元，公开发行的股份达到公司股份总数的 25% 以上；③公司股本总额超过 4 亿元的，公开发行股份的比例为 10% 以上；④公司最近三年无重大违法行为，财务会计报告无虚假记载。

创业板企业上市要求是：①注册资本已足额缴纳，发起人或者股东用作出资的资产的财产权包括知识产权转移手续已办理完毕。发行人的主要资产不存在重大权属纠纷。②最近两年内主营业务和董事、高级管理人员均没有发生重大变化，实际控制人没有发生变更。③应当具有持续盈利能力，不存在下列情形：经营模式、产品或服务的品种结构已经或者将发生重大变化，并对发行人的持续盈利能力构成重大不利影响；行业地位或发行人所处行业的经营环境已经或者将发生重大变化，并对发行人的持续盈利能力构成重大不利影响；在用的商标、专利、专有技术、特许经营权等重要资产或者技术的取得或者使用存在重大不利变化的风险。④最近一年的营业收入或净利润对关联方或者有重大不确定性的客户存在重大依赖。⑤最近一年的净利润主要来自合并财务报表范围以外的投资收益。⑥其他可能对发行人持续盈利能力构成重大不利影响的情形。

知识产权信息披露是创业板上市中的重要内容。《公开发行证券的公司信息披露内容与格式准则第 35 号——创业板上市公司公开发行证券募集说明书》第二十八条规定了发行人应列表披露与其业务相关的主要无形资产，包括商标、专利、非专利技术、土地使用权、水面养殖权、探矿权、采矿权等主要无形资产的价值、取得方式和时间、使用情况、使用期限或保护期，以及对发行人生产经营的重大影响。发行人允许他人使用自己所有的资产，或作为被许可方使用他人资产的，应简介许可合同的主要内容，主要包括许可人、被许可人、许可使用的具体资产内容、许可方式、许可年限、许可使用费等。若发行人所有或使用的资产存在纠纷或潜在纠纷的，应明确提示。第三十条还规定，发行人应披露其主要产品或服务的核心技术及技术来源，说明技术属于原始创新、集成创新或引进消化吸收再创新的情况，披露核心技术与已取得的专利及非专利技术的对应关系，以及在主营业务及产品或服务中的应用，并披露核心技术产品收入占营业收入的比例。在创业板上市的程序是：①对企业改制并设立股份有限公司；②对企业进行尽职调查与辅导；③制作申请文件并申报；④对申请文件审核；⑤路演、询价与定价；⑥发行与上市。

3. 科创板市场

科创板（Science and Technology Innovation Board，STIB）由国家主席习近平于 2018 年 11 月 5 日在首届中国国际进口博览会开幕式上宣布设立，是独立于现有主板市场的新设板块，并进行注册制试点。设立科创板的目的是提升服务科技创新企业能力、增强市场包容性、强化市场功能。2019 年 1 月 30 日，中国证监会发布《关于在上海证券交易所设立科创板并试点注册制的实施意见》，6 月 13 日，科创板正式开板。7 月 22 日，科创板正式开市。截至 2019 年 7 月 18 日，上交所共披露 148 家科创板受理公司，28 家在证监会注册生效，其中 25 只股票于 22 日上市。

《科创板首次公开发行股票注册管理办法（试行）》第三条规定，"发行人申请首次公开发行股票并在科创板上市，应当符合科创板定位，面向世界科技前沿、面向经济主战场、面向国家重大需求。优先支持符合国家战略，拥有关键核心技术，科技创新能力突出，主要依靠核心技术开展生产经营，具有稳定的商业模式，市场认可度高，社会形象良好，具有较强成长性的企业。"

根据《上海证券交易所科创板股票上市规则》（2020 年 12 月修订），发行人申请在本所科创板上市应当符合下列条件：①符合中国证监会规定的发行条件。②发行后股本总额不低于人民币 3 000 万元。③公开发行的股份达到公司股份总数的 25% 以上；公司股本总额超过 4 亿元的，公开发行股份的比例为 10% 以上。④市值及财务指标符合该规则规定标准之一：预计市值不低于 10 亿元，最近两年净利润均为正且累计净利润不低于 5 000 万元，或者预计市值不低于 10 亿元，最近一年净利润为正且营业收入不低于 1 亿元；预计市值不低于 15 亿元，最近一年营业收入不低于 2 亿元，且最近三年累计研发投入占最近三年累计营业收入的比例不低于 15%；预计市值不低于 20 亿元，最近一年营业收入不低于 3 亿元，且最近三年经营活动产生的现金流量净额累计不低于 1 亿元；预计市值不低于 30 亿元，且最近一年营业收入不低于 3 亿元；预计市值不低于 40 亿元，主要业务或产品需经国家有关部门批准，市场空间大，目前已取得阶段性成果。医药行业企业需至少有一项核心产品获准开展二期临床试验，其他符合科创板定位的企业需具备明显的技术优势并满足相应条件。⑤上海证券交易所规定的其他上市条件。

2020 年 3 月 20 日，中国证监会发布了科创板科创属性评价指标体系，包括 3 项常规指标或 5 项例外指标。3 项常规指标是：①最近三年研发投入占营业收入比例 5% 以上（软件行业不低于 10%），或最近三年研发投入金额累计在 6 000 万元以上；②形成主营业务收入的发明专利 5 项以上；③最近三年营业收入复合增长率达到 20%，或最近一年营业收入金额达到 3 亿元。5 项例外指标是：①发行人拥有的核心技术经国家主管部门认定具有国际领先、引领作用或者对于国家战略具有重大意义；②发行人作为主要参与单位或者发行人的核心技术人员作为主要参与人员，获得国家科技进步奖、国家自然科学奖、国家技术发明奖，并将相关技术运用于公司主营业务；③发行人独立或者牵头承担与主营业务和核心技术相关的"国家重大科技专项"项目；④发行人依靠核心技术形成的主要产品（服务），属于国家鼓励、支持和推动的关键设备、关键产品、关键零部件、关键材料等，并实现了进口替代；⑤形成核心技术和主营业务收入的发明专利（含国防专利）合计 50 项以上。如果企业同时满足 3 项常规指标即可认为具有科创属性；如不同时满足 3 项常规指标，但是满足 5 项例外指标中的任意 1 项，也可认为具有科创属性。2021 年 4 月 16 日，中国证监会发布关于修改《科创属性评价指引（试行）》的决定，新增加一项指标，即研发人员占当年员工总数的比例不低于 10%。

《公开发行证券的公司信息披露内容与格式准则第 41 号——科创板公司招股说明书》

第三十三条规定，发行人应结合科创企业特点，披露由于重大技术、产品、政策、经营模式变化等可能导致的风险：技术风险，包括技术升级迭代、研发失败、技术专利许可或授权不具排他性、技术未能形成产品或实现产业化等风险；法律风险，包括重大技术、产品纠纷或诉讼风险，土地、资产权属瑕疵，股权纠纷，行政处罚等方面对发行人合法合规性及持续经营的影响。第五十四条规定，发行人应披露主要产品或服务的核心技术及技术来源，结合行业技术水平和对行业的贡献，披露发行人的技术先进性及具体表征。披露发行人的核心技术是否取得专利或其他技术保护措施、在主营业务及产品或服务中的应用和贡献情况。第六十二条还规定，发行人应分析披露其具有直接面向市场独立持续经营的能力。在资产完整方面，生产型企业具备与生产经营有关的主要生产系统、辅助生产系统和配套设施，合法拥有与生产经营有关的主要土地、厂房、机器设备以及商标、专利、非专利技术的所有权或者使用权；发行人不存在主要资产、核心技术、商标的重大权属纠纷，重大偿债风险，重大担保、诉讼、仲裁等或有事项，经营环境已经或将要发生的重大变化等对持续经营有重大影响的事项。

科创板上市企业的共同特点是符合国家战略、突破关键核心技术、市场认可度高、拥有大量的自主知识产权。根据《科创板上市公司 2021 年知识产权价值排行榜》数据，截至 2021 年 12 月 31 日，科创板 377 家上市公司中，平均每家科创板上市公司专利申请量约为 313 件，有效专利量约为 172 件，授权发明专利量约为 92 件。其中专利申请总量中位数为 136 件，有效专利量中位数为 76 件，授权发明专利量中位数为 28 件。如中科星图股份有限公司是由中国科学院电子学研究所基于自主研发的智能处理和可视化等核心技术知识产权作价出资，与曙光集团公司联合投资的高新技术企业，提供信息融合、指挥控制、智慧城市、环境分析等专业服务和定制化解决方案。该公司前身是曙光集团和中国科学院电子学研究所基于常年技术积累联合成立的航天星图科技（北京）有限公司。该公司推出的第五代 GEOVIS 数字地球产品，包括 49 项自主核心技术，覆盖了空天大数据的获取、处理、承载、可视化等数字地球主要技术领域，得到了市场及客户的高度认可。2018 年 10 月，航天星图科技（北京）有限公司改制为中科星图股份有限公司。2019 年 3 月，中科星图股份有限公司在科创板上市的申请已获上交所受理。2020 年 7 月 8 日正式上市，发行价 16.21 元/股，发行 5 500 万股，募集资金 8 亿元。

9.4 知识产权股权定价

企业以技术和知识产权转让进行股权融资需要确定股权或股票的价格。企业股权转让尤其是股票发行的价格计算方法主要有市场法、市盈率法、竞价确定法、净资产倍率法和现金流量折现法。股票发行数量要考虑股本的摊薄和控制权的稀释，在公开发行量下限到发行量上限之间确定发行数量。

股票定价在前期要做好尽职调查，撰写招股说明书，制作好财务报表，对公司进行估价。在主承销商推进中，研发部门还要进行可行性研究，销售人员要与研究人员进行沟通。在路演阶段，要制定推介方案，评估潜在需求，还要收集投资者对公司评估值的反馈，在路演时确定价格范围并召开投资者会议最终确定发行价格。

确定价格时要根据过去三年的营业收入、净利润增长、资产报酬率等指标考虑，同时要比较分析行业的发展水平。投资银行也要充分分析该公司所在国家产品和市场的发展情况、竞争对手经营业绩，通过研究分析逐步确定股票价格。

由于不同行业的属性、成长性、财务特性不同，不同上市公司可采用的定价模型也不同，较为常用的定价模型可分为两大类：收益现值法与类比法。收益现值法就是通过估计上市公司未来的经营状况，并选择恰当的折现率与折现模型，计算出上市公司价值。如最常用的股利折现模型（Dividend Discount Model，DDM）、现金流折现模型（Discounted Cash Flows，DCF）等。

股利折现模型是一种最基本的股票内在价值评价模型。威廉姆斯（John B. Williams）1938 年提出了公司（股票）价值评估的股利折现模型，为定量分析虚拟资本、资产和公司价值奠定了理论基础，也为证券投资提供了方法根据。其基本公式为

$$V = \sum \frac{D_t}{(1+k)^t}$$

式中：V 为每股股票的内在价值；D_t 为第 t 年每股股票股利的期望值；k 为股票的期望收益率。

现金流折现模型是威廉姆斯（John B. Williams）1937 年提出的，公式为

$$DCF = \sum_{i=1}^{n} \left[\frac{cf_i}{(1+r)^i} + \frac{TV}{(1+r)^n} \right]$$

式中：cf_i 为现金流，主要是指企业净现金流，即未分配利润，可以用来偿还债务、发放股息分红、回购公司股票，或者进行资产投资扩大生产规模，公司收购等；r 为折现率，包括无风险利率和风险报酬率，具体到股票则包括股权成本和债务成本，基本范围在 7% ~ 15%；n 为公司生命周期年数；TV 为预期值。

1997 年 10 月 10 日，获得第二十九届诺贝尔经济学奖的哈佛商学院教授罗伯特·默顿（Robert Merton）和斯坦福大学教授迈伦·斯克尔斯（Myron Scholes）创立和发展了布莱克-斯克尔斯期权定价模型（Black Scholes Option Pricing Model），为包括股票、债券、货币、商品在内的新兴衍生金融市场的各种以市价价格变动定价的衍生金融工具的定价奠定了理论基础：

$$C(S,\ t) = N(d_1)S - N(d_2)Ke^{-r(T-t)}$$

$$d_1 = \frac{1}{\sigma\sqrt{T-t}} \left[\ln(\frac{S}{K}) + (r + \frac{\sigma^2}{2}) \right](T-t)$$

$$d_2 = d_1 - \sigma\sqrt{T-t}$$

此公式为无红利的欧式看涨期权定价模型。式中：C 为期权初始合理价格；S 为股票当前的价格；K 为期权交割价格；r 为连续复利无风险利率；σ 为波动率；σ^2 为年度化方差；$N(d)$ 为累计正态分布；$T-t$ 为行权价格距到期日时间。

股权价值评估是比较复杂的一个问题，上述评估模型提供了股权价格定价方法，但都有特定的应用范围，也有一定的局限性。股票价格的评估也可以采取机器学习的方法进行评估。

第一步，评价股权价值度，本书提出的股权价值度指标体系指标如图 9-1 所示。股权价值度评价指标体系共包括发展环境、市场竞争力、管理团队、技术创新能力、风险管理能力和经营能力 6 个一级指标和 21 个二级指标。

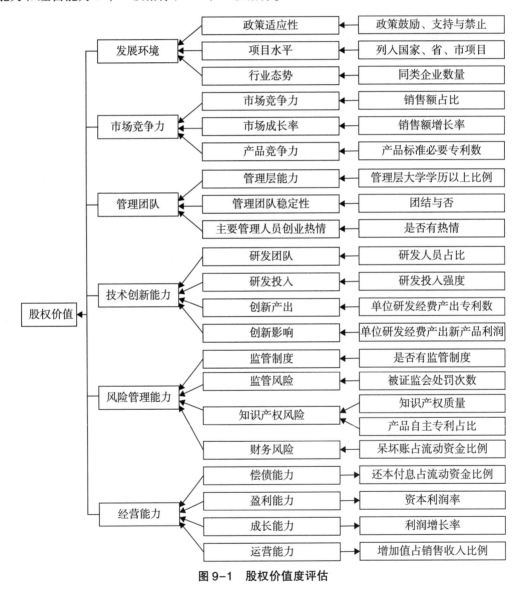

图 9-1 股权价值度评估

第二步，通过对实际股权价值评估案例数据进行学习，得出股权价值度与股权价格的对应关系。

第三步，对需要评估的股权价格进行评估。

类比法是根据过去发生的在认定、收购、交易、风险投资中已确定的股权或股票价格进行比较和评估，也常采取价值损毁、企业资产负债表等评估股权或股票价格。

9.5　知识产权股权交易问题分析

目前，作为以技术和知识产权为主要资产形成的企业股权在融资过程中存在不少问题。据统计，我国 2018 年企业上市平均花费 7 059 万元，知识产权已成为阻碍企业上市的一个重要问题。从企业 IPO 成本看，中介机构费（券商保荐承销费、律所律师费、会计师事务所收审计验资费）、发行手续费、信息披露费、广告宣传费、印刷费等费用动辄几千万元。一旦上市失败，企业要承担的负担不容忽视。2006 年以来，738 家 IPO 企业、245 家并购重组企业、55 家赴美上市中国企业存在专利、商标、著作权、技术秘密、域名等知识产权问题。2016—2018 年，上市申请企业中有知识产权问题企业的占比由 48% 上升到 78%，企业平均问题数量由 2.27 个上升到 5.0 个。

企业上市过程中的知识产权问题主要包括以下四类。一是上市融资的门槛普遍较高，造成符合条件的企业少，市场流动性不足。如果企业存在知识产权问题被否决或者破发，企业损失巨大。即使是科创板，要求企业的研发投入强度超过 5%，销售收入超过 6 000 万元，门槛较高，拥有知识产权的中小微企业通过上市获得融资几乎不可能。二是投资者风险较大，这会造成投资者热情降低。尤其是科创板、创业板上市企业规模小、成立时间短、交易标的很多不具有公允性，相应的股权、债权融资性价比不高，尤其是知识产权成为股权和债券的核心资产上还存在很大差距，风险实际上是由投资者来承担。三是上市企业治理结构存在不足等问题。越是规模小的企业，其治理能力越低，在知识产权管理上更是缺乏专业机构和专业人才。四是知识产权与核心业务关系要求不严格。如科创板规定形成主营业务收入的发明专利 5 项以上，但并没有规定发明专利是产品（服务）或技术标准的必要专利，也没有规定发明专利是自主研发或外购的发明专利，是发明专利申请还是发明专利授权，没有明确规定如何对企业申报文件的发明专利进行审查。五是普遍存在知识产权信息披露不规范问题。知识产权信息披露不真实、知识产权信息披露不准确、知识产权信息披露不完整、知识产权信息披露不清晰、知识产权信息披露不规范、突击申请知识产权等问题不是个别现象，主要原因在于对上市申报的审查程序规定不明确、不完善。

9.6　小结

知识产权与资本的结合不仅是创新创业的现实要求，也是发展知识产权密集型产业、高技术产业、战略性新兴产业，促进我国产业结构转型升级的必由之路。本章梳理了私募股权融资、IPO、股权交易市场、证券市场等企业投融资方式，发现这些投融资方式存在不少知识产权问题。为促进知识产权为核心资产的企业投融资健康发展，本书提出如下建议：

一是企业要建立规范的企业知识产权管理体系。上市和非上市企业都要建立知识产权管理体系，设立专门的知识产权管理机构，建立专门的知识产权人才队伍，建立专门的知识产权信息检索分析系统，要有专项知识产权经费支持。

二是要加强知识产权管理与科研创新和生产经营的结合。企业要实行知识产权管理与科技创新、生产经营一体化战略，将知识产权融入科研和生产全过程。要将知识产权创造、保护和运用纳入企业发展战略，企业要有知识产权方面的独立董事。要开展科研项目知识产权全过程管理，开展专利导航和战略性布局，提高科技创新的效率，掌握关键核心技术专利与组合，形成有效的知识产权储备。要积极布局和掌握标准必要专利，增强知识产权对产业的影响力和控制力。

三是要加强知识产权保护。上市企业或非上市企业投融资都要拥有高质量的知识产权，企业要完善知识产权质量管理机制，强化知识产权代理质量管理。要在各类合同中规定知识产权保护内容，主导产品知识产权保护要充分有效，知识产权能产生较好的溢价作用，要针对海外目标市场积极推进知识产权国外布局和保护。

四是要反映知识产权资产贡献。企业要按照国家有关法规政策，加强知识产权等无形资产的管理，要在企业会计报表中设置知识产权资产科目，要对研究开发等直接相关的知识产权成本和知识产权对利润的贡献进行科学核算，反映知识产权对企业经营的贡献。

第 10 章

知识产权股权退出与收益

知识产权投融资的主要目的是获取知识产权实施取得的收益。知识产权作价出资和投资知识产权形成股权的股东通过股权转让、退股或清算等方式可以获得股权奖励、股权分红、转增资本等收益。制定科学合理的知识产权作价出资相关股权的退出流程、收益分配机制，完善知识产权投融资法律政策，不但可以有效促进知识产权投融资的健康发展，也可以极大地促进知识产权运用。

10.1 股权转让

股权转让是指公司股东依法将自己的股份让渡给他人获得转让金，使他人成为公司股东的民事法律行为。对于知识产权作价出资来说，股权转让是指知识产权权利人将知识产权作价出资形成的股权转让给他人并收取价金不再成为股东，受让方支付价金得到股权的活动。

高校和科研机构的主要任务是科研和教学，技术转移是科研教学成果产出服务社会的途径之一，因为高校和科研机构在企业持有知识产权作价出资形成的股权和经营企业并非其主要任务，所以很多国外高校和科研机构通过种子资金投资并获得社会资本投资创办衍生企业后即行退出或减少股权比例，通过收回股权转让资金进一步支持新技术和知识产权的投资孵化。即使持有企业股权，高校和科研机构一般也不成为大股东或主要股东，更不直接经营企业，而只分配股权收益。我国目前很多科研人员创业时，通过职务科技成果和知识产权作价入股企业后获取企业大部分股权，成为大股东，一些科研人员直接成为董事长或总经理。科研人员成为董事长、大股东或总经理虽然有利于控制企业和为企业长期发展提供后续研发服务，但科研人员的专长是科研教学而非企业经营，很多科研人员创办的企业难以做大做强。

知识产权形成的企业股权转让后可能产生一个突出问题，就是如何保障获得股权激励的科研人员和管理人员的利益问题。虽然高校和科研机构以技术和知识产权作价出资获取企业股权，但按有关法律和政策规定，科研人员和管理人员可以获得奖励股权，但奖励股权不是真正意义上的股权，只是股权的分红权或者受限的股权。如果高校和科研机构将持有的股权转让，必然会涉及这些股权中的奖励股权转让问题，获得奖励股权的科研人员和管理人员等的利益可能会受到影响，因此也会影响企业的长远发展。而现有《中华人民共和国促进科技成果转化法》和相关政策还存在不足，获得股权激励的科研和管理人员的利益如何得到有效保障缺乏明确规定。

在技术和知识产权作价出资过程中，还存在一些人以技术和知识产权作价入股成立公司后通过转让股权抽逃资金的行为。《中华人民共和国公司法》第三十五条明确规定，"公司成立后，股东不得抽逃出资。"最高人民法院《关于适用〈中华人民共和国公司法〉若干问题的规定（三）》（法释〔2014〕2号）第十四条也规定："股东抽逃出资，公司或者其他股东请求其向公司返还出资本息、协助抽逃出资的其他股东、董事、高级管理人员或者实际控制人对此承担连带责任的，人民法院应予支持。公司债权人请求抽逃出资的股东在抽逃出资本息范围内对公司债务不能清偿的部分承担补充赔偿责任、协助抽逃出资的其他股东、董事、高级管理人员或者实际控制人对此承担连带责任的，人民法院应予支持；抽逃出资的股东已经承担上述责任，其他债权人提出相同请求的，人民法院不予支持。"

10.2　股东退股

在知识产权作价入股的企业，任何一方股东都可以退股。但是根据法律规定，股东要想退出股权，必须先清偿其对公司的个人债务，包括但不限于该股东向公司借款，该股东行为使公司遭受损失而须向公司赔偿等，且应征得其他股东的书面同意后方可退股，否则退股无效。

在股东退股时，若有盈利，公司一般不会拿出全部盈利按股东实缴股权比例或者出资比例进行分配，而只将总盈利部分的一定比例按照股东实缴的出资比例分配，剩余部分则作为公司的转增资本，而且要求退股方不得分配。企业分红后，退股方方可将其原总投资额退回。若公司无盈利，则公司现有总资产的一定比例将按照股东出资比例进行分配，剩余部分作为公司的发展资金，退股方不得要求分配。此种情况下，退股方不得再要求退回其原投资。任何时候退股均以现金结算。同时，因一方退股导致公司的性质发生改变的，退股方往往还要负责办理退股后的变更登记事宜。

虽然法律规定拟退股方仍应享受和承担股东的权利和义务，但对于知识产权作价入股来说会有一定的问题，由于知识产权权利人入股的是技术和知识产权，而并非现金。如果知识产权权利人要退股，按照现行法律规定，投资方很难同意知识产权权利人分配公司盈利或者总资产。如果企业没有盈利，知识产权权利人不可能分配盈利，知识产权权利人则会寻求分配企业总资产或者收回知识产权。但按比例分配公司资产也将会严重影响企业经营。如果知识产权权利人收回知识产权，则企业难以持续经营下去。但现行法律没有规定知识产权权利人股权退股时是否可以只能分配盈利，对于收回知识产权的方式也没有规定。最好的解决之道是先分配盈利，然后评估知识产权价值，并规定不能收回知识产权或独占使用权，企业可以获得普通实施权。

10.3　管理层收购

管理层收购也叫管理层回购（Management Buy-Outs，MBO）是指管理者收购公司的行为，是公司管理层利用高负债融资回购公司的股份或全部股权，使公司为管理层私人所有或控制，从而重组公司并获得超常收益的并购交易。MBO 的目的是可以实现管理者与目标企业所有者二合一，从而达到激励管理人员积极性、降低代理成本的作用。通过MBO，管理层不仅获得收益权，还可以获得企业控制权、共享权和剩余价值索偿权。MBO的客体可以是上市公司、集团子公司或分支机构等（何光辉，2006）。

实行 MBO，企业要具备一定的条件，企业应具有较强且现金流稳定的生产能力，管理层在企业管理岗位上工作年限较长、经验丰富，企业债务比较低，企业具有较大的成本下降、提高经营利润的潜力和能力。一般情况下，管理层只提供很少一部分的自有资金，大部分资金则通过融资实现，财务由优先债（先偿债务）、次级债（后偿债务）与股权三者构成。管理层首先进行债务融资，然后再用被收购企业的现金流量来偿还债务。对于国有企业来说，MBO 可以解决"所有者缺位"问题，促进国企产权制度改革和战略性重组。对于民营企业来说，可以解决戴"红帽子"的历史遗留问题，促进民营企业健康发展。

对于知识产权作价出资形成股权的企业来说，在 MBO 过程中应当进行财务状况分析。《上市公司收购管理办法》，规定 MBO 公司的独立董事应聘请具有证券从业资格的独立财务顾问就被收购公司的财务状况进行分析，就收购要约条件是否公平合理、收购可能对公司产生的影响等事宜提出专业意见，并予以公告。管理团队也会对 MBO 是否具有可行性进行分析，主要包括以下几个方面内容：①企业竞争优势和目前与未来财务状况；②供应商、客户和经销商的稳定性，企业制度和经营管理中存在的问题及改进措施；③法律障碍以及解决途径，税收问题与解决方法；④员工及养老金问题、公司股东权益的增长和管理层的利益回报等。

MBO 的流程是：①组建管理团队。包括企业管理人员，各职能部门高级管理人员、外部专家、外部经营管理人员、知识产权专业人员。要强调优势互补和团结协作。②设计管理人员激励体系。制定管理层股权认购、股票期权或权证规则等激励措施。③设立收购主体（壳公司）。管理团队作为发起人注册成立一家壳公司作为拟收购企业的主体。经过选举确定董事长、总经理和董事会成员以及各个层面的高级管理人员。④选择中介服务机构。选聘投资银行、律师事务所、会计师事务所、资产评估事务所、知识产权事务所指导业务操作，提高 MBO 成功率。⑤收购融资安排。管理层通常应提供不低于 10% 的自有资金作为收购资金，其他所需资金大部分通过以公司资产向银行抵押申请贷款方式解决，或者由保险公司或风险资本投资或杠杆收购的公司来提供。其他资金也可以向养老基金、保险公司、风险资本投资公司等私募或公开发行高收益率债券来筹措。

管理团队在确定收购价格时，主要考虑目标公司的盈利水平和现有账面资产价值，要充分评估目标公司固定资产、流动资产、土地使用权、无形资产尤其是知识产权等资产的价值；企业改造后的预期价值；被转让的债权、债务；离退休职工的退休养老、医疗保险和富余人员安置费用等。还要考虑和评估市场竞争因素，掌握全部消息，争取价格优惠。

管理团队要与企业董事会就收购条件和价格等进行收购谈判，签订正式收购合同。通过 MBO 后，企业就变为非上市公司，需要经过双方和法定代表人签署协议并报请有关部门批准，必要时根据需要和双方意愿进行法律公证。协议生效后，双方要向有关部门办理企业登记、税务登记、企业注销、房产变更、土地使用权、知识产权转让等手续。然后，要在律师现场见证、银行和中介机构等有关部门的监督下，按照协议办理移交手续，经过验收、造册，双方签证后，会计据此入账，办理各种手续。最后要发布收购公告。

由于知识产权权利人主要是高校、科研机构、企业或个人，知识产权作价入股后，这些人虽然持有股权，或成为大股东，但一般不是专业的企业经营管理人员。最好的办法是由具有丰富管理经验的管理层收购企业股权，科研人员不再成为大股东。由于科研人员企业管理能力的局限性，管理层收购虽然对于企业发展有好处，但有可能使得科研人员和创业团队失去企业管理权，也有可能损害知识产权权利人和科研人员的利益。

10.4 企业清算

企业清算是指公司自愿解散后，由公司股东或股东大会确定的人员组成清算组织，依法定程序自行进行清算。根据《中华人民共和国公司法》的规定，企业清算有以下几种情形：公司章程规定的营业期限届满或者公司章程规定的其他解散事由出现；股东会或者股东大会决议解散；因公司合并或者分立需要解散；依法被吊销营业执照、责令关闭或者被撤销；人民法院依法予以解散。

根据《中华人民共和国公司法》的规定，企业清算要组成清算组，因公司章程规定的营业期限届满及公司章程规定的解散事由出现或股东会决议而公司解散时，应当在 15 日内成立清算组。有限责任公司解散时，清算组由全体股东组成，股份有限公司解散时，清算组由股东大会确定。股东大会确定的人选既可以是股东、董事，也可以是其他人选。解散公司超过 15 日不成立清算组进行清算的，债权人可以申请人民法院指定有关人员组成清算组。在此情况下，清算组成员的组成由法院指定。

由于我国的知识产权作价入股的企业大多属于国有控股或参股企业，其解散清算应当根据《中华人民共和国公司法》《国有企业试行破产有关会计处理暂行规定》等的规定清算。普通清算的会计要素分为资产、负债、资本与清算损益四类，其会计公式为：

$$资产 = 负债 + 资本 + 清算损益$$

企业清算时，除核算资本账户外，还要核算"资本公积""盈余公积""利润分配"等账户余额。首先，应全部偿还债务。其次，按投资比例返还投资者的投资，包括知识产权作价出资的投资。最后，清算损益。对于有限责任公司清算，应按投资者名称设项，设立货币资金、实物、无形资产子项。要明确每个投资者应分剩余财产的股权数和应分配金额。对于股份有限公司解散清算，剩余财产分配要设立"投资人"项目，可按优先股和普通股设项，均按投资人投入的股本核算。

按照有关法规的规定，当全部资产不能清偿债务时应转入破产清算。破产清算主要是为了清偿债务。破产清算要在核销不符合资产定义没有变现价值的账面资产如待摊费用、递延资产后，确定可变现资产的价值。确定可变现价值，一是利用资产评估确定，二是根据会计制度通过计提资产的减值准备账面价值确定。其中就包括知识产权的期末余额价值，应作为资产账户资产返还知识产权权利人。但经过使用并减值的知识产权返回给原知识产权权利人很不合理，知识产权通过摊销已经形成企业的利润，知识产权权利人理应分配清算后的可变现资产。

10.5　股权投资收益

知识产权作价出资的股权收益是知识产权权利人对其所持有的知识产权作价出资获得的企业股权或出资比例，或者取得的股息、红利等经济收入。对于非上市公司来说，收益主要包括：①知识产权投资所占股权、股票期权出售收入；②公积金转增股权、未分配利润转增股权的转让收入；③股权分红、岗位分红；④公司清算股权应分配收入。对于上市公司来说，知识产权作价出资形成的企业股权的收益具体内容包括：①股票因送股、公积金转增、拆分股权、配股等而形成的派生股权产生的出售收入；②股权及派生股权产生的股息、红利等所有财产性收益；③公司清算时，股权应分配的剩余财产；④股权和派生股权产生的其他收入。

根据《中华人民共和国公司法》第七十四条的规定，有下列情形之一的，对股东会该项决议投反对票的股东可以请求公司按照合理的价格收购其股权：公司连续五年不向股东分配利润，而公司该五年连续盈利，并且符合法律规定的分配利润条件的；公司合并、分立、转让主要财产的；公司章程规定的营业期限届满或者章程规定的其他解散事由出现，股东会会议通过决议修改章程使公司存续的。

根据 2018 年《国家知识产权战略纲要》实施十周年调查报告，我国被调查的 2 320 家企业采取项目收益分红的占 45.71%，采取岗位分红的占 31.16%，采取股权奖励的占 10.73%，采取股票期权的为 3.06%，采取股权出售的只占 1.81%，还有 33.36% 的企业未采取激励机制。从上述数据可以看出，我国企业采取项目分红这一激励方式的比例最高，说明很多企业的激励主要是以项目为主，不是经常性的激励，而且以现金奖励为主，体现了多劳多得的原则。岗位分红比例也较高，岗位分红同员工在企业的职位有关，股权激励和股票期权等其他投资收益的比例均较低，说明激励制度设计还存在不足。财政部 2016 年印发《国有科技型企业股权和分红激励暂行办法》（财资〔2016〕4 号），对国有及国有控股未上市科技企业的重要技术人员和经营管理人员实行股权（股权出售、股权奖励、股权期权等）和分红权（收益分红和岗位分红）激励。我国知识产权作价投资入股的企业相当一部分是国有性质企业，对科研人员可以实行分红激励或者分红权激励，也可以实行股权或者股票期权激励。非国有企业更可以实行股权激励、股票期权激励等，但即使一些民营企业也不一定给予员工股权或期权激励，而只是给予与岗位工作有关的分红权激励。

10.6　股权奖励 *

在知识产权作价入股中，对科研人员和管理人员最重要的激励方式是股权激励。现代股权激励制度起源于 20 世纪中期的美国，1952 年，美国菲泽尔公司设计并推出了世界上第一个股票期权计划，为员工持股提供了技术支撑，在此基础上，1956 年，美国潘尼苏拉报纸公司推出了世界上第一个员工持股计划，将股权激励由理论转为实践。

10.6.1　股权奖励意义

股权激励的设计初衷是为了降低管理体系中的委托代理成本。由于 16 世纪欧洲股份有限公司制度的出现，现代企业所有权与经营权逐渐分离，所有者与经营者分化为具有不同目标函数的利益集团（董云巍 等，2001），经营者为追求自身效益最大化极有可能做出损害所有者利益的行为，这种因偏差而造成的利益损害造成了现代股份制企业的代理成本（Easterbrook，1984）。如何最大限度地矫正经营者的行为，使其目的与企业目标趋于一致，最好的办法是将经营者的利益整合到所有者利益中，使经营者和企业发展具有目标一致性。1932 年，Berle 和 Means 首次提出将少量股权分配给股份相对分散的股份制公司管理者（Gorton et al.，1999），从而降低企业的委托代理成本。但也有学者认为，尽管股权激励的激励效果可能会优于其他报酬方案，但由于管理者拥有的股权比例相对较低，仍不足以将代理人成本降到足够低（朱照红，2010）。鉴于学者之间存在较多分歧，Hamid 利用假设检验验证了企业业绩与管理者股权报酬比例的关系，其结论认为，管理者报酬中的股权比例与企业业绩呈正相关，管理者持股比例与企业业绩呈正相关（Thakor，2001）。Jensen 等（1976）从企业最高管理者与股东利益协同的角度解释了对首席执行官（CEO）实施股权激励的重要性。Fama 等（1983）认为，如果管理者持股比例过高，有可能侵占投资者的利益，对投资者产生负面影响，增加代理成本。Carpenter 等（2005）在研究了高管股权激励和公司绩效的关系后认为，股权激励能够正面反映公司绩效。

一些学者在研究股权激励与企业业绩关系时发现，企业业绩与股权激励并不一定呈现正相关关系。Morck 等（1988）在研究了公司绩效与管理层持股关系后认为，管理层持股不足 5% 时，持股比例与绩效呈现正相关；持股比例在 5% ~ 25% 时，二者为负相关关系；但持股比例超过 25% 时二者再次呈现正相关关系。另有多位学者研究发现，公司绩效与管理者持股比例呈现倒 U 形关系，公司价值与管理者持股比例呈现先增加后减少的趋势，管

---

*　此部分内容系在宋河发、廖奕驰、陈芳发表于 2019 年第 8 期《科学学研究》的《科技成果与知识产权入股递延纳税政策改革研究》基础上删改而成。

理者持股比例在 40% 左右时达到优，此时企业价值最大（Stulz，1988；McConnell et al.，1990），因此在一定范围内，股权激励能够降低企业的代理成本。

国内学者也对股权激励开展了大量研究，张维迎（1999）在《企业理论与中国企业改革》一书中提出，让管理者拥有一定的股权是协调管理者与股东利益最直接最有效的办法。于东智等（2001）、刘国亮等（2000）在研究董事持股比例与公司绩效指标时发现，董事持股比例与绩效指标呈线性相关关系。王克敏等（2004）在研究股权结构与投资者保护时发现，若不存在相关市场或相关市场不发达，给予管理者股权将只具有激励效应，代理成本与管理者持股比例呈负相关，公司绩效与持股比例呈正相关。但也有部分国内学者得出了相反的结论。冯冰花（2005）认为，我国上市公司高管持股比例明显偏低且持股比例与企业经营业绩的影响不显著，不具有相关性，她同时也认为造成这个现象的原因是我国上市公司持股现状和持股制度的缺陷。俞鸿琳（2006）在研究国有上市公司股权激励效果时发现，管理者持股比例与公司价值对非上市公司和非国有上市公司影响不显著，与国有上市公司的公司价值呈微弱的负相关关系。

10.6.2 股权奖励政策

在知识产权作价入股过程中，为激励技术和管理骨干人员，知识产权权利人往往会从获得的股权或出资比例中拿出一部分股权或出资比例来作为激励。股权激励除了包括上述获得股权或出资比例外，还包括非上市公司的股权出售、股权期权和上市公司的股票期权、限制性股票等权益。

例如，中南大学冶金与环境学院赵中伟教授团队将锂电正极材料的工作原理应用于锂的提取冶金，开发电化学脱嵌法从盐湖卤水提锂技术，历时十多年就电极结构、电极材料、电解槽结构、控制方式方法、锂镁分离效果等进行了大量研究，研发出了相关装置和工艺，申请了国内和国外专利。2017 年 9 月，中南大学将赵中伟教授团队的"电化学脱嵌法从盐湖卤水提锂"技术成果及 2 项国内授权发明专利和 1 项 PCT 专利以独占许可方式许可给上海郸华科技发展有限公司，转让费用共计 10 480 万元，其中货币收益为 2 480 万元。为有效实施合同技术成果，双方共同成立了平台公司，由该平台公司具体负责专利技术的产业化，双方同意中南大学以其中一项专利作价 8 000 万元出资入股至该平台公司。根据中南大学科技成果转化政策，赵中伟团队可获得此次成果转让收益的 70% 奖励，即 1 736 万元现金奖励和 5 600 万元股权奖励。

《中关村国家自主创新示范区企业股权和分红激励实施办法》（财企〔2010〕8 号）较早规定了股权激励，股权激励有以下方式：①股权奖励，即企业无偿授予激励对象一定份额的股权或一定数量的股份；②股权出售，即企业按不低于股权评估价值的价格，以协议方式将企业股权或股份有偿出售给激励对象；③股票期权，即企业授予激励对象在未来一定期限内以预先确定的行权价格购买本企业一定数量股份的权利。作为上市公司，股权奖励的标的包括通过增发、大股东直接让渡以及法律法规允许的其他合理方式授予激励对象的股票（权）、股票期权，限制性股票。实行股权激励的对象应为公司董事会或股东大会决定的技术骨干和高级管理人员，激励对象人数累计不得超过本公司最近 6 个月在职职工平均人数的 30%。

实施股权奖励的公司及其奖励股权标的公司所属行业应均不属于《股权奖励税收优惠政策限制性行业目录》范围。公司所属行业按公司上一纳税年度主营业务收入占比最高的行业确定。实行股权激励应制定股权激励计划，股权激励计划应经公司董事会、股东（大）会审议通过。未设股东大会的国有企事业单位，应经上级主管部门审核批准。股权激励计划应列明激励目的、对象、标的、有效期、各类价格的确定方法、激励对象获取权益的条件、程序等。一般情况下，股票（权）期权自授予日起应持有满 3 年，且自行权日起持有满 1 年；限制性股票自授予日起应持有满 3 年，且解禁后持有满 1 年。股权奖励自获得奖励之日起应持有满 3 年。上述时间条件须在股权激励计划中列明。股票（权）期权自授予日至行权日的时间不得超过 10 年。

企业实施股权激励的一般要制定激励方案。激励方案应主要包括以下内容：实施激励条件的情况说明；激励对象的确定依据、具体名单及其职位和主要贡献；激励方式的选择及考虑因素；激励股权来源、数量及其占企业实收资本（股本）总额的比例，与激励对象约定的业绩条件；拟分次实施的，说明每次拟授予股权的来源、数量及其占比；股权出售价格或者股权、期权行权价格的确定依据；仅实施分红激励的，说明具体激励水平及考虑因素；每个激励对象预计可获得的股权数量、激励金额；企业与激励对象各自的权利、义务；激励对象通过其他方式间接持股的，说明必要性、直接持股单位的基本情况，必要时应当出具直接持股单位与企业不存在同业竞争关系或者不发生关联交易的书面承诺；发生企业控制权变更、合并、分立，激励对象职务变更、离职、被解聘、被解除劳动合同、死亡等特殊情形时的调整性规定；激励方案的审批、变更、终止程序；其他重要事项。

2016 年 2 月 26 日，财政部、科技部、国资委印发《国有科技型企业股权和分红激励暂行办法》，对中国境内具有公司法人资格的国有及国有控股未上市科技企业（具体包括转制院所企业与国家认定的高新技术企业、高等院校和科研院所投资的科技企业、国家和省级认定的科技服务机构）实行股权激励和分红激励。股权激励方式包括股权出售、股权奖励、股权期权等。实施股权激励的国有科技型企业应当产权明晰、发展战略明确、管理规范、内部治理结构健全并有效运转，企业要建立规范的内部财务管理制度和员工绩效考核评价制度。实施股权和分红激励须具备以下条件：转制院所企业与国家认定的高新技术企业、高等院校和科研院所投资的科技企业近 3 年研发费用占当年企业营业收入均在 3%以上，激励方案制定的上一年度企业研发人员占职工总数 10%以上；国家和省级认定的科技服务机构近 3 年科技服务性收入不低于当年企业营业收入的 60%。激励对象为与本企业签订劳动合同的重要技术人员和经营管理人员。大型企业的股权激励总额不超过企业总股本的 5%；中型企业的股权激励总额不超过企业总股本的 10%；小、微型企业的股权激励总额不超过企业总股本的 30%，且单个激励对象获得的激励股权不得超过企业总股本的 3%。实施股权奖励，近 3 年税后利润累计形成的净资产增值额应当占近 3 年年初净资产总额的 20%以上，激励额不超过近 3 年税后利润累计形成的净资产增值额的 15%，仅限于在本企业连续工作 3 年以上的重要技术人员。单个获得股权奖励的激励对象，必须以不低于 1∶1 的比例购买企业股权，且获得的股权奖励按激励实施时的评估价值折算，累计不超过 300 万元。股权激励的激励对象自取得股权之日起 5 年内不得转让、捐赠。

根据《中国科技成果转化 2018 年度报告（高等院校与科研院所篇）》，全国 2 766 家研究开发机构、高等院校 2017 年股权奖励金额激增，科研人员获得的现金和股权奖励金额超 47 亿元，同比增长超 24%，其中股权奖励为 25 亿元，同比增长近 1 倍。奖励人次和人均奖励金额稳步提升。现金和股权奖励科研人员 6.2 万人次，人均奖励金额 7.6 万元，同比增长近 24%。例如，南方科技大学 2017 年对转化主要贡献人员的人均股权奖励金额达 1 180 万元。

10.6.3　奖励股权分析

在科技成果和知识产权作价投资入股中，对于科研人员的激励形成的股权还存在不一致甚至混乱的问题，必须需要进一步厘清。

第一，奖励股权是奖励还是股东权益。由于我国相关法律法规和政策出现了关于科技成果转化收益分配的奖励、报酬、股权、奖励股权等概念，导致法律和政策适用出现不一致。激励作出重要贡献的职务科技成果完成和转化人员的到底是股权还是奖励？现行法律法规和政策规定并不很明确。奖励是给予荣誉或财物的鼓励，是一种激励手段，是焕发人们荣誉感和进取心的措施，是一种调动相关人积极性、最大限度地挖掘潜在能力的管理方法。新修正的《中华人民共和国促进科技成果转化法》第四十五条规定的对做出重要贡献的职务科技成果完成和转化人员应从科技成果投资形成的股份或者出资比例中提取不低于 50% 的比例作为奖励和报酬实际上是一种奖励。做出重要贡献的职务科技成果完成和转化人员获得的是奖励股权，不应直接成为科技成果和知识产权作价入股的企业的股东。财政部 2016 年印发《国有科技型企业股权和分红激励暂行办法》（财资〔2016〕4 号），对国有及国有控股未上市科技企业的重要技术人员和经营管理人员实行股权、分红权激励，就特别规定，企业未规定、也未与重要技术人员约定的，应当按照《中华人民共和国促进科技成果转化法》的上述法定标准给予激励，实际上就是一种奖励。

报酬是由于使用别人的劳动、物件等而付给别人的钱或实物，是指做出有偿劳动而获得的回报，报酬包括工资及津贴、保险、退休金，以及非现金的各种员工福利，例如有薪假期、医疗保险等。这种报酬往往是后付的现金或福利，对于科技成果和知识产权运用，给予做出重要贡献的职务科技成果完成和转化人员报酬也具有后付性。由此可知，高校和科研机构科技成果和知识产权作价入股后给予做出重要贡献的职务科技成果完成和转化人员的股权应是一种事后的报酬。

根据《中华人民共和国公司法》的规定，股东对所投资股份公司享有权益。在科技成果和知识产权作价入股中，股权激励是高校和科研机构让渡一部分科技成果和知识产权形成的股权给职务科研人员和职务发明人的激励，让其能够享受股权带来的经济收益，激励其研究开发出好的科技成果和知识产权，并不断提供后续技术服务、咨询甚至后续研发的制度，职务科研人员获得股权激励带来的收益，代表高校和科研机构支持企业发展，是一种较好的科技成果转化方式。由于财政资金形成的科技成果和知识产权属于国有资产，将获得奖励股权的人直接注册为股东会出现造成国有资产流失的问题。而现实中，许多高校、科研机构和投资机构为了促成科技成果和知识产权作价入股，直接将作出重要贡献的职务成果完成和转化人员作为企业股东，这就造成一定的法律和政策风险问题。

第二，奖励就高还是就低。我国相关法律法规和政策关于给予作出重要贡献的职务科技成果完成和转化人员的奖励规定存在诸多不一致。一是奖励规定不一致。专利法规规定有奖励而促进科技成果转化法规没有规定奖励。《中华人民共和国专利法实施细则》第七十七条规定，未约定奖励的方式和数额的，"一项发明专利的奖金最低不少于3 000元；一项实用新型专利或者外观设计专利的奖金最低不少于1 000元"。二是奖励和报酬内容不一致。促进科技成果转化法规定了科技成果转让和许可、作价入股奖励和报酬的比例，而专利法规只规定了对专利实施和许可的报酬和比例，没有对专利转让和作价入股规定报酬和比例。三是奖励报酬比例不一致。《中华人民共和国促进科技成果转化法》第四十五条规定，科技成果完成单位未规定、也未与科技人员约定奖励和报酬的方式和数额的，国家设立的科研机构和高校，应从科技成果转让净收入或者许可净收入中提取不低于50%的比例对完成、转化职务科技成果做出重要贡献的人员给予奖励和报酬。而《中华人民共和国专利法实施细则》第七十八条规定，"在专利权有效期限内，实施发明创造专利后，每年应当从实施该项发明或者实用新型专利的营业利润中提取不低于2%或者从实施该项外观设计专利的营业利润中提取不低于0.2%，作为报酬给予发明人或者设计人，或者参照上述比例，给予发明人或者设计人一次性报酬；被授予专利权的单位许可其他单位或者个人实施其专利的，应当从收取的使用费中提取不低于10%，作为报酬给予发明人或者设计人。"这些不一致的规定导致许多地方和单位实施的奖励报酬和比例各不相同。

第三，知识产权作价入股和对个人的激励不一致。《中华人民共和国促进科技成果转化法》第四十五条规定，科技成果完成单位未规定、也未与科技人员约定奖励和报酬的方式和数额的，利用该项职务科技成果作价投资的，从该项科技成果形成的股份或者出资比例中提取不低于50%的比例对完成、转化职务科技成果做出重要贡献的人员给予奖励和报酬。而新修正的《中华人民共和国专利法》第六条规定，"该单位可以依法处置其职务发明创造申请专利的权利和专利权，促进相关发明创造的实施和运用"；第十五条规定，"国家鼓励被授予专利权的单位实行产权激励，采取股权、期权、分红等方式，使发明人或者设计人合理分享创新收益。"《中华人民共和国促进科技成果转化法》规定的给予科研人员个人的是奖励股权或者奖励投资比例，本质是一种奖励，而且科技部等九部门下发《赋予科研人员职务科技成果所有权或长期使用权试点实施方案》后，40家试点下放科技成果所有权和长期使用权的高校和科研机构还没有完成试点，但新修正的《中华人民共和国专利法》规定单位可以依法处置专利申请的权利和专利权，如果包括允许将职务科技成果和知识产权直接处置给予个人，这实际上突破了国有资产管理的红线，也与科技法和科技政策的规定相冲突。激励职务发明人的股权、期权是由科技成果知识产权作价入股形成的，而财政性科技成果和知识产权所有权属于国家，专利法的这种规定有可能导致国有资产的实际流失。

现有法律政策关于股权奖励的规定存在不一致问题。根据《中华人民共和国促进科技成果转化法》第四十五条规定，给予完成、转化职务科技成果做出重要贡献的人员的奖励和报酬仍然是一种奖励，科研人员等不能成为真正意义上的股东。而《中关村国家自主创新示范区企业股权和分红激励实施办法》规定的股权奖励是企业无偿授予激励对象一定份额的股权或一定数量的股份，也就是说激励对象包括职务科技成果完成人和转化人员可以获得企业股份，从而注册为股东。而《国有科技型企业股权和分红激励暂行办法》对单个获得股权奖励的激励对象，必须以不低于 1∶1 的比例购买企业股权。这就造成一些单位在实际操作中存在问题，一些单位甚至允许获得股权奖励的科研人员注册为知识产权作价入股企业的股东。

实际上，按目前的国有资产管理规定，将职务科技成果知识产权及其形成的股权、期权或一部分股权、期权直接给予完成和转化科技成果做出重要贡献的人员虽确实存在国有资产流失的风险，但是由于科技成果转化和知识产权运用的复杂性，将科技成果知识产权处置给职务发明人，将知识产权作价入股形成的企业股权或者期权给予个人在早期并不见得真正会造成国有资产流失，这些规定只是造成了国有资产流失的可能性，将职务科技成果和知识产权下放给职务发明人，将知识产权作价入股形成的企业股权或者期权给予个人，如果国家、单位和个人的收益分配合理，科技成果转化和知识产权运用成功，在个人获得收益的同时，单位和国家也能获得相应的收益，在此意义上并不是国有资产的流失，反而是国有资产的保值增值。

10.7　资本转增股权

转增资本是公司为了增加资本规模，将资本公积、盈余公积、未分配利润转增为公司股本的行为。转增股本并没有改变股东的权益，却增加了股本规模，也有利于企业集中资金研究开发，掌握自主知识产权，推动企业做大做强。转增资本主要有资本公积转增、盈余公积转增、未分配利润转增三种方式。

资本公积金由资本（股本）升值溢价、接受现金捐赠、股权投资准备金、转入的拨款等形成。在股东权益内部，它不受公司本年度可分配利润的多少及时间的限制，只需将公司账面"资本公积"减少，将公积金转到"实收资本"或者"股本"账户，并按照投资者所持有公司的股份比例的大小分到各个投资者的账户中。

盈余公积金是公司从税后利润中提取的法定公积金和任意公积金转增注册资本的行为，应当提取税后利润的 10% 列入法定盈余公积金，如果超过注册资本的 50%，可不再提取。任意盈余公积金是根据公司章程和股东会决议从公司盈余中提取的公积金。公积金转增资本实际上是向股东分配了股息、红利后，股东再以分得的股息、红利增加注册资本。资本公积金转增资本是指用资本公积金向股东转增股票（权），资本公积金是指公司由资本、资产本身及其他原因形成的股东权益收入，转增资本不能超过注册资本的 25%。未分配利润转增是指在公司有盈余情况下向股东送的红股。送红股后，公司的资产、负债、股东权益的总额及结构并没有发生改变，但总股本增大了，同时每股净资产降低了。

根据《国家税务总局关于股份制企业转增股本和派发红股免征个人所得税的通知》（国税发〔1997〕198 号），股份制企业用资本公积金转增股本不属于股息、红利性质的分配，增加部分的注册资本免征所得税，对个人取得的转增股本数额不作为个人所得，不征收个人所得税。2010 年，《国家税务总局关于进一步加强高收入者个人所得税征收管理的通知》（国税发〔2010〕54 号）印发，对以未分配利润、盈余公积和除股票溢价发行外的其他资本公积转增注册资本和股本的，要按照"利息、股息、红利所得"项目，依据现行政策规定计征个人所得税。亦即股份有限公司股票发行溢价收入所形成的资本公积金转增股本不用交税，除此之外的其他资本公积金转增股本都是需要缴纳个人所得税的。

根据《财政部 国家税务总局 证监会关于上市公司股息红利差别化个人所得税政策有关问题的通知》（财税〔2015〕101 号），个人从公开发行和转让市场取得的上市公司股票，持股期限在 1 个月以内（含 1 个月）的，其股息红利所得全额计入应纳税所得额，持股期限在 1 个月以上至 1 年（含 1 年）的，暂减按 50% 计入应纳税所得额，持股期限超过 1 年的，暂免征收个人所得税；上述所得统一适用 20% 的税率计征个人所得税。根据《财政部 国家税务总局关于将国家自主创新示范区有关税收试点政策推广到全国范围实施的通知》（财税〔2015〕116 号），全国范围内的中小高新技术企业以未分配利润、盈余公积、资本公积向个人股东转增股本时，个人股东一次缴纳个人所得税确有困难的，可根据实际情况自行制定分期缴税计划，在不超过 5 个公历年度内（含）分期缴纳；个人股东获得转增的股本，应按照"利息、股息、红利所得"项目，适用 20% 税率征收个人所得税。上市中小高新技术企业或在全国中小企业股份转让系统挂牌的中小高新技术企业向个人股东转增股本，股东应纳的个人所得税，继续按照现行有关股息红利差别化个人所得税政策执行。

2016 年 9 月 20 日《财政部 国家税务总局关于完善股权激励和技术入股有关所得税政策的通知》（财税〔2016〕101 号）印发，非上市公司授予本公司员工的股票期权、股权期权、限制性股票和股权奖励，符合规定条件的，经向主管税务机关备案，可实行递延纳税政策，即员工在取得股权激励时可暂不纳税，递延至转让该股权时纳税；股权转让时，按照股权转让收入减除股权取得成本以及合理税费后的差额，适用"财产转让所得"项目，按照 20% 的税率计算缴纳个人所得税。企业或个人以技术成果投资入股到境内居民企业，被投资企业支付的对价全部为股票（权），企业或个人可选择继续按现行有关税收政策执行，也可选择适用递延纳税优惠政策；选择技术成果投资入股递延纳税政策的，经向主管税务机关备案，投资入股当期可暂不纳税，允许递延至转让股权时，按股权转让收入减去技术成果原值和合理税费后的差额计算缴纳所得税；企业或个人选择适用上述任一项政策，均允许被投资企业按技术成果投资入股时的评估值入账并在企业所得税前摊销扣除；技术成果是指专利技术（含国防专利）、计算机软件著作权、集成电路布图设计专有权、植物新品种权、生物医药新品种，以及科技部、财政部、国家税务总局确定的其他技术成果。

现行会计制度规定了企业的法定盈余公积金，但没有强制规定任意公积金，并允许转增股本，虽然提取公积金是为了企业发展需要，但法定公积金的比例较低，缺乏面向核心技术研发和知识产权创造运用的公积金提取规定，对于大多数中小微企业来说，企业研发经费和知识产权事务费企业需要用现金投资或贷款支付，对于急需发展资金的用知识产权作价入股的企业来说，更是缺乏专项的研究开发经费和知识产权费用。如果在现有法定公积金和任意公积金的基础上，能够规定企业必须建立研发和知识产权法定公积金制度并允许结转和转增股本，则有利于防止企业为弥补损失和其他经营目的挤占研发和知识产权费用，有利于企业集中使用研发经费实施重大科研项目，掌握核心技术知识产权和组合，将有利于知识产权作价入股企业不断形成竞争优势。

10.8　股权分红

股权分红就是知识产权作价入股取得的股权收益，即税后可以分配的纯利润。2010年，财政部、科技部印发《中关村国家自主创新示范区企业股权和分红激励实施办法》的通知（财企〔2010〕8 号），明确包括知识产权作价投资形成股权的分红激励，是指企业以科技成果实施产业化、对外转让、合作转化、作价入股形成的净收益为标的，采取项目收益分成方式对激励对象实施激励的行为。2011 年，《国务院关于中关村国家自主创新示范区发展规划纲要（2011—2020 年）的批复》（国函〔2011〕12 号），提出"高等院校、科研院所、院所转制企业及国有高新技术企业的职务科技成果发明和转化中做出突出贡献的科技人员和管理人员，由实施科技成果产业化的企业按规定给予股权、分红等多种形式的激励，释放创新活力，促进创新成果产业化"。

知识产权作价入股的企业实施股权分红需要满足一定的条件。根据《中关村国家自主创新示范区企业股权和分红激励实施办法》，在中关村区域内实施股权和分红激励的企业，应当符合以下要求：①企业发展战略明确，专业特色明显，市场定位清晰；②产权明晰，内部治理结构健全并有效运转；③具有企业发展所需的关键技术、自主知识产权和持续创新能力；④近 3 年研发费用占企业销售收入 2% 以上，且研发人员占职工总数 10% 以上；⑤建立了规范的内部财务管理制度和员工绩效考核评价制度；⑥企业财务会计报告经过中介机构依法审计，且近 3 年没有因财务、税收违法违规行为受到行政、刑事处罚。

企业股权分红应制定分红激励方案。分红方案一般包括企业的基本情况，如企业基本情况及其发展战略，企业近 3 年的业务发展和财务状况，企业产权是否清晰，目前的股权结构，激励方案拟订和实施的管理机构及其成员，企业未来三年技术创新规划，包括企业技术创新目标，以及为实现技术创新目标在体制机制、创新人才、创新投入、创新能力、创新管理等方面将采取的措施。这可以使得被激励人对企业发展具有信心。

根据该政策，分红的比例应当有限制。在中关村自主创新示范区内，以科技成果和知识产权作价入股其他企业的，自入股企业开始分配利润的年度起，在 3~5 年内，每年从当年投资项目净收益中，提取不低于 5% 但不高于 30% 用于激励。投资收益为企业以科技成果作价入股后，从被投资企业分配的利润扣除相关税费后的金额。企业近 3 年税后利润形成的净资产增值额应当占企业近 3 年年初净资产总额的 10% 以上，实施当年年初未分配利润没有赤字，且激励对象应当在该岗位上连续工作 1 年以上。企业年度岗位分红激励总额不得高于当年税后利润的 15%，激励对象个人岗位分红所得不得高于其薪酬总水平（含岗位分红）的 40%。知识产权权利人通过股权转让、退股或清算等方式可以获得转增资本、股权奖励、分红激励等收益。科学合理的收益分配机制不但可以有效激励知识产权为核心资产的企业股权转让和退出，也可以从源头上激励知识产权的投融资。建立科学合理的收益分配机制必须完善相应的法规政策。

还有一些企业针对科研管理骨干进行分红激励，这些分红激励是虚拟股激励。为了激励科研人员和管理人员，虽然科研和管理骨干不是实际注册的股东，没有所有权和继承权，但享有年终净利润的分红权。一般情况下，科研和管理骨干应与企业签订协议，要完成规定的技术开发任务，并按技术开发规划的进度安排完成技术开发项目，并做好技术保密保护。协议中一般应约定年终利润分红的比例，可以以工资发放形式支付分红，也可以约定如果没有分红则只领取工资等。

财政部、科技部、国资委印发的《国有科技型企业股权和分红激励暂行办法》，规定的分红激励方式包括项目收益分红和岗位分红。项目收益分红应当依据《中华人民共和国促进科技成果转化法》对完成和转化科技成果作出重要贡献的人员给予分红激励。岗位分红激励的企业近 3 年税后利润累计形成的净资产增值额应当占企业近 3 年年初净资产总额的 10% 以上，岗位分红激励总额不高于当年税后利润的 15%。激励对象应当在该岗位上连续工作 1 年以上，且原则上每次激励人数不超过企业在岗职工总数的 30%。激励对象获得的岗位分红所得不高于其薪酬总额的 2/3。岗位分红激励方案有效期原则上不超过 3 年。激励方案中应当明确年度业绩考核指标，原则上各年度净利润增长率应当高于企业实施岗位分红激励近 3 年平均增长水平。

10.9 小结

知识产权投融资项目只有通过股权转让、上市交易或退股等才能实现收益。本章梳理和研究了知识产权作价出资后形成企业股权通过股权转让、退股或清算等退出渠道，研究了转增资本、股权奖励、分红激励等股权收益问题。为促进知识产权作价出资后股权退出和收益分配，本书提出如下建议。

一是明确奖励股权的法律地位。应明确规定知识产权作价出资形成的企业股权转让中获得奖励股权的科研和管理人员的法定权利，奖励股权只有单位和个人都同意转让时才可以转让，科研人员或单位任一方不同意的不能转让。

二是制定股权退出利益平衡政策。在法规或政策中应明确规定知识产权作价出资形成的企业股权在知识产权权利人选择退股时，不能影响企业的正常经营，权利人收回知识产权的，企业仍然可以获得普通许可使用权，但应支付合理的使用费。

三是制定管理层收购公开透明政策。在管理层收购中，为保证管理层和知识产权权利人获得奖励股权利益，要制定公平、公开和透明的知识产权作价出资形成企业股权的价值评估规则、股东全体一致规则和救济规则。

四是完善股权奖励递延纳税政策。要明确规定企业股权和个人奖励股权在股权收回、清算或转让时才需要缴纳企业所得税和个人所得税，个人获得奖励股权不列入工资薪金范围；应允许企事业单位先将科技成果作价入股的股权按单位与完成人之间的约定比例进行划分，并按照最终所获得的实际奖励股权分别缴纳单位所得税和个人所得税；进一步明确科技成果知识产权作价入股股权的原值和税费的内容，将科技成果知识产权许可作价入股获得股权的活动纳入所得税税收优惠政策范围，使技术和知识产权的转让与许可、单位与个人技术作价入股获得奖励股权的所得税政策相对平衡。

第 11 章

知识产权投融资税收优惠[*]

税收优惠政策是激励知识产权创造和运用的重要政策。做好知识产权投融资的税收筹划对于知识产权投融资健康快速发展具有重要意义。促进科技成果转化和知识产权投融资，需要完善知识产权转让和许可、作价入股和风险投资等环节的增值税、所得税、印花税和个人所得税等类型税收优惠政策。

11.1 知识产权税收政策

深入实施创新驱动发展战略、建设创新型国家关键是要创造出高水平、大规模的科技创新成果及知识产权，同时，科技成果和知识产权要得到有效转化运用。为进一步强化对科技成果转化和知识产权运用的税收政策激励，国务院 2015 年 12 月 18 日发布《关于新形势下加快知识产权强国建设的若干意见》（国发〔2015〕71 号），强调要加大财税和金融支持力度，运用财政资金引导和促进科技成果产权化、知识产权产业化。中共中央、国务院 2016 年 5 月印发《国家创新驱动发展战略纲要》，明确提出要完善激励企业研发的普惠性财税和保险政策。国务院 2016 年 2 月发布《国务院关于印发实施〈中华人民共和国促进科技成果转化法〉若干规定的通知》（国发〔2016〕16 号）也规定，积极探索和研究支持单位和个人科技成果转化的税收政策。中共中央办公厅、国务院办公厅 2016 年 11 月发布《关于实行以增加知识价值为导向分配政策的若干意见》，提出完善股权激励等相关税收政策；对符合条件的股票期权、股权期权、限制性股票、股权奖励以及科技成果投资入股等实施递延纳税优惠政策，鼓励科研人员创新创业，进一步促进科技成果转化。尤为重要的是，中共中央国务院 2021 年 9 月 22 日印发《知识产权强国建设纲要（2021—2035 年）》，要求积极稳妥发展知识产权金融，规范探索知识产权融资模式创新。国务院 20221 年 10 月 9 印发《"十四五"国家知识产权保护和运用规划》也要求积极稳妥发展知识产权金融。充分发挥金融支持知识产权转化的作用。在自由贸易试验区和自由贸易港推进知识产权金融服务创新。

但是我国科技成果转化和知识产权运用还存在不少问题，尤其是知识产权作价入股发

---

* 本章在宋河发、廖奕驰 2019 年发表于《科学学研究》的《科技成果入股递延纳税政策改革研究》的基础上删改而成。

展还不快，转移转化的比例还较低。虽然股权奖励能更好地激发科技人员的积极性，但目前股权奖励方式未被广泛采用，其中一个重要的原因在于股权激励的税收政策存在不足。根据 2019 年国家知识产权局发布的《〈国家知识产权战略纲要〉实施十年评估报告》，全部 376 家被调查高校科研机构单位中，采用自己成立公司方式直接应用知识产权的占 19.95%，选择技术入股获取收益的占 31.12%，远远低于选择与企业合作研发中直接应用的 60.37%，选择转让和许可给企业应用的分别为 65.96% 和 56.91%。2 320 家被调查企业，利用知识产权入股的只占 5.95%。根据 244 家浙江省高校和院所 2017 年科技成果转化统计分析，244 家高校院所实现股权奖励 0.2 亿元，仅占成果转化收入的 2.2%。❶

财税政策是激励知识产权创造和运用的有效政策。建设知识产权强国，必须构建有效的知识产权财税政策体系。科技成果和知识产权作价入股可以使科技成果持有单位持续参与到科技成果后续转化中，从而加速技术产业化的进程（陈柳惠，2016），因此具有重要的意义。国家知识产权局 2010 年 10 月 26 日印发的《全国专利事业发展战略（2011—2020 年）》提出"充分运用财政、税收、金融等政策，激励更多核心专利的创造与运用"。国家知识产权局等 2012 年发布的《关于加快培育和发展知识产权服务业的指导意见》也提出，"要研究推动知识产权服务机构享受相关税收优惠政策"。中共中央国务院 2021 年 9 月 22 日印发《知识产权强国建设纲要（2021—2035 年）》在条件保障中更要求综合运用财税、投融资等相关政策，形成多元化、多渠道的资金投入体系，但我国一直没有制定和发布涉及知识产权投融资服务发展的具体财税优惠政策。

11.2　知识产权投资企业增值税

增值税是对生产和经营中新增加价值征收的税收。我国 2017 年修订了《中华人民共和国增值税暂行条例》（国务院令第 691 号），2011 年修订了《中华人民共和国增值税暂行条例实施细则》（财政部令第 65 号），财政部、税务总局 2011 年 11 月 16 日印发了《营业税改征增值税试点方案》（财税〔2011〕110 号），并相继印发了《交通运输业和部分现代服务业营业税改征增值税试点实施办法》（财税〔2011〕111 号），《财政部 国家税务总局关于全面推开营业税改征增值税试点的通知》（财税〔2016〕36 号）和《营业税改征增值税试点实施办法》《营业税改征增值税试点有关事项的规定》《营业税改征增值税试点过渡政策的规定》《跨境应税行为适用增值税零税率和免税政策的规定》等。

目前，我国涉及知识产权投融资的增值税主要包括创投企业投资知识产权的创投服务机构投资服务的增值税，以及高校与科研机构知识产权作价入股的转让和许可增值税两类。

11.2.1　创投企业服务增值税

2016 年 1 月 13 日，我国新修订的《中华人民共和国增值税暂行条例》经国务院第

---

❶ 科技部. 浙江省高校和院所科技成果转化统计分析［R/OL］.（2019-05-09）［2021-10-08］. https://www. most. gov. cn/kjbgz/201904/P020190430538376873822. pdf.

119 次常务会议通过。2017 年 4 月 19 日国务院召开常务会议，增值税税率由 17%、13%、11% 和 6% 四档变为 17%、11% 和 6% 三档，取消 13% 这一档税率；将农产品、天然气等增值税税率从 13% 降至 11%。从 2018 年 5 月 1 日起，国务院将制造业等行业增值税税率从 17% 降至 16%。2018 年 4 月 4 日，财政部、国家税务总局印发《财政部 税务总局关于调整增值税税率的通知》（财税〔2018〕32 号），根据国务院常务会精神制定相应的增值税优惠政策。2019 年 3 月 20 日，财政部、税务总局、海关总署三部门联合印发《财政部 税务总局 海关总署关于深化增值税改革有关政策的公告》，降低应税销售行为或者进口货物的税率、境外旅客购物离境退税物品的退税率。2020 年 2 月 25 日，国务院召开常务会议，将小规模纳税人增值税率由 3% 降至 1%。2021 年 3 月 31 日，财政部、税务总局发布 2021 年第 11 号公告，自 2021 年 4 月 1 日至 2022 年 12 月 31 日，对月销售额 15 万元以下（含本数）的增值税小规模纳税人免征增值税。

我国规定提供现代服务业服务（有形动产租赁服务除外）的税率为 6%，由于以知识产权作价入股的股权方式投资知识产权的投资企业属于服务业，所以其增值税应按现代服务业收入的 6% 缴纳。

11.2.2　知识产权转让增值税

在知识产权权利人将知识产权作价入股时，必须将知识产权转让给企业，否则存在虚假注资问题，投资于知识产权的创投企业享受所得税税收优惠政策也会存在问题。

知识产权权利人将知识产权转让或许可给企业可以享受增值税优惠。根据《财政部 国家税务总局关于全面推开营业税改征增值税试点的通知》（财税〔2016〕36 号）附件 3《营业税改征增值税试点过渡政策的规定》，试点纳税人提供技术转让、技术开发和与之相关的技术咨询、技术服务免征增值税。

根据该规定，技术转让、技术开发是指《销售服务、无形资产、不动产注释》中规定的"转让技术""研发服务"范围内的业务活动。技术转让包括技术类知识产权的转让和许可。该政策规定，试点纳税人申请免征增值税时，须持技术转让、开发的书面合同，到纳税人所在地省级科技主管部门进行审核，并持有关的书面合同和科技主管部门审核意见证明文件报主管税务机关备查，到相应的纳税机构即征即退增值税，时间一般为三个月。

11.2.3　知识产权增值税问题分析

我国现行增值税政策主要参照国外做法，由于科技成果和知识产权作价入股是重要的科技成果转化和知识产权运用方式，现行增值税法规、政策并没有关于科技成果和知识产权作价获得股权的增值税优惠规定，很多企事业单位并不清楚知识产权作价出资获得股权是否需要缴纳增值税。现行涉及知识产权投融资的增值税政策主要存在三个方面的问题。

一是由于技术转让包含了技术类知识产权的权利转让和许可，而知识产权转让仅是权利转让，不包括许可，两者存在较大差异。现行增值税法规虽然对技术转让合同收入实行增值税优惠政策，但关于知识产权转让、许可与技术合同的增值税优惠规定不明确，造成不必要的混乱。

二是知识产权作价入股的企业增值税税费较高。作价入股到企业的知识产权虽然通过权利变更途径转让，但企业并没有支付知识产权转让费，原知识产权权利人没有获得收入所以不用缴纳增值税。但与普通的知识产权转让和许可相比，原知识产权权利人无法抵扣知识产权进项增值税，造成实际税负比原来有所增加。

三是高校和科研机构知识产权作价入股取得的股息红利不能享受增值税优惠政策，因为由知识产权作价入股形成的股权获得的股息、红利、分红和股权转让收入不属于"技术转让、技术开发与之相关的技术咨询、技术服务"，无法享受免征增值税优惠。所以大多数高校和科研机构选择直接转让和许可方式而非作价入股方式。

11.2.4　知识产权增值税政策改革

为促进增值税法规政策更好激励科技创新和知识产权运用，尤其是知识产权投融资，我国增值税法规政策应不断进行修改完善。

一是要降低知识产权作价入股企业增值税负担。为了避免政策选择，使知识产权作价入股和知识产权转让、许可相关增值税优惠政策一致，应当允许知识产权作价入股的企业按照股权或出资比例评估价格或公允价格抵扣进项增值税，以减轻企业增值税负担。

二是要扩展增值税优惠政策范围。应将技术和知识产权作价入股获得股权的直接股息收入、股权分红收入、股权转让收入和企业清算收入纳入享受增值税优惠政策范围。

11.3　股权转让所得税

知识产权作价入股能够将知识产权权利人和投资方结合起来，是最有效的科技成果转化和知识产权运用方式。然而，我国科技成果和知识产权作价入股的比例长期较低，其中最重要的问题是存在股权所得税问题。我国技术股权激励税收政策遇到执行障碍。技术入股所得税收政策存在挤出效应，挤出效应"即刻缴税>递延 5 年缴税>暂不缴税"（张胜等，2017）。对于专利权作价入股，我国应采用符合公共利益、比例原则和平等原则的"有限递延纳税优惠制度"，有限递延纳税优惠制度应当采用递延"税收债务清偿期"的方式，仅仅为纳税人提供"资金周转利益"，且需加计利息，将递延"税收债务清偿期"限定为五年（王莉莉，2012）。科研人员可参照国税发〔1999〕125 号享有递延纳税或立即纳税的选择权；在执行程序上，"先投后奖"和"先奖后投"应同等看待，单位出具的股权奖励决定可作为判断依据，单位在将科技成果作价投资前，通过决定或协议对预期股权进行内部先分配的，也应视为股权奖励，适用递延纳税政策（常旭华 等，2018）。暂不缴税政策是最有效的科技成果作价投资所得税优惠政策，应坚持"无现收益不征税"，有收益再缴税的原则，实施获得股权时暂不缴税，转让股权获得现金收益时再依法计缴所得税政策（张胜 等，2017）。我国应将技术入股递延纳税调整为按照一定门槛免征或者减免（陈柳惠，2016）。

虽然现有研究丰富了科技成果入股递延纳税政策的实践，但还不够系统和深入，科技成果和知识产权作价入股所得税政策仍然存在一些没有解决的突出问题。在当前国际形势日益复杂的情况下，实现创新驱动发展，建设知识产权强国，必须破除制约科技成果转化和知识产权运用的体制机制障碍，必须进一步完善科技成果和知识产权作价入股所得税优惠政策。

11.3.1 股权转让企业所得税

我国对高校和科研机构科技成果和知识产权作价入股的所得税政策经历了从不征收到分期征收再到延期征收三个阶段。我国 1993 年颁布的《中华人民共和国企业所得税暂行条例》（国务院令第 137 号）就明确规定，企业生产、经营所得和其他所得应当缴纳企业所得税，而且规定所得为收入减去扣除项目的余额，收入包括特许权利使用费和其他收入。我国 1994 年颁布《中华人民共和国企业所得税暂行条例实施细则》（财法字〔1994〕3 号），明确规定其他所得是指股息、利息、租金、转让各类资产、特许权使用费以及营业外收益等所得。为解决企业在行权等环节现金流不足的问题，降低纳税人负担，财政部、税务总局 2016 年 9 月 28 日发布《财政部 国家税务总局关于完善股权激励和技术入股有关所得税政策的通知》（财税〔2016〕101 号），规定对非上市公司符合条件的股票（权）期权、限制性股票、股权奖励，纳税人在股票（权）期权行权、限制性股票解禁以及获得股权奖励时暂不征税，在转让该股权时一次性征税；在转让环节一次性适用 20% 的税率征税；对企业或个人以技术成果投资入股，企业或个人可以选择递延至转让股权时，按股权转让收入减去技术成果原值和合理税费后的差额计算缴纳所得税，同时规定，无论投资者选择适用哪一项政策，被投资企业均可按技术成果评估值入账并在税前摊销扣除。

我国 2018 年修正的《中华人民共和国企业所得税法》（以下简称《企业所得税法》）涉及知识产权作价入股的所得税政策主要有三个方面。一是无形资产及收入认定。其中第六条规定企业以货币形式和非货币形式从各种来源取得的收入为收入总额，包括了股息、红利等权益性投资收益。第十二条规定，在计算应纳税所得额时，企业按照规定计算的无形资产摊销费用，准予扣除；但自行开发的支出已在计算应纳税所得额时扣除的无形资产、自创商誉、与经营活动无关的无形资产等不得计算摊销费用扣除。2019 年修订的《中华人民共和国企业所得税法实施条例》（以下简称《企业所得税法实施条例》）第十二条明确企业取得收入的非货币形式，包括固定资产、生物资产、无形资产、股权投资、存货、不准备持有至到期的债券投资、劳务以及有关权益等。第十六条规定，"转让财产收入是指企业转让固定资产、生物资产、无形资产、股权、债权等财产取得的收入。"无形资产按照以下方法确定计税基础：①外购的无形资产，以购买价款和支付的相关税费以及直接归属于使该资产达到预定用途发生的其他支出为计税基础；②自行开发的无形资产，以开发过程中该资产符合资本化条件后至达到预定用途前发生的支出为计税基础；③通过捐赠、投资、非货币性资产交换、债务重组等方式取得的无形资产，以该资产的公允价值和支付的相关税费为计税基础。第六十七条规定了无形资产按照直线法计算的摊销费用，准予扣除；无形资产的摊销年限不得低于 10 年；作为投资或者受让的无形资产，有关法律规定或者合同约定了使用年限的，可以按照规定或者约定的使用年限分期摊销；外购商誉的支出，在企业整体转让或者清算时，准予扣除。④知识产权摊销与加计扣除。《中华人民共和国企业所得税法实施条例》规定，研究开发费用形成无形资产的，按照无形资产成本的150%摊销。《财政部 税务总局 科技部关于提高研究开发费用税前加计扣除比例的通知》（财税〔2018〕99 号）规定：企业开展研发活动中实际发生的研发费用，未形成无形资产计入当期损益的，在按规定据实扣除的基础上，在 2018 年 1 月 1 日至 2020 年 12 月 31 日期间，再按照实际发生额的 75% 在税前加计扣除；形成无形资产的，在上述期间按照无形资产成本的 175% 在税前摊销。2021 年国务院召开常务会议，提高制造业研发费用加计扣除比例，小微企业贷款支持政策延至年底：延续执行企业研发费用加计扣除 75% 政策，将制造业企业加计扣除比例提高到 100%。

二是高新技术企业。高新技术企业是获得知识产权作价入股的主要企业。我国《企业所得税法》第二十八条规定，"国家需要重点扶持的高新技术企业，减按 15% 的税率征收企业所得税。"《企业所得税法实施条例》第九十三条规定，国家需要重点扶持的高新技术企业，是指拥有核心自主知识产权，并同时符合下列条件的企业：①产品（服务）属于《国家重点支持的高新技术领域》规定的范围；②研究开发费用占销售收入的比例不低于规定比例；③高新技术产品（服务）收入占企业总收入的比例不低于规定比例；④科技人员占企业职工总数的比例不低于规定比例；⑤高新技术企业认定管理办法规定的其他条件。

三是创投企业投资技术和知识产权。我国《企业所得税法》第三十一条规定，"创业投资企业从事国家需要重点扶持和鼓励的创业投资，可以按投资额的一定比例抵扣应纳税所得额。"《企业所得税法实施条例》第九十七条明确规定，"企业所得税法第三十一条所称抵扣应纳税所得额，是指创业投资企业采取股权投资方式投资于未上市的中小高新技术企业 2 年以上的，可以按照其投资额的 70% 在股权持有满 2 年的当年抵扣该创业投资企业的应纳税所得额；当年不足抵扣的，可以在以后纳税年度结转抵扣。"《国家税务总局关于实施创业投资企业所得税优惠问题的通知》（国税发〔2009〕87 号）进一步规定，创业投资企业采取股权投资方式投资于未上市的中小高新技术企业 2 年（24 个月）以上的，凡符合条件的，可以按其对中小高新技术企业投资额的 70%，在股权持有满 2 年的当年抵扣该创业投资企业的应纳税所得额；当年不足抵扣的，可以在以后纳税年度结转抵扣。2016 年，财政部、税务总局发布《财政部 国家税务总局关于完善股权激励和技术入股有关所得税政策的通知》（财税〔2016〕101 号），规定对企业或个人以技术成果投资入股，企业或个人可以选择递延至转让股权时，按股权转让收入减去技术成果原值和合理税费后的差额计算缴纳所得税。

11.3.2　企业所得税法规政策问题分析

在科技成果和知识产权作价入股上，现行所得税法规和政策还存在一些不足。一是科技成果和知识产权作价入股获得的股权并应不属于《企业所得税法》规定的企业收入总额，即企业以货币形式和非货币形式从各种来源取得的收入为收入总额，包括股息、红利等权益性投资收益。《企业所得税法实施条例》第十二条规定的企业取得收入的非货币形式，包括无形资产、股权投资等。虽然现在的法规政策允许企业对知识产权作价入股选择递延纳税，但是将科技成果和知识产权作价出资形成的股权作为收入，这种收入与现金收入和其他类型股权收益性质很不相同。实践中一些地方税务部门仍将科技成果和知识产权作价出资形成的股权作为应纳税所得征收企业所得税，无疑加重了高技术企业的纳税负担。

二是知识产权作价入股的客体范围受限。科技成果和知识产权作价入股目的之一是成立高新技术企业。但目前的高新技术企业认定政策，即科技部2016年6月发布的《高新技术企业认定管理工作指引》（国科发火〔2016〕195号）规定只有获得知识产权所有权才能认定为高新技术企业，知识产权的申请权、许可权、使用权等都被排除在外。这些规定不仅不公平，也会导致通过作价入股转让知识产权的企业产生市场垄断。

三是知识产权作价入股成立的企业所得税税负较高。作价入股到企业的知识产权虽然是通过转让或许可途径入股，但企业并没有支付任何转让或许可费，没有发生知识产权成本，也就无法在会计科目中列支知识产权类无形资产的成本，无法对作价入股的企业知识产权类无形资产进行摊销和税前加计扣除，就会造成企业实际税负与知识产权转让、许可甚至自主研发知识产权等其他方式相比较高，不利于知识产权作价入股。

11.4　股权奖励个人所得税

11.4.1　股权奖励个人所得税政策

我国对科技成果和知识产权作价入股做出重要贡献科研和管理人员奖励股权的个人所得税政策也经历了从不征收到分期征收再到延期征收三个阶段。1980年，我国颁布的《中华人民共和国个人所得税法》明确规定"特许权使用费所得"应当缴纳个人所得税。1993年，我国修正后的《中华人民共和国个人所得税法》正式将"财产转让所得"纳入个人所得税征税范围。

1999年7月1日，国家税务总局发布《国家税务总局关于促进科技成果转化有关个人所得税问题的通知》（国税发〔1999〕125号），规定科研机构、高等学校转化职务科技成果以股份或出资比例等形式给予个人奖励，经主管税务机关审核后，暂不征收个人所得税；而取得按股份、出资比例分红或转让股权、出资比例所得时，应依法缴纳个人所得税。

2007年8月1日，国家税务总局发布的《国家税务总局关于取消促进科技成果转化暂不征收个人所得税审核权有关问题的通知》（国税函〔2007〕833号）规定，审核权自2007年8月1日起停止执行，各地开始对科技成果入股的股份或出资比例征收个人所得税。

为解决一次性缴纳个人所得税困难问题，我国实行了分期缴纳个人所得税的政策。中关村国家自主创新示范区率先试行对职务科技成果个人奖励股权实行分期缴纳个人所得税的政策。中关村国家自主创新示范区 2010 年开始实行"1+6"试点政策，规定以股份或出资比例等形式给予本企业相关技术人员的奖励，技术人员一次缴纳税款有困难的，经主管税务机关审核，可分期缴纳个人所得税，但最长不超过 5 年。财政部、国家税务总局、科技部等部门相继发布《财政部 国家税务总局关于中关村、东湖、张江国家自主创新示范区和合芜蚌自主创新综合试验区有关股权奖励个人所得税试点政策的通知》《财政部 国家税务总局对中关村建设国家自主创新示范区有关股权奖励个人所得税试点政策的通知》《财政部 国家税务总局关于将国家自主创新示范区有关税收试点政策推广到全国范围实施的通知》等政策，明确了奖励股权可在 5 年内分期缴纳个人所得税。

我国《中华人民共和国个人所得税法》规定，在我国境内，企业和其他取得收入的组织为企业所得税的纳税人，依照该法的规定缴纳企业所得税；"特许权使用费所得""财产转让所得"应当缴纳个人所得税，但该法并未对个人获得奖励股权以及技术和知识产权作价入股的所得税政策做出明确规定。

由于上述法律法规和政策仍然没有解决"除权即交税"问题和由此导致的职务成果完成人负担加重及税率变高等问题，财政部、国家税务总局 2016 年 9 月发布了《财政部 国家税务总局关于完善股权激励和技术入股有关所得税政策的通知》（财税〔2016〕101 号），规定对企业或个人以技术成果投资入股，企业或个人可以选择递延至转让股权时，按股权转让收入减去技术成果原值和合理税费后的差额计算缴纳所得税。同时规定，在转让环节一次性适用 20% 的税率征税。至此我国基本解决了职务科技成果和知识产权作价入股奖励股权个人所得税政策不合理问题。

11.4.2　股权奖励个人所得税问题分析*

在实践中发现，我国科技成果和知识产权作价入股奖励股权个人所得税政策实施仍然存在不少理论和实践问题，制约了递延纳税政策实施的效果。

一是作价入股奖励股权法律地位不明确。按现行《中华人民共和国促进科技成果转化法》规定，对完成和转化科技成果做出重要贡献的人员获得的是奖励股权，并没有明确奖励股权是何种性质，没有明确科研和管理人员能不能占有这些股权，能不能成为真正意义上的股东，能不能转让、继承这些奖励股权，没有明确奖励股权是不是就是一种分红权或收益权，也没有明确这些权利是否可以转让和继承，导致高校、科研机构和科研人员无所适从。

二是入股与转让和许可的所得税率不平衡。根据《企业所得税法实施条例》规定，纳税人"技术转让所得免征、减征企业所得税，是指一个纳税年度内，居民企业技术转让所

---

*　此部分内容发表于 2019 年 8 月《科学学研究》，本书进行了删改。

得不超过 500 万元的部分，免征企业所得税；超过 500 万元的部分，减半征收企业所得税"，技术转让包括科技成果知识产权的转让和许可。2021 年，国家将 500 万元改为 2 000 万元。但是，企业以科技成果和知识产权作价入股的，需要缴纳 25% 的企业所得税，即使按照高新技术企业 15% 的税率缴纳企业所得税，税率也仍然高于技术转让减半后的税率，更不用说 2 000 万元以下免征所得税的优惠了，这就会造成企业选择技术转让的意愿强，选择技术入股的意愿低的问题。我国《中华人民共和国公司法》第二十七条明确规定"可以用货币估价并可以依法转让的非货币财产作价出资"，股东如以非货币性资产出资，应当评估作价，核实财产。第二十八条规定，以非货币财产出资的，应当依法办理其财产权的转移手续。《财政部 国家税务总局关于完善股权激励和技术入股有关所得税政策的通知》也规定"只有纳税人将技术成果所有权让渡给被投资企业、取得该企业股票（权）的行为"才能选择递延纳税，而不包括以科技成果知识产权的许可、技术服务方式等获得股权的行为，显然范围过窄。知识产权许可是国内外大多数高校和科研机构和企业常采取的技术作价入股方式，虽然实践中并没有禁止这种行为，但现行所得税法律和政策没有给予相应的政策支持。此外，现有政策不平衡也会导致人为将技术入股拆分成货币入股和股份转让两个阶段，先以筹措的资金入股，再以直接转让方式将原拟入股技术转让给被投资方（陈柳惠，2016），而造成不必要的税收规避成本。而且纳税人无权将属于国家的技术成果所有权让渡给他人，而只能让渡技术成果和只是汽车的实施权。

对于个人来说，个人提供包括专利权等特许权获得使用费属于许可行为，税率为 20%，而按照财产转让科技成果知识产权的所得税的税率最高为 45%，也会造成个人更愿意以许可方式转化科技成果，但是现行法律政策并没有对科技成果及其知识产权的许可方式入股给予相应的税收优惠政策。技术转让和技术入股的税率差异如表 11-1 所示。

表 11-1 技术转让和技术入股所得税相关税率差异

项目	技术转让				技术入股			
	单位技术转让	个人技术转让	单位技术许可	个人技术许可	单位转让入股	个人转让入股	单位许可入股	个人许可入股
所得税税率	25%	20%~45%	25%	20%	25%	20%~45%	25%	20%~45%
所得税税基优惠	2 000 万元		2 000 万元	收入的 20%				
所得税税率优惠	超过部分 12.5%	现金收入按 50% 工资总额	超过部分 12.5%	现金收入按 50% 工资总额				

三是作价入股成本税费扣除方法不一致。根据《财政部 国家税务总局关于完善股权激励和技术入股有关所得税政策的通知》，企业或个人以技术成果投资入股，企业或个人可以选择递延至转让股权时，按股权转让收入减去技术成果原值和合理税费后的差额计算

缴纳所得税。实际上，我国关于应纳税技术转移转化所得有三种计算方法：第一是《国家税务总局关于技术转让所得减免企业所得税有关问题的通知》提出的技术转让所得=技术转让收入-技术转让成本-相关税费。第二是《财政部 国家税务总局关于将国家自主创新示范区有关税收试点政策推广到全国范围的通知》提出的技术转让所得=技术转让收入-无形资产摊销费用-相关税费-应分摊期间费用。第三是《财政部 国家税务总局关于完善股权激励和技术入股有关所得税政策的通知》提出的技术转让所得是转让收入减去技术成果原值和合理税费后的差额。这些计算方法各不一样，容易造成混乱。

实际上，根据《企业所得税法实施条例》第五十六条规定，企业的各项资产，包括无形资产等以历史成本为计税基础。历史成本是指企业取得该项资产时实际发生的支出。因此，如果是外购的无形资产可按市场价作为其成本，如果是自行研发形成的无形资产则是取得知识产权保护的成本，如知识产权检索费、申请费、维持费、律师费等，一般不包括前期研发投入。《财政部 国家税务总局关于完善股权激励和技术入股有关所得税政策的通知》规定的技术成果原值应当是技术入股时的评估值，而评估值与自行研发科技成果形成的无形资产实际价值差距甚大，也会与购买时的市场价格有差距。

税费一般指与科技成果及知识产权作价入股或者出让时与科技成果直接相关的各种税费，包括企业管理费用、财务费用、销售费用，税费主要是增值税及其三项附加。首先上述费用无法准确分割，市场中并没有一套成熟的方法可以进行准确分割。一般情况下，研发投入与科技成果直接相关，相对好计算，但是属于该项科技成果及知识产权的企业财务费用和销售费用很难计算清楚，增值税及其附加也很难计算清楚，即使科技成果单独建立账户，也很难将该项作价入股的科技成果及知识产权相关的税费与其他成果税费进行分割。此外，该规定并未扣除企业提取的公积金和公益金，会造成技术转让收入偏高，会导致企业多交所得税。个人获得的奖励股权或者个人知识产权作价入股获得的股权在缴纳个人所得税时也存在同样的问题。

四是作价入股收入计算方法不准确。根据相关法律规定，科技成果及其知识产权作价入股所得是递延后的股权出售减去技术成果原值和合理税费后的所得，技术成果原值是技术作价入股时评估的技术价值，这并不包括知识产权评估和入股前的增值所得。而实际上，只要有收入，均应当征收所得税，这也与《国家税务总局关于技术转让所得减免企业所得税有关问题的通知》提出的技术转让所得=技术转让收入-技术转让成本-相关税费计算方法相一致。而《财政部 国家税务总局关于完善股权激励和技术入股有关所得税政策的通知》虽然允许科技成果的股权出让、收回、变现征收所得税，但忽略了科技成果及其知识产权作价入股时增值应缴纳所得税。同时，一方面《财政部 国家税务总局关于完善股权激励和技术入股有关所得税政策的通知》允许递延纳税，如果选择递延纳税，若科技成果转化和知识产权运用失败，则企业和个人可以不用再缴纳所得税，对企业和科研人员是一个极大的政策解脱。另一方面，若科技成果转化和知识产权运用成功，企业和个人的股权往往会发生增值，如果按照递延纳税，按照转让、交易、收回或者清算时的价格计征所得税，则对企业和个人征税就会远远超过不实行递延纳税政策时缴纳的所得税，递延纳税政策看似很好，但由于可能的税额增加，企业和个人选择递延纳税的意愿会大大降低，递延纳税政策效果将大打折扣。

五是作价入股所得税征收时间点不科学。《企业所得税法》规定，在我国境内的企业和其他取得收入的组织为企业所得税的纳税人，依照该法的规定缴纳企业所得税；居民企业应当就其来源于中国境内、境外的所得缴纳企业所得税；企业以货币形式和非货币形式从各种来源取得的收入为收入总额，包括转让财产收入、特许权使用费收入和其他收入等。按此规定，科技成果及知识产权作价入股是一种所得，但并不能按照《企业所得税法实施条例》的规定用年度收入总额减除不征税收入、免税收入、各项扣除以及允许弥补的以前年度亏损后的余额作为应纳税所得额。科技成果和知识产权作价出资形成的股权不是真正意义上的收入，既不是现金收入也不是非现金收入，所以很多学者认为获得股权时即应缴纳所得税缺乏合理性，科技成果及知识产权入股即产生税收债务也缺乏依据。既然没有法律依据和理论依据，在除权时缴纳所得税违反了税收的法定原则和"有所得即应课税"的原则。科技成果和知识产权作价入股股权只有在收回、清算或出售股权取得现金收入时才符合税法规定的收入和所得规定，并应缴纳所得税。

六是作价入股分股与交税的程序不清楚。《财政部 国家税务总局关于完善股权激励和技术入股有关所得税政策的通知》没有解决股权分割和交税的程序问题，加上计入原值和税费后导致政策对企业和个人激励效果严重不同。单位先缴纳企业所得税再进行奖励股权给个人，由个人再缴纳个人所得税，或者单位先奖励个人股权再分别缴纳单位所得税和个人所得税，二者实际税负和收益并不相同。实践中，多数地方根据《财政部 国家税务总局关于完善股权激励和技术入股有关所得税政策的通知》规定，单位以科技成果入股后无论是否选择递延纳税政策都需要先行缴纳所得税，然后奖励发明人，发明人在获得奖励后再缴纳个人所得税。这相当于同一资产在一项交易过程内两次缴纳所得税，并不合理。该文件也没有明确单位扣除技术成果原值与合理税费缴纳单位所得税后，奖励给个人的收入是扣除前的收入还是扣除后的收入。如果是扣除后的收入，则会造成个人获得的奖励收益减少，应有的激励作用减弱。

七是作价入股的法规与政策之间存在冲突。企业想要享受《财政部 国家税务总局关于完善股权激励和技术入股有关所得税政策的通知》递延纳税政策，必须对入股的科技成果和知识产权进行评估，如果不评估很难计算应纳税所得额。该政策规定，企业或个人选择适用递延纳税政策，均允许被投资企业按技术成果投资入股时的评估值入账并在企业所得税前摊销扣除。但是新修正的《中华人民共和国促进科技成果转化法》第十八条明确规定"国家设立的研究开发机构、高等院校对其持有的科技成果，可以自主决定转让、许可或者作价投资，但应当通过协议定价、在技术交易市场挂牌交易、拍卖等方式确定价格。通过协议定价的，应当在本单位公示科技成果名称和拟交易价格"，已明确作价投资时不用进行法定科技成果价格评估。

八是将奖励股权纳入工薪范畴不符合规定。财政部、税务总局、科技部2018年5月29日发布《财政部 税务总局 科技部关于科技人员取得职务科技成果转化现金奖励有关个人所得税政策的通知》（财税〔2018〕58 号），规定"依法批准设立的非营利性研究开发机构和高等学校根据《中华人民共和国促进科技成果转化法》规定，从职务科技成果转化收入中给予科技人员的现金奖励，可减按 50% 计入科技人员当月'工资、薪金所得'，依法缴纳个人所得税"，而且明确规定"科技成果转化是指非营利性科研机构和高校向他人转让科技成果或者许可他人使用科技成果。现金奖励是指非营利性科研机构和高校在取得科技成果转化收入三年（36 个月）内奖励给科技人员的现金"。该文件仅针对科技成果转让和许可，并不包括科技成果作价入股的股权奖励或者股权收回、清算或变现取得的收入。实际上，科技成果和知识产权作价入股的股权或出资比例奖励应等同于科技成果转让许可现金奖励，两者同样都是为了激励科技人员转化科技成果，只不过股权奖励只能等到股权转让时实现真正奖励，该政策显然会造成政策之间的不一致，影响市场公平。

同时，现行关于科技成果及知识产权作价入股奖励股权并没有任何个人所得税优惠政策，一些单位还将科技成果及知识产权作价入股奖励股权作为工资薪金收入缴纳累进税率个人所得税。实际上，奖励股权和现金奖励一样，都不应属于工资薪金范畴，而且两者性质没有不同。根据《中华人民共和国个人所得税法》第三条规定，工资、薪金所得适用超额累进税率，税率为 3%～45%，而财产转让所得、偶然所得等适用比例税率，税率为 20%。从字面含义出发，可知科技成果知识产权转让属于财产转让所得，知识产权许可属于特许权使用费所得，虽然可以享受减半征收个人所得税优惠政策，但纳入工资薪金实行累进税率是不合理的，科技成果及知识产权作价入股奖励股权收入属于财产转让所得，不应当列入工资薪金累进税率纳税范围。现有奖励股权个人所得税政策没有对创造科技成果和知识产权的职务发明人奖励股权的个人所得税的税率优惠，而是实行全国统一的个人所得税政策，不利于深层次激发职务发明人的创新积极性。

九是影响科技成果及知识产权集成与熟化。由于现行法规政策的限制，我国科技成果及知识产权作价入股时必须确定股权结构，如果不确定股权结构，则不符合国有资产管理规定，尤其是如果留出给熟化、工程化人员的激励股份，则违反国有资产保值增值的规定，而且不能享受《财政部 国家税务总局关于完善股权激励和技术入股有关所得税政策的通知》中的递延纳税政策。如果这些奖励股份由科研人员代持，在以后转让给这些人员的过程中，则必须缴纳累进的个人所得税。这严重限制了科技成果及知识产权的集成熟化和工程化。

十是递延纳税备案和递延时限不符合实际。在实际操作中，如果要享受科技成果及知识产权作价入股奖励股权递延纳税政策，必须在 3 个月内到当地省级科技部门备案，由于首先需要在单位和完成与转化科技成果的团队之间分割股权，其次需要在科研人员和转化人员之间分割股权，有时候还需要分给从事工程化和熟化的管理人员奖励股权，时间往往超过 3 个月，从而错过递延纳税的备案时间。同时，在实际操作中，一些地方将科技成果递延纳税的递延时间确定为固定的 5 年，一些地方确定为 10 年，不仅与《财政部 国家税务总局关于完善股权激励和技术入股有关所得税政策的通知》规定不符，而且也不符合科技成果转化的规律。

11.4.3 股权转让所得税政策改革

所得税是重要的激励知识产权投融资的政策工具。为促进知识产权投融资发展，需要改革现行所得税政策：一是应明确规定知识产权作价入股获得股权是所得，不是应税收入。应明确规定企业股权和个人奖励股权在股权取得股息、红利和股权转让时才需要缴纳企业所得税和个人所得税。应明确规定，个人获得奖励股权应单独建账，不应列入工资薪金范围，而且税率均为 20%。在条件可行时，我国应采取欧洲专利盒子政策，对企业科技成果知识产权作价入股的股权收入实行所得税抵免政策，如 60%～80%，将科技成果知识产权入股企业所得税税率降低至 5%～10%。

二是明确作价入股享受所得税优惠政策的知识产权客体范围。允许单位和个人以知识产权申请权、许可使用权方式入股。完善高新技术企业认定政策，允许将知识产权及知识产权申请权、使用权作价入股纳入高新技术企业、个人所得的所得税优惠范围。还要明确规定知识产权应当是主导产品或技术标准实施无法绕开或者必然侵权的知识产权。

三是允许作价入股知识产权成本摊销和加计扣除。应当允许获得知识产权作价入股的企业根据知识产权转让和许可的价格在会计科目上反映其成本，并允许作价入股知识产权按评估价格列入无形资产摊销和加计扣除范围。

四是明确规定奖励股权的法律地位。应明确规定获得奖励股权的科研管理人员具有收益权和有限的处置权，收益权仅限于科研管理人员奖励股权在股权收回、清算或转让时取得现金收入的权利，奖励股权不能自行对外转让和交易，只能对本单位内部其他人员转让，只能和单位作价入股的股权一起转让和交易，在科研人员离职和退休一年后应办理奖励股权转让手续。

五是进一步明确所得税纳税程序。应允许企事业单位先将科技成果和知识产权作价入股的股权按单位与完成人之间的约定比例进行划分，并按照最终所获得的实际股权分别缴纳单位所得税和个人所得税。单位和个人根据划分的比例可以选择扣除技术成果原值和合理税费后获取实际收益。应废除一些地方关于备案 3 个月和递延时间为 5 年或 10 年的限制性规定。即使选择递延纳税，企业和个人仍可以按获得股权和奖励股权时评估的价值并计征合理的所得税。

六是进一步明确企业科技成果知识产权入股股权的原值和税费的内容。原值是指获得股权时的评估价格或通过协议方式、挂牌交易、拍卖等方式确定的价格。税费是指企业技术入股股权转让时增值部分的增值税等税费和知识产权检索分析费、申请费、维持费、律师费等。应进一步明确个人奖励股权收入的原值和税费的内容。原值是指获得科技成果奖励股权时的评估价格或通过协议方式、挂牌交易、拍卖等方式确定的价格。税费是指企业技术和知识产权入股后生产销售发生的增值税、销售税等。应完善原值评估方法，将"被投资企业均可按技术成果评估值入账并在税前摊销扣除"改为"被投资企业均可按技术成果评估价格或其他方式确定的价格入账并在税前摊销扣除"。

七是要平衡技术转让与许可、单位与个人的所得税政策。应对单位以技术和知识产权入股所得税实行减半征收政策，对个人知识产权入股奖励股权的个人所得税实行 20% 的税率政策，对单位技术和知识产权入股股权转让收入也应实行"低于 2 000 万元部分免征所得税，超过 2 000 万元部分减半征收所得税"的政策。

11.5　小结

税收优惠政策对知识产权作价入股具有重要作用。但是我国技术和知识产权作价入股的比例还很低，其中一个原因是现行税收法规政策还没有完全起到有效的激励作用。

为有效促进知识产权投融资尤其是知识产权作价入股，我国应完善所得税法、合同法以及相关的税收优惠政策。尤其是在增值税政策上，应允许知识产权作价入股的企业按照股权或出资比例评估价格或公允价格抵扣进项增值税，以减轻企业增值税负担；应将技术和知识产权作价入股获得股权的直接股息收入、股权分红收入、股权转让收入和企业清算收入纳入享受企业增值税优惠政策范围，享受进项抵扣。在企业所得税上，应当将科技成果和知识产权入股递延纳税政策长期化、固定化，允许知识产权申请权、许可使用权作价入股并享受所得税优惠；允许作价入股的知识产权摊销和加计扣除，进一步明确规定知识产权作价入股缴纳所得税的程序、入股股权原值与税费的内容，并使知识产权作价入股与技术转让与许可、单位与个人所得税政策相一致、相平衡。

第 12 章

知识产权质押融资

知识产权质押贷款是我国重要的知识产权投融资方式，是解决科技型中小企业融资难问题的重要途径。我国知识产权质押贷款额增长迅速，出现了很多知识产权质押贷款模式，但我国知识产权质押贷款规模仍然不大。发展知识产权质押贷款，必须深入研究影响和制约知识产权质押贷款模式的突出问题，制定有效的政策措施。

12.1 知识产权质押融资研究

知识产权质押融资是知识产权权利人将其合法拥有的且有效的专利权、注册商标权、著作权等知识产权出质，从银行等金融机构取得资金，并按期偿还资金本息的一种融资方式（宋河发，2018）。知识产权质押融资是对传统实物抵押模式的创新，是一种权利质押，主要指企业将自身所拥有的可转让知识产权中的财产权作为质押，来获取银行贷款的创新型的融资模式（蔡洋萍，2014）。知识产权质押融资涉及的主体有政府、企业、银行、资产评估机构和担保公司等（杨晨，2010）。

发达国家开展知识产权质押融资业务时间较早。日本于 20 世纪 90 年代成立日本政策投资银行（Development Bank of Japan，DBJ），高新技术企业通过知识产权质押向 DBJ 申请贷款，DBJ 委托专门评估机构对质押物进行评估，确定贷款额度。对于风险较大的知识产权质押融资，DBJ 还要求企业获得日本信用担保协会的担保。韩国政府 2000 年设立韩国技术交易所（Korean Technology Transaction Center，KTTC），KTTC 质押融资施行会员制，只有经过政府许可的金融机构、评估机构等才能进行知识产权质押融资。首先由知识产权评估中心对企业进行评估并形成书面报告，其次由技术信用保证基金提供担保，技术交易中心对质押的知识产权进行资产管理，然后中小企业和金融机构签订知识产权质押融资协议，最后金融机构根据评估报告和贷款申请额度为中小企业提供贷款（陈美佳，2019）。美国中小企业管理局（Small Business Administration，SBA）以中小企业为服务对象，在审核申请知识产权质押融资的中小企业提交的资料后，决定是否提供担保，SBA 充当中小企业和金融机构之间的信用平台。美国 M-CAM 公司开发了知识产权融资保证资产收购价格机制（Certified Asset Purchasing Price，CAPP），当企业以其拥有的知识产权作为质押物向金融机构申请融资时，CAPP 机制允许提供贷款的金融机构将作为质押物的知识产权以预定的价格售予 M-CAM 公司（钱荣国，2013）。

自 2006 年开始，我国北京、上海、湖北等地陆续开展质押融资试点探索并逐渐形成了一些颇具代表性的知识产权质押融资运作模式。这些模式主要分为三类：一类是以成都市、上海市等为代表的政府推动模式，如上海的"银行+政府资金担保+专利反担保"模式；一类是以湘潭市等为代表的市场主导模式，引入了专业担保公司作为担保主体而非以政府为担保主体；还有一类是以北京市、武汉市等为代表的政府引导下的市场化模式，如北京的"银行+企业专利权/商标权质押"模式和武汉的"银行+技术担保公司+专利反担保"模式（谢浩军，2018）。

现有文献较多研究了知识产权质押融资的国内外做法和模式，较少对知识产权质押融资发展规模小的原因进行深入探讨，关于知识产权质押融资模式的不足和相关政策研究也不够深入。

12.2　知识产权质押融资政策

知识产权质押融资是企业以自身合法拥有的专利权等知识产权作为质押物，向银行等金融机构申请贷款，以促进知识产权转化实施的融资行为。知识产权质押融资是一种近年来区别于传统的以不动产作为抵押物向金融机构申请贷款的新型融资方式，对于以知识产权为核心竞争力的轻资产企业的初创和发展具有重要意义。

知识产权质押贷款是知识产权转化运用的重要政策工具，是中小企业融资发展的重要途径，也是知识产权服务业发展的重要内容。近年来，我国十分重视知识产权质押贷款工作。2007 年 12 月 29 日修订通过的《中华人民共和国科学技术进步法》第九十二条规定"国家鼓励金融机构开展知识产权质押业务，鼓励和引导金融机构在信贷、投资等方面支持科学技术应用和高新技术产业发展，鼓励保险机构根据高新技术产业发展的需要开发保险品种，促进新技术应用"。2008 年 6 月 5 日，国务院发布《国家知识产权战略纲要》，要求"推动企业成为知识产权创造和运用的主体。促进自主创新成果的知识产权化、商品化、产业化，引导企业采取知识产权转让、许可、质押等方式实现知识产权的市场价值"。2009 年 9 月 19 日，国务院发布《国务院关于进一步促进中小企业发展的若干意见》（国发〔2009〕36 号），要求加强和改善中小企业的金融服务，其中特别强调要完善财产抵押制度和贷款抵押物认定办法，采取动产、应收账款、仓单、股权和知识产权质押等方式，缓解中小企业贷款抵质押不足的矛盾。2014 年 10 月 28 日，国务院发布《国务院关于加快科技服务业发展的若干意见》（国发〔2014〕49 号），第七项重点任务是科技金融服务，要求"开展科技保险、科技担保、知识产权质押等科技金融服务"。2015 年 12 月 22 日，国务院发布《国务院关于新形势下加快知识产权强国建设的若干意见》（国发〔2015〕71 号），要求"创新知识产权投融资产品"；"完善知识产权信用担保机制，推动发展投贷联动、投保联动、投债联动等新模式"；"深入开展知识产权质押融资风险补偿基金和重点产业知识产权运营基金试点"。2016 年 12 月 19 日，国务院发布的《国务院关于印发"十三五"国家战略性新兴产业发展规划的通知》（国发〔2016〕67号）中就强调，要积极推进知识产权质押融资、股权质押融资等金融产品的创新，提升创新型国家建设水平。2019年6月26日，国务院召开常务会，做出以下决定：一是支持扩大知识产权质押融资，以拓宽企业特别是民营小微企业、"双创"企业获得贷款渠道，推动缓解融资难；二是引导银行对知识产权质押贷款单列信贷计划和专项考核激励，不良率高于各项贷款不良率3个百分点以内的，可不作为监管和考核扣分因素；三是探索打包组合质押，拓宽质押物范围和处置途径。

国家知识产权局等有关部门更是在知识产权质押贷款工作上进行了全方位的努力和探索。2010年8月12日，《财政部 工业和信息化部 银监会 国家知识产权局 国家工商行政管理总局 国家版权局关于加强知识产权质押融资与评估管理支持中小企业发展的通知》（财企〔2010〕199号）发布，要求建立促进知识产权质押融资的协同推进机制，创新知识产权质押融资的服务机制，建立完善知识产权质押融资风险管理机制，完善知识产权质押融资评估管理体系，建立有利于知识产权流转的管理机制。2012年11月13日，国家知识产权局、国家发改委等9个部门印发《关于加快培育和发展知识产权服务业的指导意见》，要求"完善以金融机构、创业投资为主、民间资本广泛参与的知识产权投融资体系，推动金融机构拓展知识产权质押融资业务，鼓励融资性担保机构为知识产权质押融资提供担保服务，探索建立质押融资风险多方分担机制"。2013年，中国银监会等4部门印发《中国银监会 国家知识产权局 国家工商行政管理总局 国家版权局关于商业银行知识产权质押贷款业务的指导意见》（银监发〔2013〕6号），明确"商业银行可以接受境内个人、企业或其他组织以本人或他人合法拥有的、依法可以转让的注册商标专用权、专利权、著作权等知识产权中的财产权做质押，按照国家法律法规和相关信贷政策发放贷款或提供其他授信"，并作出具体要求。2015年，国家知识产权局发布《国家知识产权局关于进一步推动知识产权金融服务工作的意见》（国知发管函字〔2015〕38号），要求建立与投资、信贷、担保、典当、证券、保险等工作相结合的多元化多层次的知识产权金融服务机制。2018年，国家知识产权局发布《关于知识产权服务民营企业创新发展若干措施的通知》，提出了扩大民营企业知识产权质押融资覆盖面，引导知识产权运营基金服务民营企业创新发展等十项措施。2019年8月19日，中国银保监会等3部门发布《中国银保监会 国家知识产权局 国家版权局关于进一步加强知识产权质押融资工作的通知》，提出优化知识产权质押融资服务体系，加强知识产权质押融资服务创新，健全知识产权质押融资风险管理，完善知识产权质押融资保障工作四项具体举措。2021年9月22日，中共中央国务院发布《知识产权强国建设纲要（2021—2035年）》，要求健全知识产权质押信息平台，鼓励开展各类知识产权混合质押和保险，规范探索知识产权融资模式创新。"2021年10月9日，国务院印发《"十四五"国家知识产权保护和运用规划》（国发〔2021〕20号）也要求优化知识产权质押融资体系，健全知识产权质押融资风险管理机制，完善质物处置机制，建设知识产权质押信息平台。支持银行创新内部考核管理模式，推动银行业金融机构用好单列信贷计划和优化不良率考核等监管政策，在风险可控的前提下扩大知识产权质押贷款规模。

在多项政策支持和鼓励下，我国有多家银行开始开展知识产权质押贷款业务，大大拓宽了具有知识产权的科技型中小企业的融资渠道，为中小企业的创新发展注入了活力。从 2015 年到 2021 年，全国知识产权质押贷款额从 720 亿元增长到 3 098 亿元。

12.3　知识产权质押融资模式

12.3.1　知识产权质押融资客体

从质押物来说，我国主要的专利质押贷款模式有五种：①直接质押融资模式。该模式主要是"银行贷款+专利权质押"模式，通过银行评估后，专利权人将专利权质押给银行，银行获得专利权质权，发放贷款；②间接质押融资模式。主要是"银行贷款+专利权质押+担保"模式。担保包括民间资本担保和政府基金担保两种。专利权人将专利权质押给银行，并取得担保机构的担保，银行或担保机构获得专利权质权，银行发放贷款，如果质押人无法还款，则由担保机构还款；③组合质押融资模式。主要是"银行贷款+专利权质押+资产质押"模式。资产质押包括股权质押和有形资产质押。专利权人将专利权和资产质押给银行，银行获得专利权以及资产的质权，发放贷款；④综合质押融资模式。包括"投贷联动、投贷保联动、投保联动、投贷评联动、投贷保评联动"等模式。投资机构、保险机构、评估机构、担保机构等对专利权进行投资、保险、评估和担保，银行同意后，专利权人将专利权质押给银行或评估机构，银行或评估机构获得专利权质权，银行发放贷款；⑤专利权许可收益权质押融资模式。即"专利权许可收益权+银行贷款"模式。经过银行评估，专利权人将专利的许可收益权质押给银行，银行获得专利权质权，发放贷款（宋河发，2018）。

12.3.2　知识产权质押融资模式

近年来，我国地方知识产权部门积极探索，形成了一些比较有特色的知识产权质押贷款模式，如青岛模式、北京模式、武汉模式等。青岛模式是"银行+担保公司+保险公司+中介机构"模式，要求企业向青岛市知识产权公共服务平台提出质押贷款申请，在保险公司、银行以及政府投资的担保公司核准后，办理质押手续，并按照 2% 的费率缴纳保险费，如果出现违约损失保险公司、银行和担保公司按照 60%∶20%∶20% 的比例共同承担损失。该银行会向企业发放一笔一年期最高 500 万元的贷款。

北京模式是"银行+企业专利权/商标专用权质押+评估+投资"的质押融资模式。贷款额度一般是 1 000 万元，最高不超过 3 000 万元，贷款客户群主要集中在处于成长期、有一定规模和还款能力的中型企业。武汉模式是"银行+科技担保公司+专利权反担保"的混合模式，引入了专业担保机构——武汉科技担保公司，一定程度上分解了银行的风险，促进了武汉市专利权质押融资的开展。

除上述市场机制质押贷款模式外，一些地方还充分发挥政府的作用，推出了政府参与担保的知识产权质押贷款模式。如中山模式、浦东模式、深圳科创贷、厦门知担贷。中山模式是"政府+银行+保险公司+评估公司"模式。由国家、市级财政共出资 4 000 万元建立风险补偿资金池，并采取政府主导、风险分担、市场化运作的方式为企业知识产权质押融资提供保险服务，若发生风险，则政府、银行、保险和评估公司按 54% : 26% : 16% : 4% 的比例共担损失。

浦东模式是"银行+政府基金担保+专利权反担保"的间接质押模式。浦东生产力促进中心提供企业贷款担保，企业以其拥有的知识产权反担保质押给浦东生产力促进中心，然后由银行向企业提供贷款，各相关主管部门充当"担保主体+评估主体+贴息支持"等多重角色。

深圳科创贷是在深圳知识产权局指导下，由深圳高新投集团、深圳中小担集团等国有担保公司作为担保机构，对中小企业知识产权质押贷款银行风险提供的 100% 担保产品。近两年，服务客户超过 240 家，担保金额超过 18 亿元。

厦门知担贷/知保贷是厦门知识产权运营服务体系建设专项资金设立的专利权质押贷款风险补偿资金池，首期 1 000 万元，风险补偿金、担保及保险公司，银行、评估机构共同承担坏账本金损失，比例为 40% : 35% : 20% : 5%。

12.3.3 知识产权质押融资补贴

由于知识产权质押贷款存在严重的市场失灵问题，因此很多地方政府通过补贴方式鼓励和支持企业、中介机构和银行开展知识产权质押贷款。

（1）企业发生费用补贴政策。一是银行贷款贴息政策。包括贴息期限、贴息率、贴息最高限额等。贴息期限一般为 1~3 年，贴息率一般按基准利率计算，给予所付利息 30% ~ 50% 的补贴，有的高达 80% 甚至 100%，年最高贴息额度一般在 10 万~50 万元。二是对担保机构担保费补贴政策。担保费补贴一般比例为 10% ~ 50%。三是评估费补贴政策。评估费补贴一般比例为 50% ~ 80%。有些地方规定了单笔最高限额。四是其他费用补贴政策。如保险费、登记费、律师费等的补贴。

（2）知识产权服务机构奖励和补助政策。在奖励政策上，一般给予担保机构贷款额 5‰~ 1% 的一次性奖励。合肥除给予一次性奖励外还同时补贴担保机构 3% 贷款额，年最高 20 万元。海南对担保机构的补贴是按当年担保贷款实际金额的 1% 给予风险补贴，补贴的最高额度不超过其注册资本的 2%。佛山南海区按实际贷款额度的 3.25% 对融资中介服务费补贴，按此比例计不足 4 万元的给予基础补助 4 万元。江西按贷款额 2% 补贴中介机构。

（3）金融机构奖励和利息补助政策。上海闵行区对银行等融资机构给予奖励贷款额度的 2.5%。苏州给予银行贷款额 1% 的奖励，另补助 1.5% 用于充实风险准备金，两项合计最高可达 100 万元。长沙补助商业银行 0.5 万元，500 万以上的补助 1 万元，1 000 万元以上的补助 2 万元，最高 5 万元。金华对于知识产权质押贷款利率不超过基准利率的银行按年利率 1% ~3% 的标准给予利息补贴。

12.4 知识产权质押融资流程

一般的知识产权质押贷款流程如下：一是知识产权权利人向当地知识产权主管部门提出知识产权质押贷款申请，并提交相关材料，包括知识产权质押贷款申请书、专利证书、商标证书、企业营业执照等。二是当地知识产权部门对申请人提交的材料进行初审，主要审核知识产权权利人是否为所有权人，知识产权证书的真假，知识产权是否处于有效期内。三是知识产权部门初审通过后，向申请人下发知识产权质押贷款同意书，并向当地开展知识产权质押贷款业务的银行出具知识产权质押贷款推荐意见。四是申请人收到当地知识产权部门提出的知识产权质押同意登记通知书后，向国家知识产权局进行知识产权质押备案。五是国家知识产权局备案并登记公告后，当地知识产权主管部门通知被推荐的银行发放知识产权质押贷款。六是申请人与银行签订知识产权质押借款协议，将知识产权质押给银行，并使用贷款。七是借款到期后，申请人按借款合同向银行偿还贷款。

如果有知识产权评估和担保保险机构介入，则知识产权质押贷款的流程一般是：一是申请人向具有资质的银行提出知识产权质押贷款申请，并提交知识产权质押申请书等相关资料，要提交专利证书、商标证书等知识产权证书，还要提交申请贷款企业信用证明、知识产权质押贷款项目可行性分析、企业营业执照副本等资料。二是银行要求申请人确定知识产权价值，申请人委托评估机构评估知识产权价值。三是申请人向担保机构申请担保，担保机构分析企业信用、经营状况，分析项目盈利能力、贷款偿还能力等。通过评估，担保机构根据评估结果要求申请人提供反担保。四是申请人将知识产权质押给担保机构，担保机构将评估结果通知银行；银行对申请人的信用、风险和项目偿还贷款能力进行评估；通过评估后，银行对知识产权申请人发放贷款。五是政府风险资金池对申请人知识产权质押贷款利息进行贴息，对评估机构给予评估费补贴，对担保保险机构给予担保费补贴，对银行贷款损失进行补偿。图 12-1 展示了武汉模式的知识产权质押贷款流程。

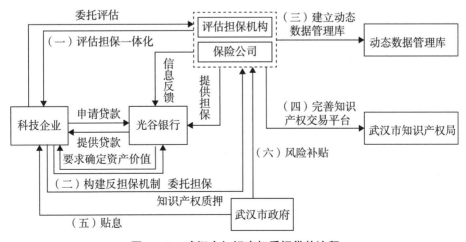

图 12-1 武汉市知识产权质押贷款流程

12.5　知识产权质押融资服务收费

知识产权质押贷款一般由银行委托中介服务机构评估知识产权价值。知识产权质押贷款项目评估的是项目本身而非知识产权本身的价值，但知识产权质押贷款的抵押物、担保物是该项目的知识产权。一般情况下，技术和知识产权在项目中的贡献平均为25%，所以银行一般只贷给知识产权质押贷款项目四分之一左右的贷款。

2015年，我国2 133项专利质押贷款项目获得质押项目贷款560亿元，平均每项获得质押贷款2 625万元。2019年，全国专利商标质押贷款总额达到1 515亿元，其中专利质押7 060项，金额1 105亿元，平均每个专利质押项目获得贷款1 433.95万元。银行知识产权质押贷款利率一般为正常银行贷款利率。

知识产权质押贷款一般会聘请资产评估公司评估知识产权的价格，请知识产权担保公司担保或者保险公司保险。知识产权价值评估费用一般占评估额的1%左右。担保公司收取的担保业务费主要有咨询费、评审费和担保费，咨询费、评审费一般为贷款担保额的1%~3%。担保费则按照贷款担保额的利率和期限来计算，一般情况为贷款利率的50%，并按实际贷款期限收取，有的公司还按照人民银行同期贷款基准利率的标准下浮50%收取。但对于知识产权质押贷款的质权来说，一般收取的咨询评审费和担保费会更高。

如果知识产权担保或保险机构提供知识产权质押贷款担保或保险，知识产权出质人需要将知识产权或知识产权与实物资产、企业股权等组合反担保给担保机构或保险机构，并缴纳担保费或保险费。在出质人不履行还款义务时，担保人或保险人应按约定偿付银行贷款的损失，也有权依照法律规定将该知识产权或知识产权与实物资产、企业股权等组合折价或者以拍卖、变卖该财产的价款优先受偿。

12.6　知识产权质押融资问题分析

第一，我国知识产权质押贷款规模还很小。2020年年末，全国金融机构人民币各项贷款余额172.75万亿元，普惠金融领域贷款余额21.53万亿元。而知识产权质押贷款额只有2 180亿元，占贷款额的比例很小。

第二，知识产权质押贷款模式单一。无论是知识产权质押或者知识产权与其他资产组合质押，都没有解决知识产权是轻资产的问题。只对知识产权进行价值评估和质押贷款显然造成质押贷款额较低，知识产权是企业经营的主要资产，知识产权对项目起决定性作用，针对知识产权而非项目的质押贷款显然不合理。

第三，无法解决知识产权权利转移和变现问题。知识产权和其他资产无论质押给银行还是担保机构，如果出现风险，知识产权权利人则无法赎回知识产权，知识产权权利人就应变更为银行或担保机构。即使是银行和担保机构变更为知识产权权利人，银行和担保机构也无法实施知识产权，只能转让许可该知识产权。

第四，没有解决知识产权风险问题。从根本上说，知识产权质押贷款出现了困难，主要原因在于没有从根本上解决知识产权价值评估和风险识别难的问题。其中一个突出问题是相当高比例的知识产权质量不高，质量不高的知识产权作为资产质押的属性不确定。现有无形资产价格评估缺乏对知识产权特征规律的深刻理解，缺乏对知识产权技术经济的研究和管理团队的评估，缺乏科学价值评估方法，随意性太大。

第五，知识产权质押贷款服务费过高。目前知识产权质押贷款过程中涉及的参与主体多，通过知识产权质押贷款的企业要支付银行利息、价值评估费、贷款担保费、保险费等费用，总服务费占贷款的比例较高。企业在没有贷到款的情况下需要首先支付一大笔服务费。知识产权价值评估机构评估的是知识产权本身的价值，而不是对知识产权实施项目进行评价，即使评估价格高，银行贷款额占知识产权价值评估额的比例也很低，严重打击了申请人的积极性。

第六，现在的知识产权质押贷款政策激励不足。担保模式过分强调政府参与，政府要为知识产权质押贷款承担大部分损失，并不适合大规模推广；保险模式则存在"逆淘汰"、参与门槛高、推广难度大等问题。

12.7 知识产权质押贷款增信路径

知识产权质押贷款存在突出的评估难、处置难等问题，知识产权质押贷款能否成功，最关键在于能否建立有效的增信机制。为促进知识产权质押贷款工作的开展，必须建立知识产权质押贷款的增信机制。知识产权质押贷款增信机制主要有以下几种：

一是建立科学的知识产权价值评估机制。知识产权质押贷款价值评估机制主要包括三个方面：（1）要评估其质量、风险、技术、管理，要评估知识产权尤其是专利本身的质量有无问题，主要评估专利被无效和被规避设计的可能性。知识产权风险评估主要评估知识产权质押贷款项目侵犯他人知识产权和被他人侵犯知识产权的风险。评估专利权能否构成组合，能否通过组合相互增强权利、保护主导产品，如果可以则应评估知识产权质押融资项目的价值而非知识产权本身的价值。（2）要评估知识产权产品技术的先进性和成熟性，专利的新颖性、创造性。（3）要评估知识产权与资本结合的管理团队的基础、合作可能等。

二是建立准确的价值评估模型。准确地进行知识产权价格评估，不仅要评估知识产权自身的价格，还要评估知识产权形成企业股权的价格。对质押的知识产权评估价格，不仅要采取合适的评估模型，还要设立科学合理的评估机制，要甲乙双方与评估方一同开展评估，评估要从底层参数进行评估和协商，在此可以利用大数据人工智能方法辅助评估。

三是实行混合质押模式。银行等金融机构不能简单地根据评估机构的评估结果决定是否给予贷款，一般情况下，银行会要求企业将知识产权与其他资产捆绑增信，最典型的是与企业固定资产、企业股权捆绑增信。

　　四是建立知识产权担保和保险机制。知识产权质押贷款增信最重要的方式是担保和保险，由政府担保基金或者专门的担保机构为知识产权质押贷款提供担保，由保险公司提供保险，如果出现不能还款的情况，担保机构按约定赔偿损失，保险机构按保险政策赔偿损失。必要时可以建立再担保或再保险机制，但是现有服务机构提供担保和保险服务需要支付评估费、担保费和保险费，也会导致成本增加。政府资金应当通过奖励、资助等形式发挥作用，最好不要直接补偿损失，如建立风险补偿资金。

　　五是建立质押失败资产处置机制。如果知识产权质押贷款出现失败或损失，应当建立失败后资产处置机制，如建立知识产权转让和许可或者拍卖市场。现有技术交易所、知识产权运营机构可以开展此类服务。如果协商一致，也可以转让或拍卖知识产权作价出资形成的企业股权。在清偿债务尤其是银行贷款、各类服务费后，剩余部分交给知识产权权利人或者按投资比例分配给各投资人。

12.8　基于实物期权法的企业知识产权质押贷款评估

　　在知识产权质押贷款过程中，质押的知识产权要评估价格，银行风控也要评估知识产权的价格，担保和保险机构也要评估知识产权的价格。但现行的评估主要是通过收益现值法计算企业实施知识产权后的收益来评估知识产权的价格，较少考虑知识产权的质量、风险和企业管理因素，更不考虑企业技术产品的技术经济性和企业的经营能力，既不评估企业经营状况，也不评估企业拥有的知识产权所包含的看涨期权价格。

　　银行等金融机构在评估质押的知识产权价格时一般自己不评估知识产权的价格，主要由外部机构评估，金融机构主要评估企业经营状况，尤其是企业未来的股权价格。其中最重要的是考虑企业股权的运营能力、成长能力、偿债能力和抵御风险的能力，这是银行等金融机构最看重的因素。在知识产权质押贷款过程中，银行等金融机构往往会要求企业知识产权与企业股权捆绑质押，最后决定是否给予知识产权质押贷款和给予质押贷款的额度。

　　无论是知识产权评估机构还是银行等金融机构，在评估知识产权价格时，都不评估知识产权实施时企业拥有知识产权的实物期权。拥有自主知识产权并在自行实施知识产权的企业都有一个比转让和许可后由他人实施知识产权的企业产生的一个看涨期权，实物期权也要评估价格。评估质押贷款的知识产权价格除了要评估知识产权自身的价格外，还要评估知识产权对企业经营的贡献份额和知识产权实物期权价格。

　　实物期权价格评估常用二叉树法评估，用收益现值法评估出的资产净现值在计算期内按照二叉树模型存在向上和向下变化的可能，可以设定向上变化的比率和向下变化的比率。在此基础上计算两个阶段的价格变化值，得到该值后扣除投入的成本再返回计算，分别按照向上的概率和向下的概率计算两阶段返回值，最后得到实物期权的价格 V_3。

　　本书提出的知识产权质押贷款价格评估主要包括三部分。cf_{n_i} 为现金流，现金流主要是指企业净现金流，即未分配利润。在此公式中，考虑了企业的运营能力、成长能力、偿债能力和抵御风险的能力。r 为贴现率，是资本的加权成本，包括无风险利率和风险报酬率，具体基本范围在 7% ~ 15%。在此公式中，知识产权技术实施前风险较大，评估时需要考虑知识产权实施风险构成的风险报酬率，不仅包括知识产权被无效、侵权和被侵权的风险，最突出的风险是知识产权与技术、资本、劳动力和管理要素不能结合或者结合不好造成的风险。而知识产权形成企业股权后，知识产权实施的风险大大降低，此时的风险报酬率主要为知识产权被无效、侵权和被侵权的风险构成的知识产权风险报酬率。n 为项目计算期，但计算期与前者有很大的不同，知识产权价格评估中的计算期一般是知识产权产生垄断并考虑了产品的市场生命周期的时间长短。而企业股权价格评估的计算期一般是企业清算之前的经营期，这个计算期一般要大于前者的计算期。一般情况下，计算期为现金流不平稳年限加上现金流平稳年限，而且平稳年限的现金流都放到端值 tv 之中。V_3 为质押贷贷款的知识产权实物期权的价格。用于质押贷款的知识产权价格评估公式如式（12-1）所示。

$$V = \theta \left[\sum_{i=1}^{n_1} \frac{cf_{n_i}}{(1+r)^i} + \sum_{j=i}^{n_2} \frac{tv}{(1+r)^j} \right] + V_3 \qquad (12\text{-}1)$$

12.9 小结

知识产权质押贷款是近几年知识产权金融发展较好的一个知识产权融资模式。本章研究了知识产权质押贷款的发展现状、主要模式和主要支持政策，分析了知识产权贷款发展存在的主要问题。为促进知识产权质押贷款的发展，本章提出如下建议：

一是完善知识产权价值评估机制。要减少知识产权质押贷款中的信息和风险不对称问题，最重要的是改变第三方评估模式，在银行、担保机构、保险机构内部建立专业知识产权评估机构和团队。要对知识产权能对企业经营起据定性作用的知识产权质押贷款项目本身价值进行评估并作为质押贷款的依据。这是知识产权质押贷款发展的根本性措施。

二是完善知识产权质权处置机制。要建立知识产权拍卖市场，知识产权质押贷款失败后，质权人可以将知识产权交由专业拍卖知识产权的机构拍卖知识产权。

三是完善知识产权质押贷款政策。政府担保资金池支持应从补贴失败损失转向对知识产权权利人和服务机构的奖励，保险政策也应激励投保人投保而不是补贴投保人损失，还要提高对知识产权质押贷款保险的财政支持力度。

第 13 章

知识产权证券化

知识产权证券化属于资产证券化，它不仅是知识产权转移转化实现价值的重要方式，也是解决科技型企业融资难问题的重要手段。知识产权资产具有与其他资产不同的特点，深入实施知识产权证券化，需要深入研究可进行证券化的知识产权资产的条件，证券化过程中的风险隔离机制和客户保护机制，并制定相应的财税支持政策。

13.1 知识产权证券化研究

国内外学者开展了广泛的知识产权证券化研究工作。Steven L. Schwarcz 较早研究证券化，他将资产证券化称为炼金术。知识产权证券化就是将具有可预期收入的知识产权资产或者权益作为基础资产，并以其未来所产生的现金流为支持，通过结构化设计进行信用增级，并在此基础上发行证券产品以获得融资的过程（信达证券，2018），是知识产权权利人把知识产权将来可能产生的收益剥离于企业之外，作为证券化的基础资产，转移给特殊目的机构（Special Purpose Vehicle，SPV），该机构通过运营和管理，分离与重组基础资产中的风险和收益因素，并向投资者发行以该基础资产为担保的可流通权利凭证，借以为权利人融资，投资人按期获得知识产权运营带来的现金流，从而获得收益（李东亚，2018）。现有研究通常将知识产权视为可证券化的资产中的一种，侧重资产证券化的共性（甘勇，2008），较多关注知识产权作为基础资产的适格性、知识产权证券化的风险控制、风险隔离等。知识产权证券化要分散和隔离专利权人的风险，对资本进行新组合，有针对性地将资金集中在技术开发和应用的领域（Edwards，2001）。知识产权可证券化的知识产权资产分为应收账款、知识产权许可协议、知识产权中的各种经济权利、知识产权诉讼赔偿金，知识产权证券化重要的是价值评估、许可协议破产隔离问题、知识产权资产池中担保权益的登记等问题，以及信用增级、信用评级、税收待遇以及知识产权证券中的投资者保护四个问题（董涛，2009）。

我国学术界对知识产权证券化的研究主要局限于对国外知识产权证券化模式介绍，把国外的著作进行翻译，重点介绍知识产权的资产池组成、风险防范机制等，尚缺乏对国外知识产权证券化成功与失败案例的深入分析，缺乏对中国知识产权证券化模式和政策设计的研究。

13.2　知识产权证券化政策

　　近年来，党中央国务院高度重视知识产权证券化工作，出台了一系列政策支持和鼓励知识产权证券化发展。2015 年 3 月 13 日，中共中央、国务院发布《中共中央　国务院关于深化体制机制改革加快实施创新驱动发展战略的若干意见》，正式提出"推动修订相关法律法规，探索开展知识产权证券化业务"。2015 年 12 月 22 日，国务院发布《国务院关于新形势下加快知识产权强国建设的若干意见》（国发〔2015〕71 号），将"探索知识产权证券化"作为"构建知识产权运营服务体系，加快建设全国知识产权运营公共服务平台"的内容。2016 年 7 月 18 日，国务院办公厅发布《国务院办公厅印发〈国务院关于新形势下加快知识产权强国建设的若干意见〉重点任务分工方案的通知》（国办函〔2016〕66 号），将"创新知识产权投融资产品，探索知识产权证券化，完善知识产权信用担保机制"作为"加强知识产权交易平台建设"的环节。2017 年 9 月 26 日，国务院发布《国务院关于印发国家技术转移体系建设方案的通知》（国发〔2017〕44 号），提出"开展知识产权证券化融资试点"。2018 年 4 月 11 日，中共中央、国务院印发《中共中央　国务院关于支持海南全面深化改革开放的指导意见》，赋予海南"鼓励探索知识产权证券化"的重大改革创新任务。2018 年 5 月 24 日，国务院发布《国务院关于印发进一步深化中国（天津）自由贸易试验区改革开放方案的通知》（国发〔2018〕14 号），鼓励"探索知识产权证券化业务"。2019 年 1 月 24 日，中共中央、国务院印发《中共中央　国务院关于支持河北雄安新区全面深化改革和扩大开放的指导意见》，要求"鼓励开展知识产权证券化融资和知识产权质押融资"。2019 年 2 月 18 日，中共中央、国务院印发《粤港澳大湾区发展规划纲要》，要求"开展知识产权证券化试点"。2019 年 2 月 22 日，国务院发布《国务院关于全面推进北京市服务业扩大开放综合试点工作方案的批复》（国函〔2019〕16 号），鼓励"探索知识产权证券化"。

　　2015 年，国家知识产权局发布《国家知识产权局关于进一步推动知识产权金融服务工作的意见》（国知发管函字〔2015〕38 号），提出"引导和促进银行业、证券业、保险业、创业投资等各类金融资本与知识产权资源有效对接，加快完善知识产权金融服务体系"，并在"实践知识产权资本化新模式"中提出"鼓励金融机构开展知识产权资产证券化"。2018 年，为加快知识产权证券化发展，国家知识产权局和中国证监会牵头成立了"推动知识产权证券化试点指导工作组"，正式推进知识产权证券化工作。2019 年，国家知识产权局发布《2019 年深入实施国家知识产权战略加快建设知识产权强国推进计划》，提出鼓励海南自由贸易试验区探索知识产权证券化，鼓励雄安新区开展知识产权证券化融资。此外，国家版权局、中国人民银行、国家市场监督管理总局等部门也相继出台政策，支持和推动知识产权证券化工作。

13.3 知识产权证券化模式

知识产权证券化属于资产证券化。资产证券化业务是指以基础资产所产生的现金流为偿付支持，通过结构化等方式进行信用增级，在此基础上发行资产支持证券的业务活动。基础资产可以是企业应收款、租赁债权、信贷资产、信托受益权等财产权利，基础设施、商业物业等不动产财产或不动产收益权，以及中国证监会认可的其他财产或财产权利。

信贷资产证券化是将原本不流通的金融资产转换成为可流通资本市场证券的过程，是把欠流动性的但有未来现金流的信贷资产，如银行贷款、企业应收账款等，作为基础资产经过重组形成资产池，并以此为基础发行证券。信贷资产证券化一般的流程是：①转让信贷资产的金融机构将实施资产证券化的信贷资产信托予受托机构，金融机构收取转让费，受托机构收取贷款利息收入。②受托机构委托贷款服务机构管理信贷资产，服务机构可以收取服务费。③受托机构将信托项目财产账户资金交由资金保管机构保管，资金保管机构可以收取保管费。④受托机构发行信贷证券资产支持证券要向证券登记托管机构（中央国债登记结算有限责任公司）登记和结算，托管机构收取托管费。⑤受托机构发行资产支持证券，机构投资者投资信托收益权。⑥机构投资者买卖信贷资产支持证券，获得差价收入。⑦机构投资者从信托项目清算分配中取得收入。

资产证券化主要有 ABS（Asset-Backed Security）和 ABN（Asset-Backed Medium-Term Notes）两种模式。ABS 融资方式的运作过程可分为六个步骤：①组建专门项目融资公司。采用 ABS 融资方式，项目主办人需组建专门项目融资公司，可称为信托投资公司或信用担保公司，它是一个独立的法律实体。②寻求资信评估机构授予专门融资公司尽可能高的信用等级。由国际上具有权威性的资信评估机构，经过对项目的可行性研究，依据对项目资产未来收益的预测，授予专门项目融资公司 AA 级或 AAA 级信用等级。③项目主办人（筹资者）转让项目未来收益权。通过签订合同，项目主办人在特许期内将项目筹资、建设、经营、债务偿还等全权转让给专门项目融资公司。④项目融资专门公司发行债券筹集项目建设资金。由于专门项目融资公司信用等级较高，其债券的信用级别也在 A 级以上，只要债券一发行，就能吸引众多投资者购买，其筹资成本会明显低于其他筹资方式。⑤专门项目融资公司组织项目建设、项目经营并用项目收益偿还债务本息。⑥特许期满，专门项目融资公司按合同规定无偿转让项目资产，项目主办人获得项目所有权。

ABN 即资产支持票据，是一种在规定期限内偿还本息的银行间债务市场的债务融资工具，一般是由大型非金融企业、金融机构或多个中小企业将现有的或是可预期的、相对稳定的现金流以资产的形式出售给受托机构，受托机构以该资产为基础资金发行商业票据，通过出售给投资者换取资金。ABN 发行并不强制要求嫁接特殊目的载体，没有规定净资产40%的比例限制，可以公开发行，也可以非公开发行，但事先确定可能影响投资者利益情形的应对措施。ABN 还要求进行双评级。目前主要有信贷资产证券化、企业资产证券化、在交易商协会注册发行的资产支持票据三种实践模式。2012 年 8 月，银行间市场交易商协会推出《银行间债券市场非金融企业资产支持票据指引》，并推出首批 3 家试点资产支持票据项目（鲍新中，2017）。

实际上，不同类型的知识产权及其实现现金流的方式不同，知识产权证券化的管理模式也不相同。具体来说，知识产权证券化管理机构有 SPT、SPV、SPP、SPC 等模式。SPT（Special Purpose Trust，SPT）是原始权益人作为委托人，将其持有的基础资产出售给信托公司，信托公司将基础资产作为特殊目的信托，并以该资产为支撑发行资产支持证券，向投资者募集资金，并将 SPT 中基础资产的收益权分配给投资者，作为投资者到期还本付息的保证。SPV（Special Purpose Vehicle，SPV）是资产证券化中实现破产隔离的机构，具有法人地位，可获得法人财产权利，拥有基础资产，能够对资产进行实质性处置，如出售。SPP（Special Purpose Partner，SPP）是特殊目的的合伙组织，合伙组织获得原始权益人的基础资产，并以此为基础发行资产支持证券，投资者通过购买合伙组织发行的证券，成为合伙组织的合伙人，并根据出资享受收益和承担债务。

具体到知识产权证券化来说，ABS 模式的流程是：①知识产权权利人转让知识产权给受托机构，即特殊目的的机构，从而获得转让资金；②特殊目的的机构设立知识产权资产证券化项目，并交由管理机构进行专业化管理；③特殊目的的机构建立第三方机构担保机制，使知识产权资产信用增级；④特殊目的的机构对知识产权资产进行结构化设计；⑤特殊目的的机构发行知识产权资产证券，即收益凭证；⑥投资者通过交易所买卖收益凭证；⑦特殊目的的机构将投资者资金交由托管机构托管；⑧特殊目的的机构将资金向中央国债登记结算有限责任公司登记和结算（鲍新中，2017）。

13.4　知识产权证券化实践案例

美国开展知识产权证券化的时间较早。美国知识产权证券化是一个自下而上的市场主导型证券化模式（广东省市场监管局，2020）。版权证券化主要集中于电影和音乐行业，专利证券化集中于药品和生物技术行业，商标证券化集中于时尚和餐饮行业，作为基础资产的版权是其未来收益权，专利是其许可使用权，商标则是时尚和餐饮行业的高价值商标收益权。1997 年的英国歌星鲍伊的音乐作品著作权证券化、1997~2000 年的梦工厂电影等著作权证券化、2000~2003 年耶鲁大学医药专利许可权的证券化（Odasso and Ughetto，2011）、2003 年 Guess 商标许可协议证券化（Borod，2005）、2013~2015 年芝加哥知识产权交易所 IPXI 专利许可使用权证券化和哥伦比亚大学、德国工业园、日本索尼公司等企业将 IEEE802.1 标准相关无线通信网络技术的 194 项专利组合作为基础资产进行证券化等探索，为全球知识产权证券化提供了极为重要的经验借鉴。

1997 年，英国超级摇滚歌星大卫·鲍伊（David Bowie）与美国著名投资公司铂尔曼集团策划，铂尔曼集团和百代集团做信用担保，将大卫·鲍伊 1990 年前录制发行的 25 张专辑共 287 首音乐作品的版权打包进行证券化，发行方将其作品产生的所有收入包括广告费用、唱片销售收入、广播和演出带来的版权收入、电影改编授权费等以利息的形式支付给证券的拥有者。发行债券总额 5 500 万美元，10 年期限，利率 7.9%，由保德信证券信托公司全部认购。此后，美国涌现出一系列知识产权证券化交易案例。虽然以鲍伊债券为代表的知识产权证券化的规模并没多大，但许多研究者从发起人和投资者的动机和收益、市场的参与主体、知识产权资产证券化模式结构、知识产权基础资产的组合、信用增强、SPV 的发行选项、产权问题、知识产权证券化的障碍、对证券化技术的完善等方面开展了深入的讨论和研究。

1997 年，梦工厂用 14 部电影作为基础资产，发行证券进行筹资；2000 年，又在资产池中加入了 24 部制作中的电影，发行了总额约 5.56 亿美元的证券；2002 年，继 1997 年和 2000 年之后进行了第 3 次证券发行，共募集资金 10 亿美元，用于卡通片和电影制作。

2000 年 7 月，耶鲁大学为了进行项目融资，将其专利独占许可给 Bristol Myers Squibb 公司用于开发抗艾滋药物 Zerit，Royalty Pharma 投资公司购买了基于 Zerit 药物销售量为计算基础的专利许可使用权，并将该专利许可使用费证券化，Royalty Pharma 投资公司设立了破产隔离机构 BioPharma Royalty Trust，对 Zerit 专利进行信托，以专利许可使用费的 70% 作为担保，首次尝试性地开展药品专利许可费证券化。2003 年 7 月，Royalty Pharma 投资公司随后将专利许可使用权再次卖给了 BioPharma Royalty Trust 信托机构，由 BioPharma Royalty Trust 信托机构发行 11.5 亿美元的证券。Royalty Pharma 公司推出了第二笔专利证券化交易（Odasso et al.，2011）。

2003 年年初，Guess 以 14 份商标与商标许可协议转移给破产隔离机构 IP Holder L. P.，同时也要求其子公司 Guess Licensing 将其全部商标许可协议转移给破产隔离机构 IP Holder L. P.，破产隔离机构 IP Holder L. P. 又设立另外一家破产隔离机构 Guess Royalty Finance LLC，由 Guess Royalty Finance LLC 作为证券发行人，其中 Guess 签订的商标许可协议所产生的许可费用是以年度销售量的百分比为基础。该证券化项目发行了 7 500 万美元的债券，由 JP 摩根证券包销，为期 8 年。

2013 年 5 月，美国芝加哥知识产权金融交易所上市的专利许可使用权证券化 IPXI（Intellectual Property Exchange International Inc.）运营平台，该平台由荷兰皇家飞利浦公司、美国 OCEAN TOMO 公司、芝加哥知识产权交易所母公司 CBOE 控股公司投资成立，IPXI 以"单位专利许可使用权"（Unit License Right，ULR）为标的进行了知识产权证券化实践。其模式是专利权人提交单位提供情景（Unit Offering Scenario，UOS）专利审查文件，将专利挂牌给 IPXI 公司，该公司对专利进行尽职调查，审查内容包括专利的权属、使用、许可、保密情况，ULR 合同条款等，IPXI 还审查专利组合和法律风险等。IPXI 内设遴选委员会对 UOS 文件格式进行审查。IPXI 设立了规则委员会、商业行为委员会、遴选委员会和市场运营委员会，70 多家包含投行、实验室、企业的会员分为创始会员（可参与规则制修订、审查专利，但每年要提供至少一个 ULR）、普通会员（可以对挂牌专利提出意见，免费购买专利许可权）和第三方会员（主要是知识产权律师和评估服务机构，负责内外部专利审查服务）。审查通过后，专利权人通过 ULR 合同将专利独占许可给 IPXI 的 SPV，ULR 是某个领域技术入池的单位专利许可权，ULR 合同中要写明专利许可使用权份数，专利许可使用费率。ULR 初始价格由专家尽职调查评估，然后由潜在购买者按照荷兰减价拍卖法的投标决定。IPXI 的电子交易平台通过非独占许可的方式将 ULR 合同向外公开发行，将 ULR 出售给一级市场的购买者，购买者购买份数没有用完可以通过市场定价和非独占许可方式出售给二级市场。如果新的研究报告说一项 IPXI 专利技术优于其他替代技术，机构投资者可能预计 ULR 的需求将上升并决定购买二级市场上的 ULR。同样，如果运营公司发现 IPXI 交易技术有前景，该公司最初可以购买少量 ULR 来测试技术，然后在必要时购买更多的 ULR。运营公司决定放弃这项技术也可以在二级市场上出售。二级市场使 ULR 具有流动机会，可以减少公司在技术方面的前期投资，鼓励了该技术的早期采用。IPXI 收取 20% 的佣金。IPXI 模式具有决定质量、呈现使用证据、交易透明和价格明确四个优点，是重要的知识产权交易创新，但在运行几年后，于 2015 年 5 月 25 日停止运行。

受美国的影响，欧洲也开始了知识产权证券化的探索。欧洲早期的证券化案例主要是体育转播权或者体育赛事门票，后来意大利、英国开始进行电影和音乐作品的证券化。1998 年西班牙皇家马德里足球俱乐部把阿迪达斯的赞助进行证券化，融资 5 000 万美元。1999 年，意大利 Cechi Goori 公司将 1 000 多部电影的销售额和电视台转播权进行证券化发行债券。2001 年，英超利兹联队将未来 20 年的门票收入发行 7 100 万美元的证券化债券用于购买顶级球员。飞利浦公司曾将有机发光二极管技术的 600 多项专利组合独家授权进行知识产权证券化。

2000 年以后，日本、韩国等国家制定知识产权战略，一些亚洲国家开始了知识产权证券化的实践。2003 年，日本光学镜片公司 Scalar 将四项专利独占许可给 Matsushita Electric Group 的 Pin Change 公司，该公司以专利许可费作为基础资产，将未来的许可费交由银行控股的 SP 发行债券，筹集资金 20 亿日元。2003 年，日本 Japan Digital Contents 株式会社也在政府的支持下实施了第一例专利证券化。日本是典型的政府引导型信托模式，通常是由政府发起成立特殊目的的机构进行证券化。日本知识产权战略本部要求修订信托业法以推动知识产权证券化的发展，2005 年知识产权推进计划进一步规范和推动了知识产权信托的利用，有限合伙投资法推动了有限合伙框架下专利资产的高效利用（袁晓东，2006）。日本政策投资银行（DBJ）在知识产权证券化中扮演重要角色。

我国知识产权证券化已产生多个实践案例，到 2022 年年底，我国已发行 86 支知识产权证券化产品，发行规模 216 亿元。武汉知识产权交易所较早开始探索知识产权证券化模式。该交易所以企业核心知识产权所形成的许可、产品或服务产生的收益为基础，将收益包装成类证券的知识产权融资票据，通过交易所交易系统向投资者非公开发行有价证券。知识产权融资票据是同时具有债权与股权性质的混合体。在知识产权融资票据发行期间，持有人拥有一次或数次行使现金退出（发行人还本付息）的机会，如果持有人未行使现金退出的机会，则只能在二级市场买卖退出，或是等待转股期限到来，满足转股条件的，可以申请成为发行人股东，未能申请成为发行人股东的，可以等待下次转股。发行人在发行方案中设定知识产权融资票据发行期间，现金退出、持有人转股次数以及转股条件等。如果发行人只设定了一次转股，知识产权融资票据发行期限届满时，对于既未选择还本付息退出，也未成为发行人股东的持有人，发行人将会以发行方案中约定的回购方案强制回购持有人手中的知识产权融资票据。

2018 年 12 月，我国首支知识产权证券化标准化产品"第一创业—文科租赁一期资产支持专项计划"在深圳证券交易所成功获批。该产品以北京市文化科技融资租赁公司为原始权益人，底层资产租赁标的物为专利权、著作权等 12 项知识产权的许可权，发行规模8.39 亿元，优先级资产支持证券的总规模为 7.97 亿元，其中优先 A 级 3.93 亿元，AAA评级；优先 B 级为 2.65 亿元，AAA 评级；优先 A3 级为 1.39 亿元，AAA 评级；次级为0.42 亿元，由北京市文化科技融资租赁股份有限公司全额认购。其基础资产是知识产权许可收益为偿债基础形成的应收债权，其特设载体是租赁合同。而没有特殊目的机构 SPV。后来北京市文化科技融资租赁公司为原始权益人又发行多只知识产权证券化产品。截至2018 年 7 月，北京文化科技融资租赁股份有限公司实现营业收入 2 015 亿元，利润 9.55亿元，资产总额达 120.07 亿元。❶

2018 年 12 月 25 日，海南全国首个知识产权供应链资产证券化项目"奇艺世纪知识产权金融资产支持专项计划"在上海证券交易所正式挂牌上市，募集资金 4.7 亿元。奇艺世纪知识产权供应链 ABS 基础资产债权的交易标的物全部为知识产权，原始权益人为天津聚量商业保理有限公司，核心债务人为北京奇艺世纪科技有限公司，差额补足人为中证信用增进股份有限公司，计划管理人和销售机构均为信达证券股份有限公司，评级机构为联合信用评级有限公司，法律顾问为北京市竞天公诚律师事务所上海分所。❷

2019 年 9 月 11 日，广州市黄埔区、广州开发区知识产权证券化产品"兴业圆融—广州开发区专利许可资产支持计划"发行，广州开发区管委会、广州开发区管委会金融集团下属的广州凯德融资租赁公司为原始权益人和增信机构。基础资产是 11 家科技型中小企业拥有的 103 件发明专利和 37 件实用新型专利，总资产规模 3.01 亿元，通过专利权许可方式形成预期收益现金流。在 11 家企业中，华银医学、佳德环保、立达尔生物、中设机器人等每家企业获得 300 万~4 500 万元不等的融资，贷款期限 3~5 年。凯德融资租赁公司根据第一次专利许可方式取得特定专利的约定权益及再许可权利，一次性向企业支付五年的专利许可费用，然后再反向许可给原 11 家企业，11 家企业取得使用特定专利生产销售商品的权利，按季度向凯德融资租赁公司支付二次专利许可使用费。2020 年 8 月 31 日，"中信证券—广州开发区新一代信息技术专利许可资产支持专项计划"和"粤开—广州开

❶ 屈红燕. 第一创业于深交所成功发行我国首支知识产权证券化产品［N/OL］.（2019-03-29）［2021-10-08］. http://finance. jrj. com. cn/2019/03/29162427267195. shtml.

❷ 余幼婷. 我国知识产权 ABS 实现"零的突破"［N/OL］.（2019-01-04）［2021-10-08］. https://www. finan-cialnews. com. cn/zq/stock/201901/t20190104_152308. html.

发区金控—生物医药专利许可 1～5 期资产支持专项计划"两支知识产权证券化产品正式发行，为企业提供 4.34 亿元融资。❶

2019 年 12 月 26 日，由深圳高新投小额贷款有限公司发起的"平安证券—高新投知识产权 1 号资产支持专项计划"在深交所正式挂牌。这是全国首单以小额贷款债权为基础资产类型的知识产权 ABS 产品。由深圳高新投小额贷款有限公司发行的高新投知识产权证券化项目储架整体规模 10 亿元，规模 1.24 亿元。发起人为深圳市高新投小额贷款有限公司，计划管理人为平安证券，监管和托管行为平安银行，参与机构有交通银行、招商银行、北京银行、民生银行、兴业银行、江苏银行以及中证鹏元评级、立信会计师事务所、广东海瀚律师事务所等。贷款人或其关联方以拥有的知识产权（专利、软件著作权、实用新型等）向深圳市高新投小额贷款有限公司提供质押，项目首期入池的 15 家企业均为民营企业。❷

2020 年 3 月 3 日，浦东科创集团为主发起人，华泰联合证券为财务顾问，南方资本作为计划管理人的浦东科创 1 期知识产权资产支持专项计划（新冠肺炎疫情防控资产支持证券）在上海证券交易所完成了专利知识产权证券化项目发行，项目入池的基础资产为 9 家生物医药、高端制造、电子设备以及电信服务等高新技术企业合计 60 个授权发明和实用新型专利，优先级发行利率 3.59%，融资规模 10 亿元。在这 9 家企业中，上海米健信息技术有限公司、和元生物技术（上海）股份有限公司和上海派森诺生物科技股份有限公司将整合医疗信息系统运用到重点医院的急诊、ICU 等科室并参与地方医院建设，研发核酸检测试剂盒，集中科研力量参与研制新冠病毒的疫苗产品，为新冠病毒疫情防控做出了重要贡献。❸

2020 年 3 月 25 日，深圳市高新投小额贷款有限公司作为主发起人，中山证券作为管理人的深圳市南山区知识产权证券化产品"南山区—中山证券—高新投知识产权 1 期资产计划（疫情防控）"成功发行，储架规模 10 亿元，首期 3.2 亿元。深圳市兴森快捷电路科技股份有限公司、深圳市安智捷科技有限公司、深圳市新纶科技股份有限公司、深圳康美生物科技股份有限公司、深圳市瑞沃德生命科技有限公司、深圳翰宇药业股份有限公司、深圳开立生物医疗科技股份有限公司、菲鹏生物股份有限公司、深圳市润贝化工有限公司、深圳麦科田生物医疗技术有限公司、深圳创维数字技术有限公司等 12 家企业以 50 件专利作为基础资产，每家获得融资金 500 万～6 000 万元不等。中山证券为管理人，中诚信国际信用评级为信用评级机构，金杜律师事务所、天职国际会计师事务所、中金浩资产评估有限公司分别为法律、财务和资产评估机构，民生银行深圳分行、光大银行深圳分行、北京银行深圳分行作为主要投资人，南山区政府按实际融资金额给予不超过 3.5% 的补贴。❹

---

❶　李伊琳. 专利资产证券化广州破局 "二次专利许可" 交易模式拓宽小微融资［N/OL］. （2019-10-25）［2021-10-8］. https://ishare.ifeng.com/c/s/7r3CQCzrNeQ.

❷　第一财经. 平安证券发行知识产权 ABS 产品 破解科技企业融资难题［N/OL］. （2019-12-26）［2021-10-20］. https://finance.sina.com.cn/roll/2019-12-26/doc-iihnzahk0185185.shtml.

❸　红刊财经. 浦东科创 2 期知识产权资产证券化项目成功发行［N/OL］. （2020-08-04）［2021-10-19］. https://baijiahao.baidu.com/s?id=1674998723043267738.

❹　深圳特区报. 深圳设立首单防疫知识产权资产支持专项计划［N/OL］. （2020-03-26）［2021-10-20］. https://www.sznews.com/banking/content/2020-03/26/content_22999940.htm.

2020 年 12 月 21 日，"业达智融—烟台开发区知识产权（人力资本）资产支持专项计划"通过深圳交易所审核，在烟台开发区签约发行。万华节能科技集团股份有限公司、烟台东方纵横科技股份有限公司、山东海格尔信息技术股份有限公司、山东天鸿模具股份有限公司、烟台台芯电子科技有限公司等 16 家建筑建材、数控机床、智能设备等领域拥有高新技术领军人才和核心自主技术知识产权的科技型中小企业将 182 件专利权的 5 年独占许可授权转让给原始权益人烟台业达融资租赁有限公司，获得融资 3 亿元，该公司将专利权独占许可反授权给原 16 家企业形成债权。兴业证券股份有限公司成为计划管理人。烟台业达租赁有限公司按照低于 5% 的固定利率承担每期还本付息义务，并出资购买 5% 的计划份额进行信用增强，同时烟业达经济发展集团有限公司承担流动性支持以及差额补足义务。❶

2021 年 1 月 5 日，"兴业圆融—温州技术产权资产支持专项计划"在深圳证券交易所正式挂牌，成为全国首个技术类知识产权资产证券化产品。此次产品以温州市数据采集分析系统、节能环保、汽车配件制造等多个领域的 12 家科技型中小企业的 26 项发明专利、9 项软件著作权、20 项实用新型专利、1 项非专利技术共 56 项技术类知识产权作为基础资产，质押给温州市融资担保公司，通过 ABS 融资模式以无利息差的形式定向募集资金 1.9 亿元，年化率 3.99%。兴证证券资产管理有限公司为计划管理人，瑞安华峰小额贷款股份有限公司为原始权益人。温州市融资担保公司承担差额支付义务和次级资产支持证券信用增级义务。温州市财政提供融资利息的 20%，对券商、评级、律所、资产评估等中介机构服务费用提供 90% 的补助，引导担保费由标准费率 1% 降为 0.56%。市政府先行垫付项评级、律所费用以及发行成功后所有中介服务费用，每次付息日前先行垫付 20% 贴息。发行成功后，企业申请科技主管部门补助，实际产生利息后向科技主管部门申请贴息。❷

美国和欧洲的知识产权证券化是典型的市场主导型证券化。美国知识产权证券化主要采取信托 SPV 模式，欧洲信用增级机制比较完善，欧美模式中知识产权证券化的基础资产是许可第三人所产生的许可合同债权，该许可合同既可能是发起人与被许可人签订，也可能是 SPV 与被许可人签订，不同于已确定的应收账款债权。目前，中国知识产权证券化已形成了质押贷款、融资租赁、许可收入、二次许可和保理等模式。中国的知识产权证券化则是典型政府引导型证券化，政府不仅设计知识产权证券化的模式，引导各种机构参与知识产权证券化，还专门设立专项资金补贴知识产权证券化中发生的各种服务费，并承担相当一部分知识产权证券化失败造成的损失。

13.5　知识产权证券化问题分析

知识产权证券化是资产证券化在知识产权领域的延伸，不仅是知识产权实现价值的重

---

❶ 烟台经济技术开发区. 烟台开发区知识产权（人力资本）资产支持专项计划签约仪式举行 [N/OL]. （2020-12-20）[2021-10-21]. http://www.yeda.gov.cn/art/2020/12/22/art_14106_2903419.html.

❷ 吴丛司，江宏伟. 兴业圆融—温州技术产权资产支持专项计划在深交所挂牌 [N/OL]. （2021-01-07）[2021-10-19]. https://www.cnfin.com/bank-xh08/a/20210107/1971283.shtml.

要方式，也是促进知识产权转移转化的有效途径。知识产权资产具有与其他资产不同的特点，开展知识产权证券化，需要深入研究可证券化的知识产权资产的条件，证券化过程中的风险隔离机制和风险隔离机制，并制定相应的财税支持政策。目前，我国知识产权证券化发展并很不成熟，还存在不少风险和问题。

13.5.1　知识产权证券化政策法规

目前，我国规范知识产权证券化的法律主要包括《中华人民共和国民法典》《中华人民共和国公司法》《中华人民共和国信托法》《中华人民共和国证券法》《中华人民共和国证券投资基金法》。但是到目前为止，我国并没有制定针对知识产权证券化的相关法律法规。虽然党中央和国务院要求各地探索和开展知识产权证券化，但在上述这些法律中，没有关于知识产权证券化的规定。知识产权证券化法律法规存在空白，必然导致我国在知识产权证券化探索过程中五花八门，各不一致，一些实践还存在较大风险。

我国与知识产权证券化相关的政策规定主要包括《私募投资基金监督管理暂行办法》《证券公司及基金管理公司子公司资产证券化业务管理规定》《证券公司及基金管理公司子公司资产证券化业务尽职调查工作指引》《证券公司及基金管理公司子公司资产证券化业务信息披露指引》以及《资产支持专项计划备案管理办法》《资产证券化业务基础资产负面清单指引》《资产证券化业务风险控制指引》。但这些政策规定主要是针对信贷资产证券化政策，缺乏针对知识产权证券属性、产品交易、金融财税支持、信息披露、价值评估、信用增强、风险隔离、破产清算等的政策。与知识产权证券化相配套的政策也很不足，知识产权价值度评估、组合评估、价格评估、担保保险，不仅缺乏政策，也缺乏可行的方法。现有服务机构的服务能力差距很大，尤其是特殊目的机构很多对知识产权缺乏专业能力，更缺乏有效的软件系统（李超民，2020）。

我国关于知识产权证券化的税收政策规定主要是财政部、国家税务总局2006年发布的《财政部　国家税务总局关于信贷资产证券化有关税收政策问题的通知》（财税〔2006〕5号），该通知对参与的各类机构签订的部分合同暂不征收印花税，对服务、利息和差价收入免征营业税（现改为增值税）。但我国并没有制定知识产权证券化的相应税收优惠政策。由于知识产权证券化在我国刚刚起步，所以我国在知识产权证券化的增值税所得税上优惠措施较少。

我国一些地方政府制定了支持知识产权证券化发展的政策。如深圳市南山区政府给予深圳高新投知识产权1期资产支持计划按实际融资金额不超过3.5%的补贴。深圳市政府给予深圳高新投知识产权1号资产支持专项计划50%借款利率的补贴，最终融资利率仅为2.98%。海南省知识产权协会知识产权专委会则先行垫付评级机构的中介费用。

13.5.2　知识产权证券化运作模式

与传统的信贷资产证券化相比，现行的知识产权证券化实践大多照搬信贷资产证券化模式，较少考虑知识产权证券化的特殊性。

一是知识产权作为基础资产的适格性存在不足。知识产权是无形资产，与其他基础资产有很大不同，相当部分知识产权质量低、形不成有效组合，不能成为知识产权资产。原始权益人通过信托、转让等形式将知识产权许可收益或融资等应收账款形成的债权作为基础资产交给 SPV 进行证券化，但知识产权类债权无法产生利息收入。知识产权每年还需要缴纳年费，而且随着时间流逝会出现贬值。即使是 IPXI 交易达成也需要几周时间，加上尽职调查时间也较长，也无法规避贬值问题。

二是知识产权证券化客体范围较窄。知识产权作为核心资产必须可形成稳定现金流的才能成为可证券化的基础资产。稳定的现金流，可以通过知识产权租赁、质押贷款、许可形成应收账款形成债权实现，也可以通过知识产权实施、作价入股实施的未来收益形成的债权实现。以这些知识产权形成的现金流形成的债权作为基础资产，不仅可以解决企业资金困难问题，而且可以大大促进知识产权的转化实施。但目前的知识产权证券化主要是知识产权许可收益权和知识产权质押、租赁形成的债权，没有包括知识产权作价入股股权融资实施和自行实施知识产权形成的未来现金流形成的债权。

三是知识产权证券化的投资属性不足。国外知识产权证券化案例大多采取 SPT 模式，我国则大多数是资产支持专项计划 SPE 模式。事实证明，SPT 作为特殊目的信托，能较好地起到破产隔离作用，可以发行债权或证券供投资人投资。而 SPE 则需要管理人从原始权益人处购买资产，与投资人是一种委托理财关系，虽然也实现了破产隔离，但只能发行债券，投资人投资的目的既不是使用知识产权，也不是投机营利。IPXI 的投资者拥有的是 ULR 的使用权，没有破产隔离机构，企业虽然可以购买足额的 ULR，但企业不到被起诉时一般不会主动购买许可，这是导致其失败的最大问题。

四是没有解决信息和风险不对称问题。现有知识产权证券化中的知识产权服务机构均为外部机构。在知识产权证券化过程中，识别知识产权的质量问题和侵权与被侵权风险，评估其市场和价格是知识产权证券化能否成功的关键。目前已实施的证券化案例中管理人设立的 SPV 均聘用外部知识产权服务机构进行知识产权风险识别和价值评估，无法解决信息和风险不对称问题。美国 IPXI 附属会员对于专利的尽职调查也是基于第三方的审查，其失败的主要原因之一虽然是价值评估不准（Merritt，2017），但根本问题是外部机构的评估无法解决信息和风险不对称问题。我国知识产权证券化案例中，知识产权资产的价格评估多数是由外部服务机构评估确定。事实证明，非内部机构的评估很难对知识产权证券化担责，加上评估方法不科学，无法准确评估知识产权价格，导致知识产权证券化出现问题。

五是知识产权证券化投资者范围受限较多。IPXI 为降低标准必要专利单一谈判造成交易成本过高问题设计 ULR，但由于只有生产专利产品的企业才购买 ULR，所以购买者较少，虽然没用完的 ULR 可以在二级市场出售，但范围较小，没有产生真正的 ULR 市场。而我国的投资者主要是符合条件的投资机构，对合格的自然投资人要求条件很高，普通民众只能在公开市场买卖债券。事实证明，自然人投资是公开市场繁荣的重要基础。此外，我国知识产权证券化主要采用 SPE 模式，投资人只能按固定利率投资知识产权资产的债券，普通民众对知识产权债券并不了解，一些债券不能在公开市场转让交易，投资必然很难活跃。

六是投资者投资积极性没有充分激发出来。武汉知识产权交易所在债权和股权可转换上做了探索，能够降低投资人的风险，但属于区域股权交易市场的私募融资。而国内外现行知识产权资产证券化案例大多采用类似债的发行模式，将知识产权尤其是专利权的许可收益债权作为实施基础。我国投资者投资知识产权证券化产品拥有的是企业债权，不拥有知识产权证券化产品背后的企业股权，知识产权证券化一旦失败，不仅担保机构、保险机构和差额支付承诺人将承担损失，政府也将承担大部分损失。投资人只能按照规定的利率购买发行的债券，其投资的未来收益与知识产权实施许可收益不挂钩，投资人无法对知识产权实施的未来现金流包括企业知识产权实施或者作价入股股权融资实施收益主张权利，因此无法对企业起到有效的正向激励和负向约束作用。

七是交易所功能发挥不够。IPXI 不成功的主要原因在于参与者进入平台的诉讼目的与 IPXI 平台的非诉意愿不符，进入门槛过高导致挂牌专利数量过少（李筱璇，2016）。在美国 IPXI 平台中，投资者购买后拥有的是 ULR 的使用权，投资者可以购买足额的 ULR 以满足生产销售的需要，不需要的持有一年后才可以在二级市场卖出，IPXI 平台具有价格发现和交易撮合的功能，但由于企业不到被起诉时一般不会主动购买专利许可（Merritt，2017），IPXI 最后还是失败了。国外设立 SPT 机构的知识产权证券化案例和国内设立 SPE 的案例，都按固定利率发行债券，没有发挥好公开市场连续的价格发现、交易撮合功能，交易所的作用发挥远远不够。

八是缺乏知识产权证券化失败弥补措施。我国并没有建立知识产权证券化失败后知识产权拍卖平台，制定有效的补救措施。我国知识产权证券化案例在发行说明书中虽然规定了知识产权证券化失败后企业资产清算的程序，但对知识产权资产的清算主要是在内部进行。而国外知识产权证券化失败后有专门的拍卖平台，如美国 Ocean Tomo 公司针对证券化失败后的知识产权进行拍卖，并且取得较好的收益，有效降低了证券化失败的损失。我国现有知识产权证券化案例中的风险隔离机制比较完善，但风险主要由地方政府风险资金池负担，很多地方赔付损失比例高到 70%，有的地方甚至承担全部损失。因此，知识产权证券化一旦失败，地方政府将承担较大风险，会对地方财政产生较大影响。特殊目的机构、担保机构、评估机构、托管机构等也可能无法得到相应的服务费，其继续从事证券化的积极性必然受到影响。

13.5.3　知识产权证券化价值评估

价值评估是知识产权证券化重要的问题之一。美国 Zerit 专利证券化失败的主要原因包括价值评估不准确、许可人经营不当等（Ronald，2009）。我国知识产权证券化案例中知识产权价值评估方法存在较多不足。现行知识产权证券化案例中知识产权价值评估普遍采取收益现值法。收益现值法适用于知识产权实施和许可收益价格的评估，也可以用于知识产权转让、租赁、质押形成的债权的价格评估。但价格评估的前提是价值评估。北京文科一期、广州开发区专利许可资产支持计划等案例选取技术水平、成熟程度、实施条件、经济效益、保护力度、行业地位等作为参数，通过加权计算技术分成率，评估知识产权资产的价值度和价格，此评估指标体系还不够合理，尤其是缺乏对知识产权质量包括权利稳定性和不可规避性的评估指标；使用的收益现值法没有考虑知识产权证券化项目计算期的合理性，折现率中知识产权风险报酬率是按直线型计算的，不符合知识产权实施风险的特点。

知识产权证券化案例中的价值评估需要符合知识产权价值评估的规律。IPXI 是通过尽职调查和前期的投标者运用荷兰拍卖法投标确定价格，但无法计算嵌入产品的 ULR 价格，无法监控企业消费 ULR 多少（Merritt，2017），而且 ULR 交易市场并不是竞争性市场。知识产权基础资产价格评估很难准确，即使有信用增级，其信用评级也很难达到标准。我国知识产权资产价格主要是由评估机构评估确定，发行债券总价值一般不能超过知识产权评估价值的 70%，缺乏由市场供需形成价格的机制。由于知识产权证券化产品主要是债券，公开市场虽然通过债券转让交易可以吸引合格投资人投资债券，但却不能起到有效的价格发现作用。

知识产权数量少，知识产权价格偏低会严重影响知识产权证券化的发展。根据相关数据来源，美国 2015 年的专利交易价格只有 25 万美元，中国 2012 的专利平均许可价格只有 24 万元左右。2017 年我国平均一家高新技术企业平均申请发明专利 3.69 件，拥有有效发明专利 11.85 件。按 5 年计算，每年的许可费收入也仅有 60 万元左右。很多所谓的高新技术企业难以满足知识产权证券化的要求。另根据国家知识产权局发布的"十三五"登记的专利许可可知，我国制造业专利许可费平均入门费为 97 万元，但已发生的证券化产品每件专利贷款近 1000 万元，专利价值评估存在很大的不确定性问题。

13.5.4　知识产权证券化投资人

我国目前知识产权证券化的合格投资人大多数是证券公司、期货公司、基金管理公司及其子公司、商业银行、保险公司、信托公司、财务公司、私募基金、社会保障基金、慈善基金等金融机构。

知识产权证券化投资人的门槛很高。我国《证券公司及基金子公司资产证券化业务管理规定》第二十九条规定，资产支持证券应当面向合格投资者发行，发行对象不得超过 200 人，单笔认购不少于 100 万元人民币发行面值或等值份额。符合《私募投资基金监督管理暂行办法》规定的私募基金的合格投资者是指具备相应风险识别能力和风险承担能力，投资于单只私募基金的金额不低于 100 万元且符合下列相关标准的单位和个人：净资产不低于 1 000 万元的单位；金融资产不低于 300 万元或者最近三年个人年均收入不低于 50 万元的个人。该规定的第三十八条规定，资产支持证券初始挂牌交易单位所对应的发行面值或等值份额应不少于 100 万元人民币。

如果合格投资人门槛过高，就没有大量的投资人，也就没有知识产权证券化的市场。合格投资人普遍对知识产权不熟悉、不了解。投资人投资知识产权证券化还不如通过股权投资、融资租赁、信托方式投资知识产权本身。证券交易所是公开市场，公开市场是知识产权证券化债券转让的重要渠道。投资人持有债券一年以上可以去二级市场交易，但大多数民众缺乏知识产权知识，对知识产权证券化的债券不了解，投资积极性不高，也会影响债券的交易。

13.5.5　知识产权证券化税费

知识产权证券化总体成本很高。美国 IPXI 发行的 ULR 虽然设计巧妙，但专利权人注册和提供 ULR 成本过高（Merritt，2017），IPXI 平台还要收取高达 20% 收入的服务费。日本 Scalar 案通过证券化实际筹集的资金只有大约 2 亿日元（Jayant，2006），资产证券化的标准金额从 20 亿到 100 亿日元不等。无论是 SPT 方式的证券化还是 SPE 方式的证券化，都存在成本过高的问题。

知识产权证券化涉及资产评估、财务顾问、信用评级、担保、法律顾问、会计服务机构，以及托管银行、监管银行、登记托管机构，这些机构提供服务都要收取中介服务费。参与主体较多，导致各种服务费累加。据初步估算，国外知识产权证券化发行上市的总成本一般为融资金额的 10%～25%。以我国知识产权证券化融资 1 亿～10 亿元计算，资产评估机构一般收取 0.015%～1%，财务顾问服务机构收取 1%～5%，信用评级机构收取 0.02%，担保机构一般收取 1%～3%，法律顾问机构一般最高收取 3 万元，会计师事务所一般最高收取 5 万元。同时，证券化资金监管需要缴纳监管费、托管费，投资人投资知识产权证券化产品需要缴纳交易佣金。全部费用大约占知识产权标的的知识产权证券化融资额的 10%。知识产权评估价格本来就不高，服务费用较高会严重影响知识产权证券化的顺利进行。

知识产权证券化税收负担也较重。根据《财政部　国家税务总局关于信贷资产证券化有关税收政策问题的通知》，各种服务收入仍然需要缴纳企业所得税。知识产权转移则需要缴纳财产转让收入所得税，知识产权形成债权买卖的财产转让书据需要缴纳万分之五的印花税。如果是担保融资则需要在债务人偿付确认为收益时缴纳所得税。作为法人的 SPV 机构收取的佣金需要交纳增值税和所得税。投资人投资知识产权证券化产品，需要交纳证券交易所得的所得税、债券利息收入的所得税，而现有的税收政策对知识产权证券化收入缺乏优惠政策。

13.6　知识产权证券化设计

为促进我国知识产权证券化顺利发展，必须解决知识产权资产化路径、知识产权资产价值评估、破产隔离机制、公开市场竞价、投资者条件等方面存在的突出问题。为此，本书提出的知识产权证券化模式如下。

一是扩展知识产权证券化客体。作为知识产权证券化的基础资产不仅要包括知识产权融资租赁、质押贷款、许可收入形成的债权，还应包括知识产权实施、作价入股的股权收益权形成的债权。具体方式可以是知识产权权利人将知识产权资产转让给原始权益人获得融资或信托给原始权益人，原始权益人将知识产权资产形成债权转让或信托给 SPV 机构进行信用增强和发行债券。由于我国实际知识产权转让价格普遍不高，可以探索将知识产权资产与企业房产、股权、应收账款、土地使用权等其他资产捆绑实行强担保，通过将这些其他资产与知识产权资产一并进行证券化。

二是加强可证券化知识产权资产评估。知识产权证券化首先是知识产权资产化，知识产权尤其是专利权要有质量，要形成有效组合，要能有效保护好主导产品，知识产权权利人应提供知识产权评价报告，作为可资产化的知识产权必须都是高质量的、技术先进适用、市场价值大的知识产权。知识产权权利人尤其是高新技术企业、初创科技型企业应当以高价值的知识产权组合形成的基础资产等进行知识产权证券化。评估机构应通过评估筛选业务发展迅速、未来现金流好、具有自主知识产权优势、缺少发展资金的中小高新技术企业。

三是改进知识产权资产评估方法与机制。评估知识产权资产价格，首先要评估知识产权的价值度，尤其是知识产权的质量、技术、市场和管理。只有知识产权权利稳定和不可规避、质量高，才有必要评估技术的成熟度和先进性；只有知识产权质量较高，技术可行，才有必要评估其市场价值大小和管理团队；只有企业管理规范，知识产权有较高价值度，才有必要评估其价格。评估知识产权价格，尤其是使用收益现值法，要注意其计算期是知识产权保护期内能产生垄断利润的知识产权产品的生命周期，知识产权风险报酬率在实施期较高而在生产期较低，有质量问题和侵权风险时较高，如果风险报酬率过高则终止评估知识产权资产价格。在评估知识产权资产价格时应评估知识产权与技术、资本和管理要素结合形成的价格，而不是知识产权本身的价格并作为证券化资产。

四是建立 SPV 内部知识产权服务机构。企业经营业绩较好的，可以采取 ABS 模式。实行 ABS 模式的应允许将目前的 SPT 与 SPE 结合，构建综合型破产隔离机制，发挥 SPE 资产转让能实现有效破产隔离与 SPT 知识产权证券化产品投资功能的协调作用。同时，管理人在建立 SPV 机构时应同时建立内部的专业知识产权服务团队，以解决信息不对称问题和风险不对称问题，同时解决知识产权服务费过高问题。内部专业机构要建立科学的知识产权价值、价格评估方法和机制，开展知识产权证券化项目可行性研究，要提供独立的知识产权价值和价格评估报告。SPV 机构证券化产品设计团队要与知识产权服务团队建立"相互合作，相互约束"的机制。

五是降低知识产权债权和投资门槛。应当通过试点逐步开放知识产权证券化投资人范围，除了现有金融机构、基金和合格的自然人投资人外，应当允许风险投资机构、技术转移机构、知识产权运营机构成为投资人。应允许具有能力的自然人投资知识产权证券化债券。比如，拥有技术转移经验，获得专利代理、技术经理人或技术经纪资格的自然人，个人投资最低不低于 10 万元，总数不超过 200 人，也可以成为合格投资人。还应降低机构投资人的条件，如机构投资人投资门槛可降低到不低于 30 万元，机构投资人数量可以放开到 100 家。

六是完善知识产权证券化产品。应该允许多种知识产权证券化产品探索。鼓励有条件的知识产权交易所在 IPXI 模式基础上，将 ULR 改造成固定费率的专利池许可收益权，向专利池贡献标准必要专利的企业可以根据贡献必要专利形成的 ULR 数量的多少获得许可收益，使用标准必要专利池专利的企业需购买获得足够数量的 ULR 许可用于生产经营，ULR 与许可收益债权可以发行债券并在二级市场交易。在交易所建立知识产权法院或法庭分支机构，实现快速知识产权保护。现有 SPV 应允许开发债券和股权可转换的债券产品，如果项目实施较好，投资人可以成为股东，如果项目出现风险，投资人可以变为债权人，背后由担保机构和政府风险资金池担保。在知识产权交易所、技术交易所、区域股权交易市场等建立知识产权拍卖市场，如果证券化失败，根据知识产权拍卖收入按一定比例先行偿还知识产权证券化投资人的投资。

七是降低知识产权证券化中的各种费用。一是要建立证券公司与各种服务机构的长期紧密合作关系，降低各种知识产权证券化的服务费。二是将知识产权服务机构等变为内部机构，降低知识产权服务费，或者将知识产权服务作为在一定期限内限制交易的债券或股份。

八是制定知识产权证券化税收政策。为鼓励知识产权证券化的健康发展，我国应当将知识产权证券化纳入科技成果转化税收政策优惠范畴，免征知识产权证券化过程中产生的财产转让收入、许可使用费收入、交易佣金、债券交易所得、债券利息及相关的服务收入等各种收入的增值税和所得税。如果低于 2 000 万元的应免征所得税，超过 2 000 万元部分应减半征收企业所得税。以私募股权股票投资证券化获得的债股可转换凭证可纳入技术入股所得税递延纳税范围。由于知识产权证券化中的知识产权数量少，应免征或缓征知识产权、债权等财产转让书据印花税。

九是充分发挥政府的作用。地方政府应当建立知识产权商业化风险资金池，联合担保或保险公司降低知识产权证券化的风险。政府风险资金池要将直接弥补损失改为引导、风险担保和奖励，引导主要是对知识产权证券化相关服务费进行先行垫付和补贴，如评估费、信托费、评级费、担保费、托管费，但比例不能过高，以 30%～50% 为宜，待获得投资人投资后用投资资金偿还。政府风险资金池可以对担保保险机构进行再担保，也可以对知识产权证券化成功案例的知识产权权利人、各类服务机构进行奖励，奖励也以 30%～50% 为宜。地方政府还应建立知识产权证券化专家咨询机制，为知识产权证券化中各种服务质量进行评价，提高知识产权证券化的可行性。

为此，本书提出如下知识产权证券化模式，详细内容如图 13-1 所示。

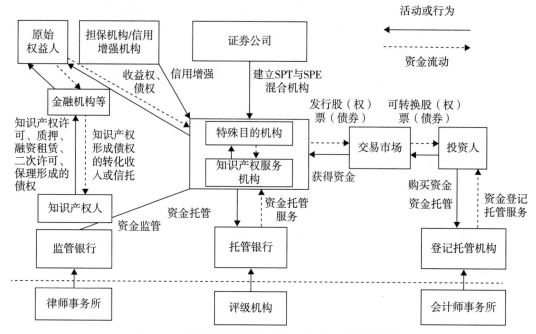

图 13-1 债股可转化定向募集知识产权证券化模式

13.7 小结

我国高度重视知识产权证券化的发展,海南、北京、深圳等地积极探索,已产生一批典型案例,积累了一定的经验。我国知识产权证券化主要是知识产权质押贷款的证券化,主要采用发行债券模式。为促进我国知识产权证券化的健康发展,一是要完善知识产权证券化的模式。知识产权证券化不能只是将质押贷款、许可收益、融资租赁、二次许可、保理形成的债权等作为证券化的客体,而应当还可以将知识产权实施和作价入股实施收益形成的未来现金流作为客体。尤其是未来实施收益权将会有利于企业融资和提高知识产权证券化的可能性。

二是完善知识产权风险识别机制。将 SPT 与 SPE 模式结合,建立内部知识产权服务团队并与特殊目的机构形成相互合作与制约关系模式,信用增强机构应有政府风险资金的介入,投资人要降低门槛,要符合基本条件。

三是探索建立债股可转换的知识产权证券化模式,建立知识产权证券化失败后的拍卖模式,以弥补损失。这将会提高知识产权证券化的可能性。

四是加大税收政策对知识产权证券化的支持和激励力度。应免征知识产权证券化过程中的财产转让收入、许可使用费收入、交易佣金、债券交易所得、债券利息及相关的服务收入等各种收入的增值税和所得税。如果机构低于 2 000 万元的应免征所得税,超过 2 000 万元部分应减半征收企业所得税。还应对知识产权证券化过程中涉及的债权转让和合同数据印花税适用万分之五的税率优惠。

第 14 章

知识产权信托

知识产权信托是一种重要的知识产权投融资工具。发展知识产权信托具有重要意义，知识产权资产通过信托形成风险隔离机制和破产隔离制度，可以盘活知识产权资源，实现知识产权价值，是促进知识产权与资本结合、促进知识产权转移转化实施的重要方式，是促进我国知识产权密集型产业和知识产权发展的重要途径，也是促进市场公平竞争的重要方式。

14.1 知识产权信托概述

信托是指委托人将其财产权委托给自己所信任的受托人，允许受托人在委托人意愿下以受托人名义对财产进行管理、处分的行为。信托不仅是一种特殊的财产管理制度、法律行为，还是现代金融体系的重要组成部分（吴汉东，2001）。我国 2001 年出台《中华人民共和国信托法》将信托定义为委托人基于对受托人的信任，将其财产权委托给受托人，由受托人按委托人的意愿以自己的名义，为受益人的利益或者特定目的进行管理或者处分的行为。中国银行业监督管理委员会 2006 年 12 月 28 日通过的《信托公司管理办法》将信托业务定义为信托公司以营业和收取报酬为目的，以受托人身份承诺信托和处理信托事务的经营行为。因此，可以认为知识产权信托是指知识产权所有者将其所拥有的知识产权按自己的意愿委托给信托机构，由信托机构以自己的名义为知识产权权利人的利益或特定目的对受托的知识产权进行管理或者处分实现知识产权价值的信托行为。

信托制度起源于英国，最初的财产形式主要是房地产，目的是加速土地在家庭之间自由转让。随着美国、日本等国家对信托制度的引进和发展，信托的财产形式则发生了巨大变化，主要是金融资产（覃有土，2006）。我国信托业最早可追溯到 20 世纪初。信托行业的产生主要由于传统单一的银行信用不足，可以利用社会闲置资金，引进外资，拓展投资渠道，为经济的发展发挥积极作用。

知识产权信托是以信用委托来实现知识产权价值的一种信托业务。知识产权权利人通过信托实现知识产权价值，信托人则通过知识产权信托获取报酬等收益。在知识产权信托过程中，知识产权所有人基于一定的目的和利益委托信托机构管理知识产权；信托机构对被授予的知识产权享有控制权（管理权和处分权），以自己的名义管理和处分知识产权

（邵文猛，2011）。目前，在美国、欧洲、日本等发达国家和地区，知识产权信托广泛运用于电影拍摄、动画片制作等短期内需要大量资金的行业。

根据信托的目的，信托可以分为担保信托、管理信托和处理信托。知识产权信托一般是处理信托，即指可以处置信托的知识产权以实现财产增值的信托业务。从法律关系看，信托可以分为民事信托、商事信托和公益信托三种。知识产权信托也具有这三重法律关系。知识产权民事信托是指涉及自然人知识产权管理、许可、收益、分配等事项的信托。如音乐作品著作权集体管理就属于知识产权民事信托范畴，著作权集体管理组织经著作权权利人授权，集中行使权利人的著作权或者相关权利并以自己的名义进行活动。如与使用者订立著作权及邻接权许可使用合同；向使用者收取许可使用费；向权利人转付许可使用费；进行著作权及邻接权的诉讼、仲裁等。根据法律规定，著作权集体管理组织不能从事营利性经营活动，市场监管部门可以对营利性经营依法取缔，没收违法所得。

知识产权商事信托是涉及公司即法人知识产权的信托活动。按照《信托公司管理办法》，知识产权信托业务是指信托公司以营业和收取报酬为目的，以受托人身份承诺信托和处理知识产权信托事务的经营行为。这种行为带有营利性。如专利池管理和运营机构就是典型的知识产权商事信托机构，可以从事知识产权的集中管理、集体许可、集体诉讼等。

知识产权公益信托则是指以公益事业为目的的有关知识产权的信托。尽管知识产权是私权，但是这种财产权并非没有公益性，财政资金支持项目形成的知识产权，涉及国际安全、公共健康、社会重大公共利益的知识产权可以通过信托形式发挥作用。

14.2　知识产权信托特征

知识产权信托也是一种基于信用的法律活动。知识产权信托一般涉及三方面当事人，即委托信托人及知识产权权利人、受信于人的受托人即信托机构、受益于人的受益人。

知识产权信托具有以下特征：①知识产权权利人将知识产权委托给受托人后对信托的知识产权不再拥有直接控制权；②受托人有权以自己的名义对信托的知识产权进行管理处分；③受托人管理处分知识产权必须按知识产权权利人的意愿进行；④这种意愿是在信托合同中事先约定的，也是受托人管理处分知识产权的依据；⑤受托人管理处分知识产权必须是为了受益人的利益，既不能为了受托人自己的利益，也不能为了其他第三人的利益。

由于知识产权的特殊性，知识产权转让或许可给他人，或者作价投资之后有较大的风险性和不确定性，信托知识产权必须与委托人的未信托财产和受托人的固有财产相区别，信托知识产权具有独立性。知识产权信托可以通过信托形成风险隔离机制和破产隔离制度，盘活庞大的知识产权资源，优化配置知识产权资源，具有其他金融手段无法起到的重要作用。

知识产权信托是重要的知识产权金融工具之一，是促进知识产权转化实施的重要途径之一。通过知识产权信托，知识产权权利人可以将知识产权交由专业的信托机构管理和运营知识产权，从而产生较大的知识产权收益，也可以为知识产权权利人节约大量的转让许可和诉讼的时间与金钱成本。

知识产权信托是促进我国知识产权密集型产业和知识产权经济发展的重要途径。通过知识产权信托，可以将分散的知识产权集中起来，构建技术标准必要专利的专利池和著作权尤其是软件著作权权利池，保护和支持创新型产业的发展，培育知识产权密集型产业，发展知识产权经济。

知识产权信托也是促进市场公平竞争的重要方式。通过知识产权信托，将分散的知识产权集中起来，制定合理的许可费收取和分配政策，可以实行联合许可、"一站式"许可，提高许可的效率，促进实现知识产权权利人或受益人的利益，同时防止产生专利权"丛林"效应，防止专利许可费累积，从而有利于保护被许可人利益，防止知识产权滥用行为，促进市场的公平合理竞争，最终更好地激励创新。

14.3　知识产权信托法规政策

我国指导知识产权信托法律政策主要是 2001 年 4 月 28 日发布的《中华人民共和国信托法》，2020 年修正的《中华人民共和国著作权法》，2007 年 1 月 23 日中国银监会发布的《信托公司管理办法》等。

根据《中华人民共和国信托法》的规定，知识产权可以作为信托财产。设立知识产权信托必须有合法的信托目的，设立知识产权信托，必须有确定的信托知识产权，必须是委托人合法所有的知识产权。根据该法规定，信托知识产权应与委托人未设立信托的其他财产相区别。在一定情况下对信托知识产权不得强制执行，不得与其固有财产产生的债务相抵销。知识产权可以作为信托财产，但知识产权的申请权、使用权不可以作为信托财产。知识产权信托应当采取书面形式约定信托事项。信托行为体现形式主要有书面合同、个人遗嘱、法院的裁决书三种，知识产权信托应采取书面合同形式。一旦设立信托，则知识产权独立于委托人。根据《中华人民共和国信托法》的规定，知识产权委托人应当具有完全民事行为能力，有权了解其信托知识产权的管理、运用、处分及收支情况，并有权要求受托人作出说明，有权要求受托人调整该信托知识产权的管理方法。如果受托人违反信托目的处分信托的知识产权或者因违背管理职责、处理信托事务不当致使信托知识产权受到损失的，委托人有权申请人民法院撤销该处分行为，并有权要求受托人恢复信托知识产权的原状或者予以赔偿；该信托知识产权的受让人明知是违反信托目的而接受该知识产权的，应当予以返还或者予以赔偿。但该申请权，自委托人知道或者应当知道撤销原因之日起一年内不行使的，归于消灭。如果受托人违反信托目的处分信托知识产权或者管理、运用、处分信托知识产权有重大过失的，委托人有权依照信托文件的规定解任受托人，或者申请人民法院解任受托人。

我国 2020 年 11 月 11 日第十三届全国人民代表大会常务委员会第二十三次会议通过的新修正的《中华人民共和国著作权法》规定，"著作权人和与著作权有关的权利人可以授权著作权集体管理组织行使著作权或者与著作权有关的权利。依法设立的著作权集体管理组织是非营利法人，被授权后可以以自己的名义为著作权人和与著作权有关的权利人主张权利，并可以作为当事人进行涉及著作权或者与著作权有关的权利的诉讼、仲裁、调解活动。著作权集体管理组织根据授权向使用者收取使用费。"《中华人民共和国著作权集体管理条例》规定："权利人可以与著作权集体管理组织以书面形式订立著作权集体管理合同，授权该组织对其依法享有的著作权或者与著作权有关的权利进行管理"；"权利人与著作权集体管理组织订立著作权集体管理合同后，不得在合同约定期限内自己行使或者许可他人行使合同约定的由著作权集体管理组织行使的权利。"

知识产权信托的受托人应当严格履行约定的义务。根据《中华人民共和国信托法》规定，受托人应当具有完全民事行为能力，应当遵守信托文件的规定，为受益人的最大利益处理信托事务，必须恪尽职守，履行诚实、信用、谨慎、有效管理的义务，除依法规定取得报酬外，不得利用信托知识产权为自己谋取利益。受托人不得将信托知识产权转为其固有财产，不得将其固有财产与信托知识产权进行交易或者将不同委托人的信托财产进行相互交易，必须将信托知识产权与其固有财产分别管理、分别记账，并将不同委托人的信托财产分别管理、分别记账。受托人应当自己处理信托事务，也可以委托他人代为处理。共同受托人处理信托事务对第三人所负债务，应当承担连带清偿责任。受托人必须保存处理知识产权信托事务的完整记录，受托人以信托知识产权为限向受益人承担支付信托利益的义务，受托人有权依照信托文件的约定取得报酬，因处理知识产权信托事务所支出的费用、对第三人所负债务，以信托知识产权承担。

知识产权信托的受益人实际上是委托人。根据《中华人民共和国信托法》规定，受益人自知识产权信托生效之日起享有信托受益权，共同受益人按照信托文件的规定享受信托利益，未作规定的，各受益人按照均等的比例享受信托利益；受益人可以放弃知识产权信托受益权，被放弃的知识产权信托受益权按下列顺序确定归属：①信托文件规定的人；②其他受益人；③委托人或者其继承人；受益人不能清偿到期债务的，其信托知识产权受益权可以用于清偿债务；受益人的信托知识产权受益权可以依法转让和继承。按照规定，知识产权信托的受益人实际上是委托人，其收益权可以转让。

受托人可以从知识产权信托中收取报酬。知识产权信托终止的，信托知识产权归属于信托文件规定的人，信托知识产权归属确定后，在该信托知识产权转移给权利归属人的过程中，信托视为存续，权利归属人视为受益人。知识产权信托终止后，受托人依照信托法规定行使请求给付报酬、从信托知识产权中获得补偿的权利时，可以留置信托知识产权或者对信托知识产权的权利归属人提出请求。知识产权信托终止的，受托人应当作出处理信托事务的清算报告。受益人或者信托知识产权的权利归属人对清算报告无异议的，受托人就清算报告所列事项解除责任，但受托人有不正当行为的除外。

知识产权信托也可以用于公益信托。《中华人民共和国信托法》规定了公益信托，为了公共利益目的设立的知识产权信托属于公益信托，如：①救济贫困；②救助灾民；③扶助残疾人；④发展教育、科技、文化、艺术、体育事业；⑤发展医疗卫生事业；⑥发展环境保护事业，维护生态环境；⑦发展其他社会公益事业。但知识产权公益信托有严格的监管程序。根据《中华人民共和国信托法》规定，知识产权公益信托的设立和确定其受托人应当经过公益事业管理机构批准；知识产权公益信托的信托财产及其收益，不得用于非公益目的；知识产权公益信托应当设置信托监察人；公益事业管理机构应当检查受托人处理知识产权公益信托事务的情况及知识产权状况等。

14.4　知识产权信托机构

依据《信托公司管理办法》，信托公司是指依法设立的主要经营信托业务的金融机构。由此可知，信托知识产权不属于信托公司的固有财产，也不属于信托公司对受益人的负债。信托公司终止时，信托知识产权不属于其清算财产。

一是公司设立条件。设立信托公司，应当采取有限责任公司或者股份有限公司的形式，应当经中国银行业监督管理委员会批准，并领取金融许可证。应当具备下列条件：①有符合法律和政策规定的公司章程；②有具备规定入股资格的股东；③有规定的最低限额注册资本；④有具备规定任职资格的董事、高级管理人员和与其业务相适应的信托从业人员；⑤具有健全的组织机构、信托业务操作规程和风险控制制度；⑥有符合要求的营业场所、安全防范措施和与业务有关的其他设施；⑦规定的其他条件。对于知识产权信托，信托公司应该有知识产权专业人员、知识产权管理机构、管理制度和管理流程。

从事知识产权信托的信托公司，其注册资本最低限额为 3 亿元或等值的可自由兑换货币，注册资本为实缴货币资本。从事知识产权信托的信托公司变更名称、变更注册资本、变更公司住所、改变组织形式、调整业务范围、更换董事或高级管理人员、变更股东或者调整股权结构（持有上市公司流通股份未达到公司总股份 5% 的除外）、修改公司章程、合并或者分立情形的，应当经中国银行业监督管理委员会批准；

二是经营规则。根据《信托公司管理办法》，信托公司可以申请包括知识产权在内的其他财产或财产权信托经营业务，可以作为投资基金或者基金管理公司的发起人从事知识产权投资基金业务、知识产权项目融资业务、知识产权咨询、尽职调查等业务。从事知识产权信托的信托公司可以根据市场需要，按照信托目的、信托知识产权的种类或者对信托知识产权管理方式的不同设置信托业务品种。信托公司管理运用或处分信托知识产权时，可以依照信托文件的约定，采取投资、出售、存放同业、买入返售、租赁、贷款等方式进行。信托公司不得以卖出回购方式管理运用信托知识产权。

根据《信托公司管理办法》，以信托合同形式设立知识产权信托时，知识产权信托合同应当载明以下事项：信托目的；知识产权信托委托人、知识产权信托受托人的姓名或者名称、住所；知识产权信托受益人或者受益人范围；信托知识产权的范围、种类及状况；知识产权信托当事人的权利义务；信托知识产权管理中风险的揭示和承担；信托知识产权的管理方式和受托人的经营权限；知识产权信托利益的计算，向知识产权信托受益人交付信托利益的形式、方法；信托公司报酬的计算及支付；信托知识产权税费的承担和其他费用的核算；知识产权信托期限和信托的终止；知识产权信托终止时信托知识产权的归属；知识产权信托事务的报告；知识产权信托当事人的违约责任及纠纷解决方式；知识产权信托新受托人的选任方式；知识产权信托当事人认为需要载明的其他事项。

信托公司经营知识产权信托业务，应依照知识产权信托文件约定以手续费或者佣金的方式收取报酬。知识产权信托公司收取报酬，应当向受益人公开，并向受益人说明收费的具体标准。知识产权信托终止的，知识产权信托公司应当依照知识产权信托文件的约定作出处理信托事务的清算报告。知识产权信托受益人或者信托知识产权的权利归属人对清算报告无异议的，知识产权信托公司就清算报告所列事项解除责任，但信托公司有不当行为的除外。

三是监督管理。从事知识产权信托的信托公司应当建立以股东（大）会、董事会、监事会、高级管理层等为主体的组织架构，应当按照职责分离的原则设立相应的工作岗位，应当按规定制订本公司的信托业务及其他业务规则，应当按照国家有关规定建立、健全本公司的财务会计制度。信托公司每年应当从税后利润中提取 5% 作为信托赔偿准备金，赔偿准备金应存放于经营稳健、具有一定实力的境内商业银行，或者用于购买国债等低风险高流动性证券品种。

中国银行业监督管理委员会对从事知识产权信托的信托公司的董事、高级管理人员实行任职资格审查制度。拟离任的董事、高级管理人员应当进行离任审计，并将审计结果报中国银行业监督管理委员会备案。中国银行业监督管理委员会对信托公司的信托从业人员实行信托业务资格管理制度。

2020 年 11 月 11 日通过的新修正的《中华人民共和国著作权法》规定，"著作权集体管理组织应当将使用费的收取和转付、管理费的提取和使用、使用费的未分配部分等总体情况定期向社会公布，并应当建立权利信息查询系统，供权利人和使用者查询。国家著作权主管部门应当依法对著作权集体管理组织进行监督、管理。"依据《中华人民共和国著作权集体管理条例》，依法享有著作权或者与著作权有关的权利的中国公民、法人或者其他组织，可以发起设立著作权集体管理组织。设立著作权集体管理组织，发起设立著作权集体管理组织的权利人不少于 50 人；不与已经依法登记的著作权集体管理组织的业务范围交叉、重合；能在全国范围代表相关权利人的利益；有著作权集体管理组织的章程草案、使用费收取标准草案和向权利人转付使用费的办法草案。申请设立著作权集体管理组织，需要经过国务院著作权管理部门批准取得著作权集体管理许可证和国务院民政部门颁发的社会团体登记证书，并将其登记证书副本报国务院著作权管理部门备案；国务院著作权管理部门应当将报备的登记证书副本以及著作权集体管理组织章程、使用费收取标准、使用费转付办法予以公告。

中国音乐著作权协会是一个音乐作品的集体管理组织，曲作者、词作者、音乐改编者、歌曲译配者、音乐作者的继承人以及其他通过合法方式获得音乐著作权的人，拥有音乐著作权的机构团体都可以成为协会会员。会员有选举权、被选举权、表决权和分配权。会员和使用人使用该协会管理的音乐作品，音乐作品首次制作 CD、盒带等录音制品，按照批发单价×版税率 6%×录音制品制作数量计算版税付酬。非首次制作录音制品的，按照法定许可收费标准即批发单价×版税率 3.5%×录音制品制作数量计算。批发价不确定的，比照市场同类制品的批发价计算。中国音乐著作权协会对许可收入除了缴纳增值税及附加6.34% 和单位管理费、个人会员代缴个人所得税以后，全部向会员进行分配。海外协会转来使用费的管理费为 5%，法定许可使用费的管理费为 10%；其他类型许可收入的管理费为 10%～20%。2017 年，中国音著协许可费收入达到 2.16 亿元。

在专利权信托领域，我国已建立数字音视频 AVS 专利池、中国彩色电视机联盟等专利池管理实体，一些企业还加入了 4GLTE 商用技术的国际专利池，但我国没有从知识产权信托角度制定专利池管理实体的相应政策。为促进专利池的建设，我国应当制定专利池管理实体管理政策：标准必要专利专利权人可以作为发起人通过签署协议共同选择和信托一个专利池许可管理实体来执行专利池的管理，发起人不少于 3 人；专利池管理实体不与已经依法登记的其他专利池管理组织的业务范围交叉、重合；能在全国范围代表相关权利人的利益；有专利池管理实体的章程、许可费收取标准和许可费分配办法。专利池管理实体应当制定专利信息披露规则、专利许可条件披露规则、专利许可规则、专利许可收益分配规则。由国务院专利行政部门作出批准或者不予批准专利池管理实体的决定。批准的，发给专利池管理许可证，并向市场监管部门注册登记；不予批准的，应当说明理由。国务院专利行政部门应当将报备的专利池管理实体登记证书副本以及章程、许可费收取标准、许可费转付办法予以公告。

14.5　知识产权信托条件

设立知识产权信托业务，必须具备以下条件。一是必须有合法的信托目的。设立知识产权信托，必须有合法的信托目的。例如，通过著作权集体管理设立音乐、文字作品信托是为了著作权人和与著作权有关的权利人的利益。设立专利池管理机构是为了避免标准必要专利权人之间的相互诉讼，提高专利许可效率，这种利益是法律所保护的合法利益。

二是必须有确定的知识产权作为信托财产。设立知识产权信托，必须有确定的知识产权，并且该知识产权必须是委托人合法所有的财产权利。例如，在专利集中管理、著作权集体管理中，这种管理是一种以知识产权为中心建立起来的法律关系。这就要求专利权、著作权等知识产权权属清晰，而且是高质量的知识产权，如果知识产权权利归属出现纠纷，知识产权质量出现瑕疵，就不能作为信托知识产权。

三是应当采用书面形式。设立知识产权信托应当采取书面形式，包括书面合同、书面材料规定等。书面材料可以增强知识产权信托的确定性。《著作权集体管理条例》规定"权利人可以与著作权集体管理组织以书面形式订立著作权集体管理合同，授权该组织对其依法享有的著作权或者与著作权有关的权利进行管理"。国内外专利池集中管理实体都制定有专利权许可政策，成员要签署书面的相互许可、对专利池管理实体许可和对第三方的许可等书面协议。知识产权具有无形性的特点，采取书面形式设立信托，有利于确定信托目的和信托当事人的权利与义务,增强知识产权信托确定性,可以减少纠纷或者有利于纠纷的解决。

四是应当依法办理信托登记。对于信托知识产权,如专利权、商标权、集成电路布图设计专有权、植物新品种权,必须是授权产生的知识产权或者登记注册制产生的知识产权,作为信托的知识产权应当进行信托登记。

14.6 知识产权信托业务模式

知识产权信托业务模式主要分为三大类。第一类是一次性知识产权信托。一次性信托又包括知识产权权利人转让类、许可类、出资类信托。知识产权权利人将知识产权委托给信托机构,信托机构按照知识产权权利人的意愿对其进行知识产权转让、许可或者作价投资,一次性收取知识产权转让费、知识产权许可费或者股权转让费并分配给委托人,委托人获得知识产权实施转化或企业发展需要的资金。

第二类是持续性知识产权信托。委托人将知识产权信托给信托机构,信托机构按照知识产权权利人的意愿对其进行知识产权许可或作价出资,每年收取许可使用费、股息或股权红利,并分配给委托人和相应的受益人。持续性知识产权信托比较适用于知识产权权利人不进行实施转让或者普通许可使用知识产权的情形,通过信托实现知识产权的价值。如北京无限创意信息技术有限公司开发的视听版权内容全网分发运营平台,通过一次性买断视听作品版权或者通过信托方式与著作权人签订许可收益分成方式将试听版权信托,并通过与海尔智能电视、湖南 IPTV 等视听终端合作,通过收取许可费或者免费方式运营视听版权。

第三类是知识产权投资信托。委托人将现金等财产信托给知识产权运营机构,知识产权运营机构按照委托人的意愿购买、研发知识产权,通过诉讼、谈判等手段转让或许可知识产权获取转让费或许可费,并向委托人分配相应收益的知识产信托方式。这种方式主要是知识产权投资信托,知识产权运营机构主要是非生产实体,如美国的高智公司是由微软、IBM、苹果等 30 多位投资人投资约 30 亿美元成立的从事发明投资的知识产权运营公司,通过自创、购买、合作三种方式创建具有完全经营权和面向全球市场经营的专利池或专利组合,为遭受专利诉讼的大企业提供专利风险解决方案,收取专利许可费,为未遭受专利诉讼的大企业提供技术支持和保险,收取专利许可费(宋河发,2018)。

14.7 知识产权信托问题分析

目前,我国知识产权信托主要是著作权集体管理的信托,而其他知识产权信托较少,尤其是对于知识产权运用具有重要作用的专利权信托发展还比较缓慢。我国知识产权信托存在的主要问题包括:

一是法律法规对知识产权信托规定不具体。虽然《中华人民共和国信托法》没有排除知识产权，但也仅仅是规定其他财产，没有明确是否包括知识产权，更不用说知识产权的申请权和使用权。知识产权并非完全具有财产属性，按照《企业会计制度——无形资产》的定义，相当数量的专利权、商标权无法满足会计意义上的无形资产的定义，不能成为无形资产，也就无法形成财产，也就很难作为信托的客体。

二是缺乏知识产权信托政策和具体操作规则。我国在信托政策层面仅有《信托公司管理办法》，缺乏知识产权信托的相关具体政策，即使在国家知识产权局的知识产权政策文件中，也很少见到知识产权信托政策。

三是信托公司基本不开展知识产权信托业务。信托公司要具有高水平的管理团队、风险防控经验，但其主要业务偏重于股权投资、信托、同业拆入等业务，很少开展知识产权信托业务。主要原因在于知识产权信托业务比较专业，而现有信托公司缺乏这方面的人才和能力。由于知识产权的特殊性，知识产权信托受托人只从中收取一定的手续费，故很难有动力从事知识产权信托业务。

四是知识产权信托模式不适应知识产权运用需求。现有著作权集体管理组织、知识产权联盟虽然理论上都可以具有知识产权信托的功能，但其目前的主要功能主要是实现知识产权的许可收益及开展维权。我国缺乏真正的专利池运营管理机构等专利权信托机构。现有知识产权信托多数是持续性知识产权许可信托，缺乏知识产权转让、作价出资和一次性许可信托，知识产权信托在企业筹集资金促进知识产权转化运用上的作用发挥非常不够，更缺乏知识产权信托的信托。综上，我国知识产权信托存在诸多问题的主要原因在于现有信托机构缺乏知识产权能力，现有集体管理机构缺乏信托功能。

14.8　小结

知识产权信托是一种新兴的信托业务，对于知识产权投融资发展具有重要意义，也是知识产权与经济发展结合的重要抓手。本章梳理了知识产权信托的定义、特征、法规、条件，分析了我国知识产权信托发展中存在的主要问题。为促进知识产权信托的健康发展，本书提出如下建议：

一是制定完善知识产权信托法律政策。应在《中华人民共和国信托法》中明确知识产权可以作为信托财产，允许探索知识产权申请权、使用权作为信托财产的可行性。应制定具体的知识产权信托政策和规则，建立知识产权风险隔离机制，明确知识产权信托的条件和程序，尤其是要明确规定知识产权信托机构的盈利属性。

二是完善知识产权信托模式。要强化知识产权信托财产的属性，鼓励和支持高质量专利权及其组合、专利权与其他知识产权组合以及知识产权与其他财产组合可作为信托财产。支持促进知识产权交易的知识产权持续性信托，支持发展促进知识产权转化实施和企业发展的知识产权转让、作价出资和一次性许可信托，鼓励和支持各类资金开展知识产权投资信托。

三是大力发展知识产权信托业务。为促进知识产权信托业的发展，要进一步完善著作权集体管理机制，明确著作权管理组织著作权使用费提取的比例和使用，促进著作权集体管理机构向企业转变和发展壮大。要制定专利池管理实体管理法规或政策，明确专利池管理实体专利权信托的基本规则、成立条件、许可费收取和分配办法以及审批备案要求。

四是支持发展知识产权信托机构。鼓励和支持信托公司建立知识产权信托专业机构和团队，鼓励和支持符合条件的知识产权运营机构设立专利池信托业务。政府应积极引导成立科技和知识产权类信托公司，专门开展知识产权信托业务，鼓励和支持专利联盟、产业联盟、标准联盟发展。

第 15 章

知识产权融资租赁

知识产权融资租赁是权利人通过转让知识产权获得转化实施发展资金并回租知识产权支付许可费的融资租赁形式，是知识产权投融资的重要组成部分，对于促进科技成果转化和知识产权运用具有重要意义。在建设世界科技创新强国和知识产权强国的新形势下，有必要深入研究知识产权融资租赁的特征、模式，制定有效的知识产权融资租赁发展政策。

15.1　知识产权融资租赁概述

知识产权融资租赁是一种重要形式的融资租赁形式。融资租赁也称为金融租赁。根据原中国银监会 2007 年发布的《金融租赁公司管理办法》规定，"融资租赁是指出租人根据承租人对租赁物和供货人的选择或认可，将其从供货人处取得的租赁物按合同约定出租给承租人占有、使用，向承租人收取租金的交易活动。"融资租赁是指出租人根据承租人提出的租赁财产的规格及所同意的条款，或承租人直接参与订立的条款，与供货人订立供货合同并与承租人订立租赁合同，以支付租金为条件，承租方取得所需工厂、资本货物及其他设备的一种交易方式。根据中国银保监会 2020 年发布的《融资租赁公司监督管理暂行办法》，"融资租赁业务是指出租人根据承租人对出卖人、租赁物的选择，向出卖人购买租赁物，提供给承租人使用，承租人支付租金的交易活动。"

知识产权融资租赁最早起源于美国。美国艾伯特公司成立于 1989 年，是一家主要从事风险租赁业务的公司。艾伯特公司 1993 年向兰姆公司购买了一项生物技术专利并将专利权再租赁给兰姆公司使用，租赁期为 3 年，艾伯特公司取得兰姆公司支付的 1/3 本金加未支付金额的 15% 作为租息和 5 年期 100% 的认购股权作为报酬，认购价格为 1.45 美元每股，租赁期满后，艾伯特公司以 1 美元价格买回专利权，艾伯特公司 1995 年成功上市。

知识产权融资租赁是指知识产权融资租赁公司向科技型中小企业出资购买知识产权，再与企业签订租赁合同将知识产权回租给该企业，在此期间知识产权所有权归租赁公司，企业定期向租赁公司支付租金，通过这种方式从租赁公司获得经营发展所需要的资金，租赁合同到期后，租赁公司可以将知识产权低价出售给该企业进行处置（鲍新中，2017）。知识产权融资租赁是融资租赁从传统有体物领域向无形财产领域延伸的一个新类型（卢裕康，2018）。从知识产权权利人的角度看，知识产权租赁是知识产权权利人以知识产权的未来收益换取知识产权转化实施或企业发展资金的金融方式。知识产权融资租赁一方面可以盘活企业的知识产权，使企业获得发展资金，促进科技成果的转化及产业化，另一方面可以促进知识产权市场的发展和完善，使知识产权的市场价值得到体现（范胜申，2017）。因此，本书认为，知识产权融资租赁是指知识产权权利人将知识产权转让给租赁人获得知识产权转化实施需要的发展资金，再与租赁人签订租赁合同回租和使用知识产权，并定期向租赁人支付租金的金融租赁方式。

知识产权融资租赁是将知识产权与资本结合的一种重要形式。知识产权融资租赁的目的是帮助缺乏资金但是拥有知识产权的企业获得急需的转化实施资金，租赁公司可以通过这种方式将资金投向有知识产权的初创型高科技企业或发明人获得知识产权租赁收益。知识产权融资租赁相对比较简单易行，对于知识产权与资本结合，对于知识产权运用和转化实施具有极为重要的意义。

15.2　知识产权融资租赁法律政策

近年来，随着成为世界第一知识产权大国，我国高度重视科技成果转化和知识产权运用。2015 年 8 月 29 日，全国人大常委会发布新修正的《中华人民共和国促进科技成果转化法》第三十五条规定，"国家鼓励银行业金融机构在组织形式、管理机制、金融产品和服务等方面进行创新，鼓励开展知识产权质押贷款、股权质押贷款等贷款业务，为科技成果转化提供金融支持。国家鼓励政策性金融机构采取措施，加大对科技成果转化的金融支持。"2015 年 8 月 31 日，国务院办公厅发布《国务院办公厅关于加快融资租赁业发展的指导意见》（国办发〔2015〕68 号），提出拓宽文化产业的投融资渠道并大力支持融资租赁的业务模式创新。2015 年 12 月 22 日，国务院发布《国务院关于新形势下加快知识产权强国建设的若干意见》（国发〔2015〕71 号），要求"创新知识产权投融资产品"。2017 年 1 月 13 日，国务院发布《国务院关于印发"十三五"国家知识产权保护和运用规划的通知》（国发〔2016〕86 号），要求"完善'知识产权+金融'服务机制"；"创新知识产权金融服务"。2021 年，我国发布的《知识产权强国建设纲要（2021—2035 年）》和《十四五国家知识产权保护和御用规划》均要求发展知识产权融资租赁在内的知识产权投融资业务。

我国目前的知识产权金融形式主要是知识产权质押贷款，知识产权融资租赁缺乏法律和政策规定。2014 年《最高人民法院关于审理融资租赁合同纠纷案件适用法律问题的解释》发布，虽然第三条规定了特殊租赁物的法律关系认定，即"以土地、房屋等不动产或以基础设施收费权等无形财产权益作为租赁物，不构成融资租赁关系的，人民法院应按实际构成的法律关系处理"，但没有规定融资租赁物是否包括知识产权类无形资产。我国在2006 年 11 月开始三次公开征求意见的《中华人民共和国融资租赁法（草案）》将融资租赁交易的标的限定为机器设备等非消耗性动产，更是明确排除了知识产权。

我国融资租赁政策经历了一个对知识产权融资租赁从谨慎到不再排斥的过程。相关政策主要是商务部 2012 年 8 月发布的《内资融资租赁企业管理办法（征求意见稿）》，2013 年 9 月 18 日发布的《融资租赁企业监督管理办法》，这两个政策均将租赁物作为融资租赁的客体，但并不包括知识产权。中国银监会 2007 年 1 月 23 日发布的《金融租赁公司管理办法》，还特别规定"适用于融资租赁交易的租赁物为固定资产"，更是将知识产权排除在外。后来，随着机构改革，融资租赁业务交由中国银行业监督管理委员会管理。2014 年，中国银行业监督管理委员会发布《金融租赁公司管理办法》，规定"适用于融资租赁交易的租赁物为固定资产，银监会另有规定的除外"，但一直没有出台例外性规定。2020 年，中国银行保险业监督管理委员会发布《融资租赁公司监督管理暂行办法》也规定了例外条款，但也不明确是否包括知识产权。该办法第七条规定，"适用于融资租赁交易的租赁物为固定资产，另有规定的除外"，也就是说知识产权可以作为融资租赁的资产，只要符合相关规定即可；"融资租赁公司开展融资租赁业务应当以权属清晰、真实存在且能够产生收益的租赁物为载体。融资租赁公司不得接受已设置抵押、权属存在争议、已被司法机关查封、扣押的财产或所有权存在瑕疵的财产作为租赁物"，也就是说只要知识产权权属清晰、真实存在并且能够产生收益的，融资租赁公司可以开展知识产权融资租赁业务。

　　近年来，我国地方政府在知识产权融资租赁方面进行了一系列积极探索，并积累了很好的经验。2015 年 9 月 13 日，商务部和北京市政府联合印发《北京市服务业扩大开放综合试点实施方案》，首次提出试点著作权、专利权、商标权等无形文化资产的融资租赁。2016 年 9 月山西省政府印发《关于新形势下推进知识产权强省建设的实施意见》，提出"知识产权可入股、分红、质押、租赁"。2016 年 4 月，广州市人民政府发布《关于广州市构建现代金融服务体系三年行动计划》，提出"推动文化融资担保、文化融资租赁"等集聚发展。我国近年发生的知识产融资租赁案例如北京文化科技融资租赁有限公司知识产权融资租赁产品从 2014 年开展涉及电视转播权、版权、专利权、商标权、软件著作权等近 20 项，融资额 20 多亿元。广发融资租赁（广东）有限公司从 2018 年开展知识产权融资租赁，产品近 20 项，融资超过 25 亿元。

15.3　知识产权转让回租许可

　　知识产权融资租赁有非风险型和风险型两种类型。非风险型的知识产权融资租赁是知识产权转让回租许可，知识产权转让回租许可是指知识产权权利人以融资为目的将知识产权转让给租赁人，租赁人支付转让费，并将知识产权再返回来许可给原知识产权权利人，收取许可费即租赁费。

　　知识产权转让回租许可要签订合同，合同包括知识产权转让合同和知识产权许可合同。知识产权转让后，租赁公司成为真正的知识产权权利人和许可人，可以从知识产权租赁中获取许可租金，而许可租金总额一般要高于转让费。

　　在合同中，一是要明确知识产权及相关知识产权。一般情况下，知识产权转让回租许可的合同并不仅仅局限于一件知识产权，可能是专利组合，也可能是知识产权的组合，如专利权、专利申请权、技术秘密专有权、专利权与商标权等其他知识产权的组合。被许可人是知识产权回租的使用人，只拥有使用权，不能再转让或许可该知识产权。

二要明确合同期限。一般情况下合同期限要与知识产权转化实施期限一致或相同，但是知识产权转化实施的期限既不是法定保护期，也不是项目生命周期，而是在知识产权产品生命周期内知识产权能够保护的期限。一般情况下，药品类知识产权的期限可以达到15年甚至25年，而电子产品、软件产品的知识产权项目一般5年左右，普通机械产品、化学产品可以达到20年。

三是要明确知识产权转让金额和每年的租金金额。要对知识产权融资租赁项目进行评估，要对知识产权转化实施的风险进行评估，最重要的是要评估知识产权的价格，并计算合适的知识产权转让金额和每年的租金即许可费。

四是要明确违反合同义务的惩罚性措施。知识产权合同要规定知识产权的有效性和合同履行。一般情况下，知识产权转让回租许可合同已经签订执行，即使知识产权被他人宣布无效或者被侵权导致市场受到较大影响，知识产权原权利人即承租人也应当继续支付租金。同时，即使知识产权原权利人违反约定导致许可人收回知识产权不再租赁，知识产权原权利人也应当继续支付租金。此外，由于租赁人违反约定导致知识产权租赁许可无法履行或者收回知识产权导致承租人无法履行合同的，承租人可以不支付租金。

在知识产权融资租赁过程中，很可能发生两种情形的纠纷。一种是知识产权转化实施取得较好收益时出现的纠纷。此时被许可人可能会觉得每年支付的租金过高，尤其是租金与企业经营业绩挂钩，会觉得吃亏。会出现许可人拒不履行合同支付租金，或者无效自己的知识产权导致合同无法履行的情况。一般情况下，应当在签订合同时对此种情形予以明确，并制定违反合同的相应惩罚措施。而对于后一种无效知识产权的情况，也应明确规定，即使是被宣告无效，也应当继续支付租金。知识产权融资租赁纠纷比较常见的情况是，知识产权转化实施没有达到预期的经济效益，或者知识产权转化实施失败，被许可人无法支付租金，租赁公司利益受损。这种情形应当在合同中进行明确规定，必要时，政府引导资金与保险资金应当介入，减少此种情形发生的可能性。

15.4　知识产权风险租赁

除了知识产权转让回租方式的融资租赁，还有一种是租赁人与承租人共担风险的融资租赁方式，即知识产权风险租赁。知识产权风险租赁是指知识产权权利人将知识产权转让给租赁人获得知识产权转化实施需要的发展资金，再与租赁人签订租赁合同回租和使用知识产权，定期向租赁人支付租金，并让渡一部分股权的金融租赁方式。通过这种方式，知识产权原权利人获取知识产权转让收入，又拥有知识产权的使用权，可以用于知识产权的实施转化或者利用知识产权发展壮大。租赁人可以通过这种方式识别出好的知识产权，并支持知识产权转化实施，租赁人从知识产权转化实施中获取较好的租金和股权收益，股权可以是认证股权、股票期权。

与知识产权转让回租许可相比，知识产权风险租赁能更好地把知识产权权利人和外部资金紧密结合，更有利于社会资本通过金融形式支持知识产权的转化实施。但是，租赁人可能要承担租赁费不能收回的风险，以及承担项目失败股权收益无法实现的风险。

一般情况下，知识产权风险租赁的租金 R 除了每年的本金还应包括银行正常利息、知识产权的风险报酬、适当的利润三部分。知识产权风险租赁的租金一般会高于银行利率，一般会高出 1~10 个百分点，租赁人通常会按照企业经营的销售收入或纯利润的一定比例提取租金。这个风险比例一般会高于转让回租许可的租金。

认证股权是知识产权原权利人或承租人给予出租人股份的优先购买权，这个额度的大小取决于租赁人提供的金额大小，金额越大可以获得的股权就会越多，否则就会越少。一般情况下，这个比例为 10% 左右。但这个股权不是市场价格的股权，而是双方商定价格的股权，它可以低于预期的市场价格。这种股权实际是一种期权，如果未来企业发展不理想，租赁人可以放弃这部分股权，放弃权利的应在租赁合同中注明补偿条款，以保障租赁人的利益。

15.5　知识产权融资租赁费计算

知识产权融资租赁成功的条件有以下几个方面：一是知识产权权利人的知识产权要真实可靠，要有质量和价值。要想获得融资租赁，知识产权权利人应当提交独立的知识产权权利评价报告，提交商业计划书或者项目可行性研究报告。

二是租赁公司要能够识别知识产权，具有对知识产权的技术、法律、市场和管理评估分析的能力。要能够对权利人提交的专利权评价报告、商业计划书或者可行性研究报告进行评价和作出决断。

三是知识产权转让费、租金设计要合理可行。对于知识产权转让回租类型的融资租赁来说，租金 R 计算应当包括每年分摊的知识产权转让金额，转让费正常行业基准利率产生的金额，知识产权实施风险报酬产生的金额以及合理的利润率产生的金额，不用考虑折旧，[1] 如式（15-1）所示：

$$R = \frac{T}{n}(1 + p + i_r + j_r + v_r) \tag{15-1}$$

式中：T 为转让金额；n 为知识产权转化实施项目计算期；p 为合理的利润率；i_r 为无风险利率，一般以 3~5 年期国库券利率计算；j_r 为行业平均报酬率；v_r 为风险报酬利率，主要是知识产权转化实施风险报酬率，风险越大，则风险报酬率越高。

---

[1]　根据我全国 325 271 家规模以上内资工业企业 2017 年平均每家拥有有效发明专利 2.371 件，32 027 家高新技术企业平均每家拥有有效发明专利 11.85 件，假定以 6 项专利覆盖一项主导产品计算，6 项专利申请权转让价值将达到 1 961.28 万元，专利权转让价值将达到 2 235.78 万元。

根据《2019 年中国技术市场报告》，我国知识产权转让金额平均在 1 046.55 万元，其中技术秘密转让金额 1 356.6 万元。租金如果按 5 年计算，利润率为 30%，5 年国库券利率为 5.5%，知识产权风险报酬利率为 10%，则每年的平均租金应当为 434.32 万元。按这个方法计算租金显然太高，如果将租赁期限限定为 10 年，知识产权风险报酬率降为 5%，利润率降为 15%，则每年的租金为 230.23 万元。

要使知识产权融资租赁能够顺利实施，应当降低租赁公司的利润率、延长租赁期限，或者降低知识产权的风险报酬率，这就需要租赁公司具备识别知识产权风险和价值的能力。而延长租赁期限、降低利润率会显著增大租赁公司的风险，在此情况下，需要政府为租赁公司的风险提供担保，或者通过投保由保险公司对风险进行保障。在此，可以参考知识产权质押贷款的风险补偿模式，政府资金、保险资金和自有资金对损失的补偿比例为 30%：30%：40%。

对于知识产权风险租赁来说，租金 R 计算除了考虑上述因素外，还要考虑股权价值。股权价值应当包括转让金额减去股权价值的每年分摊额，及其按正常行业基准利率产生的金额，知识产权实施风险报酬产生的金额，以及合理的利润率产生的金额。租金 R 如式（15-2）所示：

$$R = \frac{T-S}{n}(1 + p + n_r + i_r + v_r) \tag{15-2}$$

式中：T 为转让金额；S 为项目评估股权价格。

由于该公司没有考虑股权溢价，以项目计算期结束的股权评估价格计算每年的租金 R' 较为合理，如式（15-3）所示：

$$R' = \frac{T}{n}(1 + p + i_r + j_r + v_r) - \frac{S_n}{n(1 + i_r + j_r + v_r)^{m-n}} \tag{15-3}$$

在此式中，期末股权价值需要折现到缴纳租金的当年。合同中可以规定租赁人需要补足租赁费差额 $R'-R$。总体来看，知识产权风险租赁的租金会高出一般银行利率 1%~10%。每年的租金也不一定固定，一般会按照企业经营的销售收入或纯利润的一定比例提取租金。

15.6　知识产权融资租赁公司

知识产权融资租赁公司是指从事融资租赁业务的有限责任公司或者股份有限公司，根据《融资租赁公司监督管理暂行办法》的规定，知识产权融资租赁公司应当建立完善以股东或股东（大）会、董事会、监事（会）、高级管理层等为主体的组织架构，明确职责分工，保证相互之间独立运行、有效制衡，形成科学高效的决策、激励和约束机制；应当按照全面、审慎、有效、独立原则，建立健全内部控制制度，保障公司安全稳健运行；应当根据其组织架构、业务规模和复杂程度，建立全面风险管理体系，识别、控制和化解风险；应当建立关联交易管理制度，其关联交易应当遵循商业原则，独立交易、定价公允，以不优于非关联方同类交易的条件进行。

根据《融资租赁公司监督管理暂行办法》的规定，从事知识产权融资的租赁公司进行融资租赁的知识产权资产和其他租赁资产比重不得低于总资产的 60%；融资租赁公司的风险资产总额不得超过净资产的 8 倍，风险资产总额按企业总资产减去现金、银行存款和国债后的剩余资产确定。

根据《融资租赁公司监督管理暂行办法》的规定，从事知识产权融资的租赁公司应当加强对重点承租人的管理。租赁公司对单一承租人的全部融资租赁业务余额不得超过净资产的 30%，对单一集团的全部融资租赁业务余额不得超过净资产的 50%，对一个关联方的全部融资租赁业务余额不得超过净资产的 30%，对全部关联方的全部融资租赁业务余额不得超过净资产的 50%，对单一股东及其全部关联方的融资余额不得超过该股东在融资租赁公司的出资额，且同时满足本办法对单一客户关联度的规定。

从事知识产权融资的租赁公司一般通过筹集外部资金运作，常通过有限合伙公司的形式从个人、企业或私募基金募集。一般情况下，租赁公司的收入中有 50% 是租金收入，另外 50% 是股权股息收入。普通合伙人收益一般是基于管理收入和经营利润分成，管理收入一般占投资额的 2%，大部分是公司运营成本，经营利润分成是一种激励，一般占租赁总利润的比例最高为 30%。

15.7　知识产权融资租赁流程

知识产权融资租赁的流程一般是：一是组建知识产权租赁公司。知识产权融资租赁公司通常是具有知识产权风险投资经验的融资租赁公司设立的，或者融资租赁公司开展知识产权融资租赁业务。知识产权融资租赁公司常采取有限合伙制，资金来源可以是传统的保险资金，也可以是政府专项引导基金或政府债券专项建立的资金。

二是选择知识产权融资租赁项目。知识产权融资租赁公司发挥专业能力优势识别出具有较好发展潜力和前景的初创型企业及其知识产权，当然也可以选择以知识产权为基础的新创企业作为融资租赁项目。在选择融资租赁项目时，要对知识产权和企业的价值进行科学评估。除了评估知识产权质量、组合、产品化的可能性和对企业未来发展的保护外，还要评估企业主导产品的市场前景、企业发展的资金需求、未来现金流、风险防范，以及管理团队的能力水平、股权结构等。

三是签订知识产权转让合同和租赁合同。通过评估，在租赁人和承租人一致同意的情况下，双方可以就知识产权转让的价格、知识产权回租的租金额、认证股权的价格和数量、合同期限、支付方式、管理参与等进行洽谈并签署协议。

四是知识产权转让登记。根据《融资租赁公司监督管理暂行办法》第十五条规定，融资租赁公司须依法办理相关登记手续，知识产权转让和许可需要到国家知识产权局登记，知识产权转让和许可自登记公告日生效。

五是知识产权融资租赁项目管理。一般情况下，租赁人会派出董事和财务人员到项目企业中参与管理，监督企业的发展。

六是租赁人退出。项目合同到期或者项目清算，租赁人可以退出租赁的项目企业，知识产权风险租赁项目结束，出租人持有的股权可以通过公开市场交易，管理层回购、其他公司兼并收购等方式退出。此时，知识产权原权利人往往用极低的价格回购知识产权。

15.8 知识产权融资租赁问题分析

知识产权风险租赁是一种较好的知识产权与资本结合的方式。具有高质量的自主知识产权及其组合所成立的企业往往具有较高的成长性，这不仅是我国科技创新和科技成果转化的主要方式，也是社会资本投资技术和知识产权的主要途径。

我国目前的知识产权融资租赁案例还较少，发展还不成熟。究其原因，一是法律和政策存在空白，现行法律法规缺乏对知识产权融资租赁的规定，虽然有政策支持知识产权融资租赁，但法律法规未明确知识产权可以作为融资租赁标的，更不用说知识产权的申请权是否可以作为租赁标的了，导致实践中开展知识产权融资租赁工作缺乏法律依据。一些司法解释还将知识产权排除在融资租赁之外，如《最高人民法院关于融资租赁合同司法解释理解与适用》提出"以收费权、商标权、专利权及单纯的软件作为租赁标的物的，均不应认定构成融资租赁法律关系"。

二是知识产权价值评估和风险识别较难。虽然《融资租赁公司监督管理暂行办法》第十七条规定，"融资租赁公司应当建立健全租赁物价值评估和定价体系，根据租赁物的价值、其他成本和合理利润等确定租金水平"，但是实现准确评估很难。尤其是我国高校科研机构专利申请大多数是科研人员自行申请甚至自己撰写，无法保障专利质量，无法保障知识产权能有效保护企业的主要产品和主营业务。现有的租赁公司主要集中于有形物如设备的租赁，缺乏知识产权专业团队和能力。知识产权融资租赁目前主要偏重于文化著作权的租赁，较少关注专利权、技术秘密等技术类知识产权。即使是与著作权相关的一些电视转播权、网络转播权，既涉及著作权人的署名权，又涉及导演、制作者、媒体的著作权，价值评估比较困难，融资租赁发展也较缓慢。

三是租金和股权的确定较为复杂。在知识产权风险租赁中，只有在知识产权权利人、租赁公司、租赁公司合伙人等各方的利益得到充分保障的情况下，知识产权融资租赁才能开展下去。但目前这方面的研究比较少，实践的案例也不多。由于租赁公司的短期行为，知识产权转让金额不高，但每年的租赁经费很高，而我国现有的政策对知识产权融资租赁的支持不够。

四是现有的融资租赁从出租的当年开始计算，而很多企业通过知识产权融资租赁方式融到资金后很难第一年就实现盈利。当年就收取租金对企业的发展不利，尤其是对创业企业发展影响较大。

五是缺乏相应的税收和保险政策支持。现行的税收优惠政策主要是对风险投资企业的所得税优惠政策，从事知识产权融资租赁的企业属于典型的风险投资企业，但知识产权转让的支出无法按照投资额的 70% 在税前列支成本。获得的租金收入和股权收入无法列入技术转移所得税优惠范围。增值税主要按照服务业 6% 的税率计征。获得知识产权转让收入的企业只能按照技术转让收入免征增值税，付出的租赁费又无法抵扣增值税和列入加计扣除范围。对租赁公司租赁收入计征增值税，对知识产权权利人征收所得税还存在双重征税问题。此外，技术秘密、商标、著作权等知识产权无法按照技术转让收入享受增值税政策优惠。

15.9　小结

知识产权融资租赁是知识产权金融创新的重要内容，但由于缺乏相应法律法规和政策，我国虽有实践案例，但知识产权融资租赁业务发展还是比较缓慢的。为促进知识产权融资租赁业务的发展，本书提出如下建议。

一是完善知识产权融资租赁的相关法律和政策。应尽快出台与融资租赁相关的法律，明确规定租赁物可以包括知识产权。同时，要制定知识产权融资租赁政策，明确知识产权和知识产权申请权可以作为融资租赁的客体。

二是建立知识产权融资租赁机构。支持建立专业的知识产权融资租赁公司。鼓励和支持从事融资租赁的公司建立知识产权机构和团队，加强知识产权质量、风险管理能力建设。允许有金融牌照的知识产权运营机构、技术交易所、技术产权交易所等知识产权运营机构开展知识产权融资租赁业务。

三是制定知识产权融资租赁税收优惠政策。应允许开展知识产权租赁业务的租赁公司获得的租赁收入、股息与股权收入扣除知识产权转让费后进项抵扣增值税，并纳入每年收入低于 2 000 万元免征企业所得税和超过部分减半征收企业所得税优惠政策，允许其知识产权转让支出享受 70% 税前扣除所得税优惠政策。应允许租赁知识产权的企业获得转让收入纳入低于 2 000 万元免征企业所得税和超过部分减半征收企业所得税优惠政策，在计征增值税时合理扣除每年支出的转让费，将租赁费支出纳入研发经费加计扣除范围。应对知识产权转让和租赁合同的印花税实行年度封顶政策。制定和完善保险政策，引导保险公司支持知识产权融资租赁。

五是加强知识产权融资租赁财政政策支持。地方政府资金知识产权风险资产担保池除了支持知识产权质押贷款、信托、证券化外，还要加强对知识产权融资租赁项目的资助和失败项目的损失补偿。

第 16 章

知识产权保险[*]

保险是降低科技成果转化和知识产权商业化风险的重要金融工具。为促进知识产权投融资的健康发展，促进高水平创造和有效运用知识产权，实现由知识产权大国向知识产权强国的转变，必须优化知识产权保险模式，完善知识产保险政策，不断强化知识产权保险对知识产权投资、质押贷款、信托、融资租赁、证券化的支持。

16.1　知识产权保险发展

科技创新始终伴随着高风险性，为应对此类风险，我国自 20 世纪 90 年代便开展了与科技保险相关的研究与实践。从科技风险的来源来看，外部环境不确定、项目本身复杂性和研发者能力弱（谢科范、倪曙光，1995）都有可能成为科技风险产生的原因。从科技创新的宏观过程看，技术从研发到市场化需要经历基础研究、应用研究、技术开发和市场化阶段（吕文栋、赵杨、彭彬，2008），每个阶段都会产生风险。从技术市场化的角度看，科技创新过程中所产生的风险主要为技术风险、生产风险和市场风险。从风险发生的客体看，科技风险分为与技术直接相关的风险和与技术间接相关的风险（邵学清和刘志春，2007）。

中国保险监督管理委员会 2006 年发布《中国保险监督管理委员会关于加强和改善对高新技术企业保险服务有关问题的通知》（保监发〔2006〕129 号），推出了第一批 6 个科技保险险种。中国保险监督管理委员会、科技部 2008 年发布《中国保险监督管理委员会、科学技术部关于中国人民财产保险股份有限公司试点经营科技保险业务的批复》（保监发改〔2008〕190 号），又将科技保险扩大到 14 个险种。我国 2010 年开始实行专利保险。佛山市 2010 年推出了我国首款专利保险产品"专利侵权调查费用保险"。国家知识产权局 2016 年 3 月 14 日印发《国家知识产权局办公室关于报送知识产权质押融资及专利保险试点、示范的通知》（国知办函管字〔2016〕145 号），并选取北京、广州、成都、无锡等地

---

　　* 此部分内容系在宋河发、廖奕驰 2018 年发表于《科学学研究》的《专利技术商业化保险政策研究》基础上删改而成。

区开展专利保险试点示范工作。我国目前的科技保险主要是高新技术产品保险和营业保险，承保对象主要为与技术开发相关的资金损失、设备损耗和人员流失、伤病等。专利保险主要是专利侵权责任保险、专利执行保险、专利代理责任保险和专利申请保险。近年来，我国制定了一系列政策支持科技成果转化和知识产权商业化保险的发展。2014 年，国务院在《国务院关于加快科技服务业发展的若干意见》（国发〔2014〕49 号）中，要求支持开展科技保险、科技担保、知识产权质押等科技金融服务。2015 年，国务院在《国务院关于新形势下加快知识产权强国建设的若干意见》（国发〔2015〕71 号）中提出深入开展知识产权质押融资风险补偿基金和重点产业知识产权运营基金试点。我国 2015 年修正的《中华人民共和国促进科技成果转化法》首次将科技成果转移转化和知识产权商业化保险服务纳入法律规定中，第三十六条规定，"国家鼓励保险机构开发符合科技成果转化特点的保险品种，为科技成果转化提供保险服务"。2016 年，《国务院关于印发"十三五"国家科技创新规划的通知》（国发〔2016〕43 号）要求加快发展科技保险，鼓励有条件的地区建立科技保险奖补机制和再保险制度，开展专利保险试点，完善专利保险服务机制。2016 年《国务院关于印发"十三五"国家战略性新兴产业发展规划的通知》（国发〔2016〕67 号）中也强调，要积极推进知识产权质押融资、股权质押融资、供应链融资、科技保险等金融产品的创新。这些法律政策为我国知识产权商业化保险政策的制定和发展提供了重要机遇。2015 年，国家知识产权局在《国家知识产权局关于进一步推动知识产权金融服务工作的意见》（国知发管函字〔2015〕38 号）中对专利保险工作做出了具体部署，提出了支持保险机构深入开展专利保险业务，完善专利保险服务体系，加大对投保企业的服务保障，鼓励和支持保险机构加强运营模式创新等 4 项措施，为专利技术商业化保险政策的制定实施奠定了基础。2018 年 9 月 26 日，国务院发布《国务院关于推动创新创业高质量发展打造"双创"升级版的意见》（国发〔2018〕32 号）提出八个方面政策措施，要求"建立完善知识产权评估和风险控制体系"。2021 年，我国印发《知识产权强国建设纲要（2021—2035 年）》，提出鼓励开展各类知识产权混合质押和保险，《"十四五"国家知识产权保护和运用规划》提出鼓励知识产权保险、信用担保等金融产品创新。

由于科技成果转化和知识产权运用存在严重的市场失灵问题，专利等科技成果转移转化率一直较低，虽然上述法律法规和政策一再要求建立科技成果转化和知识产权商业化的保险政策，但是我国一直没有出台具体的保险政策和措施。

16.2 国内外知识产权保险实践

16.2.1 国外知识产权保险

美国专利保险主要分为专利侵权责任保险和专利执行保险两类，其中专利侵权责任保险由美国"商业综合责任保险"（Commercial General Liability Insurance，CGLI）中有关广告行为侵害他人知识产权的条款发展而来（Schick，2000），该保险是主要针对企业因专利侵权被指控产生的各类诉讼费用的保险（Hardy et al.，2008）。专利执行保险主要承保被保险人提起专利侵权诉讼的各类费用（Fuentes，2009）。美国在专利商业化阶段并没有制定专利质押融资、证券化、风险投资等商业化核心环节的保险政策。但美国风险投资协会（National Venture Capital Association，NVCA）开发了风险保险和技术保证保险支持专利技术商业化，其中风险保险主要保障财产、汽车、劳工补偿、一般责任等内容，技术保证保险为 NVCA 会员提供公司管理责任、受托责任等保险。在实际专利技术商业化过程中，美国风投企业主要通过风险分散机制分担专利技术在商业化过程中所面临的风险。在专利商业化阶段，技术投资者、专利运营机构或企业等专利技术商业化的参与者经常需要自己把控代理风险和市场风险（Fiet，1995），这两者共同构成了决策风险（Hsu et al.，2014）。美国风险投资人在规避技术风险时通常采取分散资金来源、专业化投资、分段投资和组合投资等方式将技术投资失败的损失控制在可接受的范围内。尽管如此，美国风险投资的成功率并不高，来自剑桥汇（Cambridge Associates）的数据显示，2001 年至 2013 年，美国风险投资获利水平小于成本的项目占比约为 63%，回报率 5 倍以上的项目只有 7%。

欧洲企业与美国企业面临同样严峻的专利诉讼环境，如德国的专利诉讼费用平均高达30 万欧元，而专利侵权赔偿金额平均只有 25 万欧元，专利诉讼的原告方无法从专利诉讼中获益。尽管诉讼遏止了欧洲专利钓饵公司（Patent Troll）的发展（Cremers，2004），但过低的赔偿额对专利权人的利益造成了一定的损害。为缓解专利诉讼给企业带来的压力并保证知识产权对投资者的吸引力（Jansen，2003），德国和英国实行了以专利侵权责任保险和专利执行保险为主的保险，其中英国额外提供专利申请保险用于弥补专利申请人在申请专利过程中产生的损失❶。英国 Aon 公司还推出了知识产权残余价值保险。

日本也曾模仿欧美做法实行专利诉讼保险，在取得一定的效果后，根据实践推出了"知识产权许可金保险"，标的为日本企业海外知识产权许可费，承保范围为被许可外国企业因破产或政治性原因无法偿付知识产权许可费时产生的权利金收入损失，承保对象包括被许可的专利、商标、技术秘密和包含软件著作权在内的著作权。该保险能够在一定程度上促进日本知识产权的商业化并为其权利人提供保障，但若"权利金收入"的损失出现界定错误，则极易出现不当得利，因此在实际运用过程中存在一定的限制。

16.2.2　中国知识产权保险实践

我国自佛山市 2010 年年底推出首款专利保险产品"专利侵权调查费用保险"以来，专利保险发展较快，保险品种主要有专利侵权责任保险、专利执行保险、专利代理责任保险和专利申请保险。佛山市"专利侵权调查费用保险"的理赔范围包括差旅费、公证费等为专利维权前期准备工作支出的调查费用。国家知识产权局 2012 年选取的专利保险试点城市主要是推行专利执行保险，投保理赔范围除专利侵权调查费用外，还包括律师费、仲

---

❶　CJA Consultants Ltd. Patent Litigation Insurance：A Study for the European Commission on the Feasibility of Possible Insurance Schemes Against Patent Litigation Risks［J/OL］.（2006-01-01）［2022-08-20］. http//ec. europa. eu/internal_market/indprop/docs/patent/studies.

裁费或诉讼费等费用。

由于专利技术商业化保险存在逆淘汰问题及信息与风险不对称问题，专利技术商业化保险存在严重的市场失灵问题，专利技术商业化保险机制建立存在很大困难。我国一些地方开展了专利质押贷款保险的探索，如青岛市提出了针对专利质押融资的"银行+担保公司+保险公司+中介机构"模式，中山市提出了"政府+银行+保险公司+评估公司"模式。青岛模式要求投保企业向青岛市知识产权公共服务平台提出申请，在保险公司、银行及政府独资的担保公司核准后，办理质押手续，并按照 2% 的费率缴纳保险费，保险公司、银行和担保公司按照 60%：20%：20% 的比例共同承担损失。该模式下，银行会向企业发放一笔一年期最高 500 万元的贷款。中山模式则是由国家、市级财政共出资 4 000 万元建立风险补偿资金池，并采取政府主导、风险分担、市场化运作的方式为企业知识产权质押融资提供保险服务，若发生风险，则政府、银行、保险公司和评估公司按 54%：26%：16%：4% 比例共担损失。2016 年年底，在中山模式下我国第一笔专利质押融资保险保单生成，保险标的总金额 300 万元，保费 6.9 万元，费率为 2.3%。

除质押融资类保险外，广州平安财产保险还开发了针对知识产权评估师的责任保险，主要承保因评估师在知识产权评估业务中造成委托人或其利害关系人经济损失而产生的索赔，受益人为知识产权评估机构或其授权的受益方。根据国家知识产权局的数据，到 2022 年年底，我国已形成 22 款知识产权保险产品，累计为 2.8 万家企业的 4.6 万件专利、商标、地理标志和集成电路布图设计提供了超过 1100 亿元的保险保障。

16.3　知识产权商业化保险原理

根据《中华人民共和国保险法》的定义，财产保险是通过被保险人与保险人签订保险合同购买一定数量的保险将自身可能面临的经济风险转移给保险公司，从而规避风险的保险行为。因此，专利技术商业化保险应当是承保专利技术在商业化过程中被保险人因商业化不成功造成的损失以及相关费用，专利技术商业化保险与针对技术本身的科技保险有所不同。

16.3.1　风险可保性

就风险的可保性来说，保险的风险必须是偶发的而不能是常态化的事件（Gollier，1994）。Gollier 在研究大灾风险后认为可保的保险风险具有损失大、概率低、责任有限的特点（Gollier，1997）。通常的可保风险应当潜在可能发生，被保险人不能存在道德风险（Priest，1989），并且保险人不能同时承担超均值的风险（Dickson，2016）。可保风险一是存在大量的同质风险，有利于保险公司根据大数法则对保险做出准确预测；二是风险不能具有普遍性，否则同时发生的风险将使保险公司难以承受（庄树雄，2005）。经济可行性和道德风险对判断风险是否可保也极为重要，经济可行意味着风险损失可测、保险费率合理，无道德风险意味着被保险人应当不存在利用保险获利的机会（李晓迟，2017），否则可保风险将演变为投机风险。为了精确地定义可保风险，Berliner

（1982）将影响可保风险的因素分为统计精算因素、市场影响因素和社会因素三类，其中统计精算因素包括风险可测量、损失事件独立、最大损失可负担、平均损失适中、损失频率高、逆选择行为不过分；市场影响因素包括保费可负担、保险范围限制可接受、行业承保能力充分等；社会因素则要求保险应当与公共政策一致、符合法律体系内的各项规制。

本书认为专利技术商业化保险的可保风险应当具有以下特点：该风险应当发生在专利技术商业化过程中，易于根据风险发生的阶段或标的物的特征进行归类，单个风险发生的概率是随机且符合大数定律的，产生的损失也应当是可测量的。

16.3.2　保险风险分析

专利技术商业化的价值主要有经济价值、技术价值和战略价值三类，经济价值在于企事业单位通过专利技术商业化给实施或转化主体带来超额利润，这种超额利润体现在专利提升企业竞争优势的幅度上。专利技术商业化具有技术价值（刘岩 等，2014）。它能够给企业的产品或服务带来大幅度提升从而成功阻止其他企业进入市场或迫使其他企业购买许可（Harhoff et al.，2003）。战略价值则主要体现在专利技术本身的稀缺性上，影响企业的市场地位和创新模式。

专利保险的保险标的通常是某项专利权或专利技术，而专利作为无形资产符合保险标的条件，投保人对保险标的也具有保险利益（杨茂，2011），因此专利本身的风险大多是可保的。但专利技术商业化保险的投保标的并不仅仅局限于专利本身，它还应当包括专利质押融资、作价入股、线上线下的转让和许可、投融资等专利技术商业化过程中产生或利用的相关财物。

专利技术在商业化过程中的风险主要包括技术风险、市场风险、法律风险和管理风险。而现有知识产权投融资项目的可行性研究、商业计划书、专利价格评估、专利技术投资等大多缺乏对这些风险的分析，尤其是忽略实施专利技术企业管理要素的分析。由于专利技术投资的复杂性，只有高水平团结协作的管理团队才可能将专利技术顺利商业化。我国目前科技成果转化率低、新创业企业死亡率高在很大程度上是由于管理团队存在问题。管理团队领导人缺乏战略思维、缺乏凝聚力、知识能力水平不高、不重视知识产权，以及管理团队缺乏协作配合是产生风险的主要原因。我国目前主推发明人转化科技成果和专利技术的做法没有收到实效，主要原因在于发明人不是技术转移专家，不是管理专家，更不是投资专家，因此存在较大的风险。

16.4　保费计算与政府补贴

16.4.1　保险原理

制定保险政策主要目的是防止市场失灵。一般来讲，市场失灵分为条件性市场失灵和原生性市场失灵两种，产生条件性市场失灵的原因主要是不完全竞争、外部性、信息不充分、交易成本升高、偏好不合理等。专利技术商业化保险市场失灵即属于条件性市场失灵。

一般而言，保险市场失灵是由商业保险本身可能产生的负外部性（Cantor，2016）以及保险市场上的信息不对称或信息缺失导致的。保险过程中最典型的负外部性是保险诈骗行为，财产保险被保险人故意损坏财产甚至有人为获取大额寿险不惜谋杀等。保险欺诈将造成社会净福利的损失并增加保险成本。

保险市场产生失灵的另一主要原因便是信息不对称或信息缺失。保险公司和投保人均可能存在隐藏信息等行为。我国专利技术商业化保险市场没有建立起来的原因之一是专利保险存在逆淘汰问题。由于保险企业对专利技术的质量和风险不了解，对专利技术转化提供保险后，低质量专利的权利人更愿意参加保险，保险公司知道该情况，会不断提高保险费率，从而导致参加保险的专利权人越来越少，最后导致该保险无法实施。

16.4.2 保费计算方法

一般的保费支出计算公式如式（16-1）所示：

$$v = (1 + \theta)E(S) = (1 + \theta)E(N)E(X) \tag{16-1}$$

式中：v 为保险测定保费支出；$E(S)$ 为保险的风险保费，即纯保费；θ 为常数，表示安全附加、保险企业合理管理费用和承保利润占保费的比例，依险种不同通常在 15%~25%；$E(N)$ 为全年期望投保数量，当计算单件保险标的保费支出时，$E(N) = 1$；$E(X)$ 为单个保险事故的期望风险保费。

其中，期望风险保费 $E(X)$ 的计算方式有多种，依照保险事故发生情形与模型的拟合度不同，分为离散型和连续型两类。若缺乏历史数据和计算基础，则只能依照观察法计算，此时，$E(X)$ 应当为统计出险概率与理论投保额的乘积，如式（16-2）所示：

$$E(X) = M(1 - R) \tag{16-2}$$

式中：$1-R$ 为转让、许可或投资失败或评估不准造成的损失率；M 为转让、许可、投资失败或评估不准造成的损失。

保险赔付额为保险标的出险时，保险人向被保险人赔付的损失额，投保人足额投保时，赔付额应为保险标的的损失 M；投保人不足额投保时，保险人按照保险金额与保险标的价格的比例赔付损失。赔付额可由单个事故风险保费 $E(X)$ 与保险出险率的比值表示，如式（16-3）所示：

$$P = E(X)/\lambda \tag{16-3}$$

式中：P 为保险赔付额；λ 为保险出险率，一般由有效保单报案数与有效保单数的比值确定，当缺乏历史数据时，出险率一般看作被保险标的物发生风险的概率，即损失率 $1-R$。

16.4.3 保险险种

专利技术商业化包括专利转让和许可、专利投融资、专利质押贷款、专利价值评估等类型。除在专利质押贷款、专利价值评估方面已开展专利保险探索外，其他方面缺乏专利保险政策的介入。本书将保险的险种分为专利技术转让和许可服务保险、专利技术投资保险、专利权质押保险和专利技术评估保险四大类。

1. 专利技术转让和许可服务保险

专利技术转让、许可服务保险主要包括转让和许可损失补偿险和专利池运营保险。目前，我国技术交易市场上存在大量技术转移中介机构，还建立了一定数量的知识产权运营机构，这些机构大多通过专利转让和许可方式进行技术转移。签订的专利转让和许可合同中通常含有违约条款，一旦转让和许可失败，需求方有权根据违约条款向技术转移或运营机构提出索赔或提起诉讼，技术转移损失补偿险主要是针对技术转移服务费的保险。

专利池是一种重要的专利联合许可方式，能有效应对专利诉讼，提高技术转移效率，应当得到保险等金融政策的支持。但我国专利池运营情况并不乐观，为数不多的专利池管理机构为非营利性组织，一些专利池采取不收费或低收费的方式导致运营困难，甚至亏损。此类保险所承保的内容应当包括专利池的运营亏损，受益人应当为专利池运营机构。为防止专利池运营机构利用专利池险不当得利，保险应当设置6个月到1年的免责期。

2014年，我国国内有效发明专利66.3万件，2022年达到328万件。国家知识产权局2015年的中国专利数据调查显示，全国2014年有效专利中各类申请人和权利人专利平均转让率为5.5%，平均许可率为9.9%。国家知识产权局规划司提供的内部数据显示，全国2012年专利平均许可金额为24万元。另据中国科学院统计，中国科学院2013年专利平均转让价格为149.4万元。假设每件许可专利的风险保费为投保标的价格的5%，即1 200元，θ为20%，在我国有效专利许可率只有9.9%的情况下，依据式（16-3）计算得，保险赔付额为1 331.9元；如果要全额赔付被追讨的许可费，即成交额的10%，24 000元，则出险率应为5%。若每件专利的风险保费为投保标的价格的10%，即2 400元，则全额赔付时的出险率应为10%，无损失专利许可成功率要达到90%。即使风险保费金额达到4 800元，在全额赔付服务费的情况下，出险率要降低至20%。综合考虑出险率不可能很低、风险保费不能过高、赔付额不可能偿付全额损失的情况，假如出险率能控制在20%~60%，风险保费在500~1 000元，实际保费支出为600~1 200元，则赔付额为833.3~5 000元。这种情况很难有吸引力。专利许可风险保费、出险率与赔付额对照如表16-1所示。

表16-1 专利许可风险保费、出险率与赔付额对照

每件专利风险保费（元）	保费支出（元）	出险率（%）	保险公司赔付额（元）
100	120	60	166.7
100	120	40	250

续表

每件专利风险保费（元）	保费支出（元）	出险率（%）	保险公司赔付额（元）
100	120	20	500
500	600	60	833.3
500	600	40	1 250
500	600	20	2 500
1 000	1 200	60	1 666.7
1 000	1 200	40	2 500
1 000	1 200	20	5 000

同样，如果每件转让专利的风险保费为投保标的价格的 10%，即 14.9 万元，θ 为 20%，在我国有效专利转让率只有 5.5% 的情况下，保险赔付金额为 15.9 万元，如果要达到损失全额赔付，则出险率只能为 10%。如出险率能控制在 60%，风险保费在 7.5 万元，则赔付额为 12.5 万元，这种情况也很难有吸引力。

2. 专利技术投资保险

专利技术投资保险主要是风险投资损失补偿险。近年来，技术风险投资、天使投资等迅速发展，但我国缺乏相应的技术风险规避和保障措施，造成技术投资损失率高，成功率低。目前，风险投资公司或天使投资人通常依据行业内投资成功率制定投资组合以降低投资的损失，缺乏有效的外部保障手段。风险投资补偿险应当为风投公司或天使投资人的投资损失承保，承保内容应当包括风险投资实际损失、投资的评估费用，受益人应当为风险投资机构、天使投资人以及直接利害关系人。

根据北京市知识产权局 2015 年统计报告，北京市作价入股专利占运用专利总数的 7% 左右。另据中国科学院国科控股公司提供的数据，中科院 2016 年 60 项专利获得股权投资 3 亿元。风险投资一般期限为 5~7 年，我国专利平均寿命为 5 年，以保险期限 5 年计算，假定 θ 为 20%，每项专利获得风险投资为 500 万元，投资成功率为 10%，全额赔付则风险保费应为 450 万元，这对投资企业也没有吸引力。如果风险保费为投资额的 2% 即 10 万元，出险率为 60%，则赔付额为 16.7 万元，虽然投保费降低了，但赔付额也大大降低了。

3. 专利权质押保险

银行为了规避贷款风险通常只提供给质押的专利评估价格一定比例的贷款。即使这样，质押贷款额也远高于专利平均转让和许可价格。由于银行不是专利技术实施主体，也很难成为专利权人，一旦专利技术商业化失败，将造成极大的损失。我国已开展的专利技术商业化保险主要针对专利质押融资，政府通过建立担保资金或者风险资金池的方式承担一定比例的损失。但现行专利质押融资实行的是风险共担模式，银行、保险、担保都需要评估，程序重复，成本提高，没有解决专利价值评估难、质权处置难等问题，也没有解决保险的逆淘汰问题。在目前质押贷款数量较少情况下，如果风险保费处于合理范围内，保险赔付损失的比例不可能达到 20%。如果保险赔付全部损失 20%，即使政府承担高比例损失，风险保费也高得难以承受。而且，政府担保资金分担风险损失反而更会加重逆淘汰问题，一些地方政府补贴商业化质押贷款失败造成的损失，投保人获得补贴的时间长，关键是该政策激励的不是成功的质押贷款而是失败的质押贷款，会导致严重的负激励问题。

由于专利属于无形资产，质权人对专利质押的贷款额判断往往以专利的评估价格为依据，并在此基础上以一定的折扣价格给予出质人贷款以降低贷款风险。2016 年，我国平均每件专利质押贷款额达到 174 万元，一旦出质人因资金匮乏或破产等原因无法还清贷款，质权人就无法收回贷款，即使可以对被质押的专利技术作转让或拍卖处理，转让或拍卖的价格极有可能低于当初的贷款额，而且质权人除了要承担本身因贷款产生的损失外还需支付因转让拍卖产生的费用。因此专利质押贷款损失补偿险的承保内容应包括质权人贷款额和拍卖所得价款损失的差额、拍卖鉴定评估费用、拍卖佣金等费用，受益人应当为银行或其授权的受益方。

根据国家知识产权局《2015 年中国专利调查数据报告》，全国 2014 年有效专利中各类权利人自行实施并销售产品的比例为 42.9%。假定 θ 为 20%，在出质人还款能力为 0 的前提下，专利技术质押贷款出险的概率为 57.1%，如果赔付额为贷款额，则风险保费为 99.35 万元，显然太高。若出险率控制在 20%，出质人投保额占投保标的 2%，则风险保费为 3.48 万元，但赔付额仅为 17.4 万元，仍显得有点低。

4. 专利技术评估保险

专利技术转让、许可、投资、质押甚至诉讼的前提是要有准确的价格，即对专利技术进行准确评估。如果评估师无法准确选择评估参数，技术评估会出现一定的差额。如果评估师不能准确理解和把握专利技术商业化规律，不认真负责，随意选择评估参数，则必然会导致评估结果出现较大差异，由于合同约束，评估机构应承担一定程度的损失，若存在分歧甚至可能面临诉讼或仲裁。这类经济损失以及质押过程中涉及诉讼或仲裁产生的各项费用，保险公司可以以专利评估责任保险的形式进行承保，其投保人或受益人应当为专利评估机构或评估机构授权的受益方。但目前在探索的专利评估师责任保险也没有解决保险的逆淘汰问题。

我国目前的评估费用占专利技术转让和许可价格或投资股份的 1%~5%，一些甚至高达 10%，若以技术投资总额 500 万元、专利技术占股为 25%、评估费用为专利技术占投资股份的 10% 来计算，则评估收费大约为 10 万元。假定 θ 为 20%，评估不准导致评估费被追回的概率为 95%，如果实行全额赔付，则风险保费为 9.5 万元，显然不可行。假定风险保费占投保额为 2%，即 2 000 元，出险率为 60%，赔付额为 3 333.3 元，赔付额又显得过低。

在现有专利技术转让、许可、投资、质押贷款和评估比例不变情况下，如果出现损失并实行全额赔付，投保人需要支付的保费过高，占到了服务收入、投资额或贷款额的 60%~90%。如果将投保人风险保费控制在保险标的价格的 2%，则投保人的投保意愿会显著提高，但赔付额度不大，为保费总支出的 1.67~3.33 倍，这又会降低投保的意愿。如表16-2 所示。

表 16-2 专利技术商业化保险保费设计

保费计算	投保标的（元）	每件专利风险保费（元）	每件专利实际投保支出（元）	出险率（%）	保险公司赔付额（元）	投保实际支出占标的比例（%）
转让	1 494 000	1 418 300	1 694 200	94.50	1 494 000	113.40
	1 494 000	29 880	35 856	60.00	49 800	2.40
许可	24 000	21 624	25 948.8	90.10	24 000	108.12
	24 000	480	576	60.00	800	2.40
投资	5 000 000	4 500 000	5 400 000	90.00	5 000 000	108.00
	5 000 000	100 000	120 000	60.00	166 666.7	2.40
质押贷款	1 740 000	993 540	1 192 248	57.10	1 740 000	68.52
	1 740 000	34 800	41 760	20.00	174 000	2.40
评估	100 000	95 000	114 000	95.00	100 000	114.00
	100 000	2 000	2 400	60.00	3 333.3	2.40

16.4.4 质押贷款保险

专利质押融资风险是专利技术商业化过程中产生的主要财产风险之一，属于保险风险中的非寿险类风险。一般非寿险风险发生概率较低、损失不大、通常存在尾部较厚的特点，在精算中常用帕累托模型进行保险定价，但帕累托模型的适用范围并不宽，而且具有一定的区域性限制（郁佳敏 等，2008），需要保险的历史数据支撑（Frangos et al.，2001）。辛士波（2009）在研究非寿险保险风险后发现，非寿险的风险分布往往呈现右偏的特征，而对数正态分布所呈现的右偏特征恰好能够满足非寿险风险的损失分布。因此本书假定，当专利质押融资风险产生时，风险的发生是独立且随机的，服从对数正态分布，将质押专利的未来处置价值记为 v，则 v 应服从参数为（μ，σ）的对数正态分布。则被质押专利每单位的未来处置价值 v 的风险模型应当符合概率密度函数，如式（16-4）所示。

$$F_v = \frac{1}{\sigma v \sqrt{2\pi}} e^{-\frac{(\ln v - \mu)^2}{2\sigma^2}}, 0 \leq v \leq +\infty \tag{16-4}$$

则未来被质押专利的处置价值的风险模型（期望 E_v 和方差 Var_v）的计算方法应为式（16-5）。

$$\begin{cases} E_v = e^{\mu + \frac{\sigma^2}{2}} \\ Var_v = e^{2\mu + \sigma^2}(e^{\sigma^2} - 1) \end{cases} \tag{16-5}$$

其中风险系数 μ 和 σ 可以借助《2015 年中国专利调查数据报告》提供的用于生产产品并投放市场专利数占有效专利数的比率，即产业化成功率和专利质押贷款平均贷款额等数据用矩阵估计法测定。假定质押专利资产的残值和数量如表 16-3 所示。

表 16-3　不同专利规模企业专利预期损失金额及数量占比

企业拥有专利规模	产业化成功率（%）	平均每件专利资产残值（万元）	质押专利资产的残值总额（万元）	企业数量占比（%）
1~2 件	28.0	48.7	73.1	6.9
3~9 件	41.3	71.9	431.4	16.7
10~29 件	50.4	87.7	1 710.2	23.7
30~99 件	50.5	87.9	5 669.6	21.8
100 件及以上	39.3	68.4	10 260.0	30.9

利用以上数据可知该风险模型一阶原点矩（未来残值期望）应为 4 976.4

该风险模型的二阶中心矩（方差）应为 = 15 495 225.0

将以上数值代入式（16-5）可解得 $\begin{cases} \sigma = 0.70 \\ \mu = 8.26 \end{cases}$

在专利质押融资保险过程中，若保险公司仅参与金融机构处置专利质押资产后的损失补偿，则保险公司只承担该保险项目损失的风险。若投保人为其质押资产的投保金额为 I（$I>0$），当保险结束时发生质押资产处置，且资产处置时处置价格小于投保金额 I，即 $v<I$ 时，保险公司需要对投保人赔付 $I-v$ 的损失，则保险公司未来期望赔付成本，即纯保费 $E(S)$ 应如式（16-6）所示：

$$E(S) = \int_0^I (I - v) \frac{1}{\sigma v \sqrt{2\pi}} e^{-\frac{(\ln v - \mu)^2}{2\sigma^2}} dv \tag{16-6}$$

对上式进行化简可得式（16-7）：

$$E(S) = I \cdot N\left(\frac{\ln I - \mu}{\sigma}\right) - e^{\mu + \frac{\sigma^2}{2}} \cdot N\left(\frac{\ln I - \mu - \sigma^2}{\sigma}\right) \tag{16-7}$$

若投保人对质押专利足额投保，则 I 应为质押资产贷款额，将 I 值代入公式，以我国 2016 年国内专利平均质押贷款额 174 万元计算，则可算得国内专利质押融资足额投保时，平均每件专利负担风险保费为 103 万元，风险保费费率高达 59.2%。然而从已经实施的各类非寿险保险来看，几乎不存在保费费率超过 10% 的保险，且非寿险保险与寿险不同，投保人既关注保险的保障范围，又关注保险的经济性，而近 60% 的保险费率显然不满足投保人对经济性的要求，因此无法在市场推行全额保险。若保险机构不对被质押资产全额承保，则承保比例、对应风险保费和费率如表 16-4 所示。

表 16-4　保险机构承保比例与保费及费率对应

保险机构承保比例（%）	费率（%）	平均保费（万元）	总保费（万元）
10	0.9	0.16	10.8
30	15.5	8.1	536.7
50	32.8	28.5	1 887.2
70	46.0	56.0	3 703.3
90	55.5	86.9	4 975.1
100	59.2	103.0	6 817.9

从上述数据可以看出，在目前的市场环境下，即使保险机构仅承保被质押专利资产的 30%，风险保费的费率仍然高达 15.5%；若保险机构仅承保被质押专利资产的 10%，则风险保费的费率能够下降 0.9%，平均每件被质押专利也仅需要负担 1 600 元的保费。但这种承保方式缺点十分明显，在不足额承保时，保险的风险保障能力低下，不足以保障金融机构的贷款风险，难以满足投保人对风险控制的需求，以平均每件专利质押金额 174 万元计算，当风险发生，金融机构无法回收贷款时，保险公司承保 10% 的比例则意味着理赔金额只有 17.4 万元。这种程度的保障相对于金融机构的损失微乎其微，并不利于保险的推行。

上述结果是建立在假设当企业的专利技术商业化运营失败后，既无能力也无意愿偿还贷款，因此银行只能以处置资产的形式弥补损失。若专利质押贷款失败后，部分企业有能力也有意愿偿还贷款，则情况会有所不同。假设保险机构对被质押专利资产做足额承保，在不同的偿还率下，专利质押融资保险风险模型的系数也有所不同，保费与费率也会发生变化。在偿还率为 r（r 为常数）的情况下，对应的质押资产投保额为 I_r，则风险保费应为式（16-8）所示：

$$E(S) = \int_0^{I_r} [I_r - v] \frac{1}{\sigma v \sqrt{2\pi}} \mathrm{e}^{-\frac{(\ln v - \mu)^2}{2\sigma^2}} \mathrm{d}v \tag{16-8}$$

进行化简可得到式（16-9）：

$$E(S) = I_r \cdot N\left(\frac{\ln I_r - \mu}{\sigma}\right) - \mathrm{e}^{\mu + \frac{\sigma^2}{2}} \cdot N\left(\frac{\ln I_r - \mu - \sigma^2}{\sigma}\right) \tag{16-9}$$

当偿还率为 0 时，企业质押专利的残值总额 Rv，偿还率非 0 时，企业质押专利的残值总额 Rv'，平均每件被质押专利资产残值为 ARv，企业拥有专利规模为 Sc，平均每件专利质押金额为 Pp，通过式（16-10）和式（16-11）可计算以下数据：

$$Rv = (Pp \cdot Sc - Rv) \cdot r + Rv \qquad (16-10)$$
$$ARv = Rv/Sc \qquad (16-11)$$

利用上述两个公式可以分别算得不同偿还率下平均每件被质押专利资产残值和企业被质押专利的残值总额，如表 16-5 所示。

表 16-5　足额投保不同偿还率下被质押专利残值的均值及总额

企业拥有专利规模	偿还率（%）	1~2 件	3~9 件	10~29 件	30~99 件	100 件及以上
不同偿还率下平均每件被质押专利资产残值	0	48.7	71.9	87.7	87.9	68.4
	10	61.3	82.1	96.3	96.5	79.0
	20	73.8	92.3	105.0	105.1	89.5
	30	86.3	102.5	113.6	113.7	100.1
	40	98.9	112.7	122.2	122.3	110.6
	50	111.4	123.0	130.9	131.0	121.2
	60	123.9	133.2	139.5	139.6	131.8
	70	136.4	143.4	145.9	148.2	142.3
	80	148.9	153.6	156.7	156.8	152.9
	90	161.5	163.8	165.4	165.4	163.4
不同偿还率下企业被质押专利的残值总额	0	73.1	431.4	1 710.2	5 669.6	10 260.0
	10	91.9	492.7	1 878.5	6 224.9	11 844.0
	20	110.7	553.9	2 046.8	6 780.3	13 428.0
	30	129.5	615.2	2 215.0	7 335.6	15 012.0
	40	148.3	676.4	2 383.3	7 891.0	16 596.0
	50	167.1	737.7	2 551.6	8 446.3	18 180.0
	60	185.8	799.0	2 719.9	9 001.6	19 764.0
	70	204.6	860.2	2 888.2	9 557.0	21 348.0
	80	223.4	921.5	3 056.4	10 112.3	22 932.0
	90	242.2	982.7	3 224.7	10 667.7	24 516.0
企业数量占比		6.9%	16.7%	23.7%	21.8%	30.9%

由表 16-5 可以看出，当偿还率接近 90% 时，尽管拥有不同规模专利企业由于专利数

量不同，被质押专利的残值总额差距较大，但平均每件被质押专利资产残值因产业化成功率不同造成的差距在逐渐减小。在足额承保的情况下，依据上述公式和数据计算所得不同偿还率下各系数、未来期望残值与方差如表 16-6 所示。

表 16-6　足额承保不同偿还率下未来期望残值、方差及风险系数

偿还率（%）	未来期望残值	方差	μ	σ
0	4 976.4	15 495 225.0	8.26	0.70
10	5 629.6	20 979 031.7	8.38	0.71
20	6 282.8	27 309 545.6	8.49	0.72
30	6 936	34 486 129.6	8.57	0.74
40	7 589.2	42 509 562.4	8.65	0.74
50	8 242.4	51 379 125.2	8.73	0.75
60	8 895.6	61 095 116.6	8.80	0.76
70	9 548.8	71 657 927.6	8.87	0.76
80	10 202	83 066 658.0	8.94	0.77
90	10 855.2	95 322 389.0	8.99	0.77

由此可以计算可得足额承保条件下不同偿还率对应的风险系数、保费与费率，如表 16-7 所示。

表 16-7　足额承保不同偿还率下的风险系数、保费与费率

偿还率（%）	I'	风险保费费率（%）	总保费（万元）	平均保费（万元）
0	11 508	59.2	6 817.9	103.0
10	10 357.2	46.0	5 292.9	80.0
20	9 206.4	34.1	3 922.1	59.3
30	8 055.6	24.0	2 765.6	41.8
40	6 904.8	15.3	1 765.7	26.6
50	5 754	8.9	1 018.5	15.4
60	4 603.2	4.3	496.5	7.5
70	3 452.4	1.5	174.4	2.6
80	2 301.6	0.3	35.7	0.54
90	1 150.8	0.012	1.4	0.02

专利质押融资偿还率不足 10% 时，仅风险保费费率就接近 50%，保险公司无论单独实施还是与其他单位合作实施都难以将费率降低到市场能够接受的水平，因此面临巨大的风险。当专利质押融资偿还率达到 50% 时，风险保费的费率将下降到 8.9% 左右，平均每件

被质押专利的风险保费为 15.4 万元，具备较强的市场化操作能力，若贷款回收率达到 80%，风险保费费率将只有 0.3%，平均每件被质押专利资产的风险保费仅有 5 400 元，即便加上安全附加保费、保险机构对该险种的管理成本及利润，平均每件被质押专利资产的保费也不会过高，投保人完全有能力承担，保险机构初步具备独立实施该险种的能力。

银行贷款不良率越低，意味着贷款的偿还水平越高。从 2016 年股份制银行贷款不良率排名看，我国股份制银行贷款不良率前 12 名均在 2% 以下。由于银行存在大量优质贷款，可以冲淡贷款的总体不良率，在实际操作过程中，总体不良率无法准确反映类似专利质押贷款这类高风险贷款，因此专利质押融资保险在实际定价时需要银行等金融机构提供质押贷款还款记录作为保费确定的参考。

16.4.5 政府补贴

为改变现有地方政策导致的负激励问题，应制定针对投保人保费和被保险人损失的补贴政策。政府对保费的补贴应当采取差异化的补贴政策。假设补贴比例为 r，若被保险人在保险期间未出现损失，则政府可额外给予投保人保费比例 p 的补贴；若保险期间内出险，则政府再补贴被保险人一定比例的损失。依据国内现状，防止逆淘汰问题扩大，损失补贴与保险赔付总量不宜超过损失总额的 50%，假设被保险人出险的总损失为 T，投保时的保费为 I，则政府补贴 S 应如式（16-12）所示：

$$S = \begin{cases} I \cdot r + \dfrac{T \cdot \gamma - 2I}{2\gamma}, & T > 0 \\ I \cdot (r + p), & T = 0 \end{cases} \tag{16-12}$$

在式（16-12）中 γ 为专利技术商业化保险的出险率。如果政府补贴投保人保费的 50%~100%，则转让和许可评估、投资的被保险人出险获得的赔付额与投保人保费支出的比例将提高到 2~3 倍，质押贷款的比例将达到 6~8 倍，则保险政策具有一定的可行性。

由于保费占投保额的比例较低，如果将政府补贴比例提高到 100%，赔付额占总损失额的 8%，质押贷款占 24%，则相对合理一些。但补贴保费和补贴损失显得很不平衡，如果总的政府补贴达到总损失的 50%，保费补贴与损失补贴的比例为 5%：95%。即使总的政府补贴只占总损失的 20%，保费补贴与损失补贴的比例为 11%：89%，仍然很高。若使保费补贴与损失补贴处于合理范围，最有效的措施是显著降低出险率，采用事后补贴的方式额外补贴成功实现商业化的专利一定比例的保费。

16.5 小结

由于专利技术商业化保险市场规模巨大，保险政策的实施对我国科技成果转化和知识产权运用具有重要意义，我国应当制定和实施政府介入的专利技术商业化保险政策。在专利技术商业化过程中，不同类型专利技术商业化都面临高风险问题，急需制定相应的保险政策。但保险机构不可能对全部损失进行保险，即使保险机构赔付全部损失的 20% 也不能解决投保费过高的问题。不同类型专利技术商业化的投保额和赔付额不同，要降低投保费，或者想获得高额赔付额，根本措施是降低出险概率，并积极发挥政府的激励作用。为此，本书提出如下三条建议。

一是建立针对投保人风险保费的政府补贴资金和成功商业化专利风险保费的奖励资金。保险政策必须解决逆淘汰问题和投保意愿不足问题。政府专利技术商业化保险补偿基金或担保基金仅对损失进行赔付是不够的，现有模式中政府补贴损失的比例较高。应针对专利技术商业化投保人的保费进行补贴，补贴额度可以为等额的保费，对商业化成功的专利再给予一定的奖励，如等额的保费。

二是适当提升专利技术识别和分析能力。上述根据出险率计算的保险公司赔付额只占总损失的 8% 左右（质押贷款 24%），如果要提高到 20% 以上，必须大幅度降低出险率，这就必须解决保险的逆淘汰问题。要解决逆淘汰问题，必须提升专利识别分析能力，能初步识别高质量专利、无风险专利和高价值专利。但如果能识别专利，则企业高质量专利的企业不投保，低质量专利的企业不能投保，就会造成保险政策无法实施，因此设置一定的专利质量门槛就可。

三是要开发科学的专利技术价值评估系统和方法。要建立线上线下结合的专利价值度和价格评估系统，基于在线大数据和线下经验型技术经济分析，并选择合适的评估方法，开发甲、乙、丙三方参与甚至是网络用户参与的专利技术价格评估系统。

参 考 文 献

［1］ DAMODARAN A. Damodoran on Valuation: Security Analysis for Investment and Corporate Finance ［R］. New York: Wiley, 1994.

［2］ BERLINER B. Limits of Insurability of Risks ［M］. New Jersey: Prentice-Hall, 1982.

［3］ BOROD R S. An Update on Intellectual Property Securitization ［J］. The Journal of Structured Finance Winter, 2005 (10): 65-72.

［4］ CANTOR J C, MONHEIT A C. Reform of the Individual Insurance Market in New Jersey: Lessons for the Affordable Care Act ［J］. Journal of Health Politics, Policy and Law, 2016 (4): 781-801.

［5］ CARPENTER, JENNIFER N. The Exercise and Valuation of Executive Stock Options ［J］. Journal of Financial Economics, 1998, 48 (2): 127-158.

［6］ CREMERS K. Determinants of Patent litigation in Germany ［J］. ZEW Discussion Papers, 2004, 4 (72): 1-29.

［7］ RESNIK D B. A Pluralistic Account of Intellectual Property ［J］. Journal of Business Ethic, 2003 (46): 319-335.

［8］ DICKSON D C M. Insurance Risk and Ruin ［M］. Cambridge: Cambridge University Press, 2016.

［9］ GUELLEC D, POTTERIE B V P. The Economics of the European Patent System-IP Policy for Innovation and Competition ［M］. Oxford: Oxford University Press, 2007.

［10］ EDWARDS D. Patent Backed Securitization: Blueprint for a New Asset Class ［EB/OL］. (2001-01-10) ［2022-09-30］. https://www.docin.com/p-109057380.html.

［11］ HOLGER E. Patent Portfolios for Strategic R&D Planning ［J］. Journal of Engineering and Technology Management, 1998 (15): 279-308.

［12］ FAMA E F, JENSEN M C. Separation of Ownership and Control ［J］. The Journal of Law and Economics, 1983, 26 (2): 301-325.

［13］ FIET J O. Risk Avoidance Strategies in Venture Capital Markets ［J］. Journal of Management Studies, 1995 (4): 551-574.

［14］ FRANGOS N E, VRONTOS S D. Design of Optimal Bonus-Malus Systems with a Frequency and a Severity Component on an Individual Basis in Automobile Insurance ［J］. ASTIN Bulletin： The Journal of the IAA, 2001, 31（1）：1-22.

［15］ EASTERBROOK F H. Two Agency-Cost Explanations of Dividends ［J］. American Economic Review, 1984, 74（4）：650-659.

［16］ FREEMAN C. The National System of Innovation in Historical Perspective ［J］. Cambridge Journal of Economics, 1995, 19（1）：5-24.

［17］ FUENTES J R. Patent Insurance： Towards a More Affordable, Mandatory Scheme ［J］. Science and Technology Law Review, 2009（267）：273-274.

［18］ GAGE D. The Venture Capital Secret：3 Out of 4 Start-ups Fail ［J］. Wall Street Journal, 2012（19）：20-23.

［19］ STUART T E, HOANG H, HYBELS R C. Interorganizational Endorsements and the Performance of Entrepreneurial Ventures ［J］. Administrative Science Quarterly, 1999, 44（2）：315-349.

［20］ GOLLIER C. About the Insurability of Catastrophic Risks ［J］. Geneva Papers on Risk and Insurance, 1997, 22（2）：177-186.

［21］ GOLLIER C. Insurance and Precautionary Saving in a Continuous-Time Mode ［J］. Journal of Risk and Insurance, 1994（61）：78-95.

［22］ GORTON G, SCHMID F. Corporate Governance, Ownership Dispersion and Efficiency： Empirical Evidence from Austrian Cooperative Banking ［J］. Journal of Corporate Finance, 1999, 5（2）：119-140.

［23］ GREDEL D, KRAMER M, BEND B. Patent-Based Investment Funds as Innovation Intermediaries for SMEs： In-Depth Analysis of Reciprocal Interactions, Motives and Fallacies ［J］. Technovation, 2012, 32（9-10）：536-549.

［24］ HAGELIN T. Competitive Advantage Valuation of Intellectual Property Assets： A New Tool for IP Managers ［J］. IDEA, 2003（44）：79-437.

［25］ HANEL P. Intellectual Property Rights Business Management Practices： A Survey of the Literature ［J］. Technovation, 2006（26）：895-931.

［26］ SHAUN M B. Coverage for Intellectual Property Claims Under the CGL Policy ［EB/OL］.（2015-03-25）［2022-09-30］. https：//www. tresslerllp. com/docs/default-source/Publication-Documents/coverage-for-intellectual-property-claims-under-the-cgl-policy---baldwin. pdf?sfvrsn=0.

［27］ HARHOFF D, SCHERER F M, VOPEL K. Citations, Family Size, Opposition and the Value of Patent Rights ［J］. Research Policy, 2003（8）：1343-1363.

［28］ HOENIG D, HENKEL J. Productive Assets or Quality Signals? The Role of Patents and Alliances in Venture Capital Financing ［J］. Research Policy, 2015, 44（5）：1049-1064.

［29］ HSU D H, ZIEDONIS R H. Resources as Dual Sources of Advantage： Implications for Valuing Entrepreneurial-Firm Patents ［J］. Strategic Management Journal, 2013, 34（7）：761-781.

［30］ HSU D K, HAYNIE J M, SIMMONS S A, et al. What Matters, Matters Differently： A Conjoint Analysis of the Decision Policies of Angel and Venture Capital Investors ［J］. Venture Capital, 2014 （1）: 1-25.

［31］ UTTERBACK J M. Mastering the Dynamics of Innovation ［M］. 2nd ed. Boston: Harvard Business School Press, 1996.

［32］ JANSEN N. Tort Liability and Insurance ［J］. Scandinavian Studies in Law, 2003 （41）: 752-755.

［33］ KUMAR J. Intellectual Property Securitization: How Far Possible and Effective ［J］. Journal of Intellectual Property Rights, 2006 （3）: 98-102.

［34］ JENSEN M C, MECKLING W H. Theory of the Firm: Managerial Behavior, Agency Costs and Ownership Structure ［J］. Social Science Electronic Publishing, 1976, 3 （4）: 305-360.

［35］ JURCZAK J. Intellectual Capital Measurement Methods ［M］. Economics and Organization of Enterprise, 2008 （1）: 37-45.

［36］ KENNEY D M. Patton Reconsidering the Bayh-Dole Act and the Current University Invention Ownership Model ［J］. Reserach Policy, 2009 （38）: 1407-1422.

［37］ RIVETTE K G, KLINE D. Discovering New Value in Intellectual Property ［J］. Harvard Business Review, 2000, 78 （1）: 54-6.

［38］ LANJOUW J O, SCHANKERMAN M. Characteristics of Patent Litigation: A Window on Competition ［J］. RAND journal of economics, 2001: 129-151.

［39］ LOUIS K S, BLUMENTHAL D, GLUCK M E, et al. Entrepreneurs in Academe: An Exploration of Behaviors Among Life Scientists ［J］. Administrative Science Quarterly, 1989, （34）: 110-131.

［40］ LUUKKONEN T, DESCHRYVERE M, Bertoni F. The Value Added by Government Venture Capital Funds Compared with Independent Venture Capital Funds ［J］. Technovation, 2013, 33 （4-5）: 154-162.

［41］ MANN R J, SAGER T W. Patents, Venture Capital, and Software Start-ups ［J］. Research Policy, 2007, 36 （2）: 193-208.

［42］ MANSFIELD E. Industrial R&D in Japan and United States: A Comparative Study ［J］. American Economic Review, 1988 （78）: 223-228.

［43］ MARKMAN G D, GIANIODISI P T, PHAN P H, et al. Innovation Speed: Transferring University Technology to Market ［J］. Research Policy, 2005 （7）: 1058-1075.

［44］ KENNEY M, PATTON D. Reconsidering the Bayh-Dole Act and the Current University Invention Ownership Model ［J］. Research Policy, 2009 （38）: 1407-1422.

［45］ MCCONNELL J J, SERVAES H. Additional Evidence on Equity Ownership and Corporate Value ［J］. 1990, 27 （2）: 0-612.

［46］ STEELE M L. The Great Failure of the IPXI Experiment: Why Commoditization of Intellectual Property Failed ［EB/OL］. （2017-05-04） ［2017-11-15］. http://scholarship. law. cornell. edu/clr/vol102/iss4/5.

［47］ MORCK R, SHLEIFER A, VISHNY R W. Management Ownership and Market Valuation: An Empirical Analysis ［J］. Journal of Financial Economics, 1988, 20 (88): 293-315.

［48］ LINK A N, SIEGEL D S, BOIEMAN B, et al. What Drives the University Use of Technology Transfer Offices? Evidence from Italy ［J］. The Journal of Technology Transfer, 2010 (2): 181-202.

［49］ KO N, JEONG B, SEOW et al. A Transferability Evaluation Model for Intellectual Property ［J］. Computers & Industrial Engineering, 2019 (131): 344-355.

［50］ ODASSO M C, UGHETTO E. Patent-Backed Securities in Pharmaceuticals: What Determines Success or Failure, R&D Management, 2011 (41): 219-239.

［51］ PAKES A. Patents as Options: Some Estimates of the Value of Holding European Patent Stocks ［R］. National Bureau of Economic Research Cambridge. Mass, USA, 1986.

［52］ PANDEY I M, JANG A. Venture Capital for Financing Technology in Taiwan ［J］. Technovation, 1996, 16 (9): 449-514.

［53］ DRAHOS P. A Philosophy of Intellectual Property ［M］. Dartmouth: Dartmouth Publishing Company Limited, 1996: 1-32.

［54］ PRIEST G L. Insurability and Punitive Damages ［J］. Alabama Law Review, 1989 (40): 1009.

［55］ RAZGAITIS R. Technology Valuation ［J］//GOLDSCHEIDER R. Licensing Best Practices ［M］. New York: Wiley, 2002.

［56］ STULZ R M. Managerial Control of Voting Rights: Financing Policies and the Market for Corporate Control ［J］. Journal of Financial Economics, 1988 (20) 1-54.

［57］ SAMPAT B N. Determinants of Patent Quality: An Empirical Analysis ［A］. Fifth Annual Roundtable on Engineering Entrepreneurship Research, 2005: 1-37.

［58］ SCHICK S R. Need to Defend Against an Intellectual Property Claim? Try Your Commercial General Liability Insurance Policy ［J］. GPSolo, 2000 (3): 34-36.

［59］ SCHUMPETER J A. Theorie der Wirtschaftlichen Entwicklung ［M］. Leipzig: Dunker & Humblot, 1911.

［60］ SCHUMPETER J A. Business Circles: A Theoretical, Historical and Statistical Analysis of the Capitalist Process ［M］. New York: McGrawHill, 1939.

［61］ SCHUMPETER J A. Capitalism, Socialism and Democracy ［M］. New York: Harper and Row, 1943.

［62］ SHANE S. Academic Entrepreneurship: University Spinoff and Wealth Creation ［M］. Chehenham Northampton: Edward Elgar, 2004.

［63］ BREZNITZ S M. The Fountain of Knowledge: The Role of Universities in Economic Development ［M］. Stanford: Stanford University Press, 2014.

［64］ SMITH G V, PARR R L. Valuation of Intellectual Property and Intangible Assets ［M］ 3rd ed. New York: Wiley, 1998.

［65］ STEWART T A. Brainpower: How Intellectual Capital Is Becoming Amemrica's Most Valuable Asset ［J］. Fortune, 1991 (3): 44-60.

［66］ STUART T E, HOANG H, HYBELS R C. Interorganizational Endorsements and the Performance of En-trepreneurial Ventures ［J］. Administrative Science Quarterly, 1999, 44 (2): 315-349.

［67］ SCOTCHMER S A. Patent Quality, Patent Design, and Patent Politics ［R］//Remarks Prepared as a Member of the Economic Advisory Group. European Patent Office. Munich, 2004.

［68］ THAKOR A V. Corporate Governance in the Banking and Financial Services Industries ［J］. Journal of Financial Intermediation, 2001, 10 (1): 105-106.

［69］ TSENG Y H, LIN C J, LIN Y I. Text Mining Techniques for Patent Analysis ［J］. Information Pro-cessing & Management, 2007, 43 (5): 1216-1247.

［70］ ZACHARAKIS A L, MEYER G D. The Potential of Actuarial Decision Models: Can They Improve the Venture Capital Investment Decision? ［J］. Journal of Business Venture, 2000, 15 (4): 323-346.

［71］ 白春礼. 科学谋划和加快建设世界科技强国 ［J］. 中国科学院院刊, 2017 (5): 447-450.

［72］ 鲍新中. 知识产权融资模式与机制 ［M］. 北京: 知识产权出版社, 2017.

［73］ 蔡洋萍. 科技型中小企业知识产权融资创新研究 ［J］. 福建金融管理干部学院学报, 2014 (3): 15-21.

［74］ 操秀英. 科技成果转化仍有"藩篱"待拆除 ［N］. 科技日报, 2018-03-10 (11).

［75］ 常旭华, 陈强, 韩元建, 等. 基于我国高校科技成果转化模式的涉税问题研究 ［J］. 科学学研究, 2018 (4): 635-643.

［76］ 陈劲. 建设面向未来的世界科技创新强国 ［J］. 人民论坛·学术前沿主, 2017 (22): 34-41.

［77］ 陈柳惠. 技术转让与作价入股的涉税问题研究 ［J］. 中国集体经济, 2016 (4): 78-80.

［78］ 陈璐. 我国知识产权质押融资保证保险与信用保险制度构建研究 ［D］. 杭州: 中国计量学院, 2013.

［79］ 陈美佳. 知识产权质押融资模式的国际比较与选择 ［J］. 财会通讯, 2019 (02): 125-128.

［80］ 陈兴烨, 张皎月. 专利价值评估实物期权法的研究综述 ［J］. 经营管理者, 2014 (24): 197.

［81］ 崔书锋, 杨思磊, 曹珅珅. 企业技术创新在世界科技强国建设中的地位和作用 ［J］. 中国科学院院刊, 2017 (5): 536-541.

［82］ 邸晓燕, 赵捷. 政府资助形成的科技成果: 转移现状, 政策制约及建议 ［J］. 中国科技论坛, 2013 (8): 9-14.

［83］ 董涛. 知识产权证券化制度研究 ［M］. 北京: 清华大学出版社, 2009.

［84］ 董云巍, 潘辰雨. 现代西方股权激励理论及其在我国的应用 ［J］. 国际金融研究, 2001 (4): 59-65.

［85］ 樊永刚, 宋河发. 重大研究开发项目全过程知识产权预警研究 ［J］. 科学学与科学技术管理, 2009 (10): 26-30.

［86］ 范胜申. 科技型中小企业基于知识产权的融资租赁模式研究 ［J］. 北方金融, 2017 (04): 20-24.

［87］ 费亚芹. 从案例透视专利技术出资 ［J］. 电子知识产权, 2007 (05): 42-44.

[88] 冯冰花，苏卫东. 上市公司高管持股与经营绩效——基于平行数据的实证研究 [J]. 山东轻工业学院学报（自然科学版），2005，19（4）：49-52.

[89] 冯岭，彭智勇，刘斌，等. 一种基于潜在引用网络的专利价值评估方法 [J]. 计算机研究与发展，2015（3）：649-660.

[90] 甘勇. 资产证券化的法律问题比较研究 [M]. 武汉：武汉大学出版社，2008.

[91] 戈登·史密斯，罗素·帕尔. 知识产权价值评估、开发与侵权赔偿 [M]. 夏玮，周叔敏，杨蓬，等译. 北京：电子工业出版社，2012.

[92] 广东省市场监管局. 广东知识产权证券化蓝皮书 [R/OL]. （2020-04-29）[2021-10-25]. https://wenku.baidu.com/view/53004f1b3086bceb19e8b8f67c1cfad6185fe9c2.html.

[93] 国家知识产权局战略规划司. 2018 年中国专利调查报告 [R/OL]. （2019-01-19）[2021-10-25]. https://www.sohu.com/a/290202895_99970761?qq-pf-to=pcqq.c2c.

[94] 国家知识产权局条法司. 外国专利法选译 [M]. 北京：知识产权出版社，2015：1-147.

[95] 何光辉. 管理层收购及其在中国的实证研究 [M]. 上海：学林出版社，2006.

[96] 胡爱科. 日本专利法之实施权制度研究 [D]. 重庆：重庆大学，2011.

[97] 江文清. 高校国有资产经营管理理论 [D]. 成都：四川大学，2004.

[98] 蒋敏. 知识产权出资法律问题研究 [D]. 苏州：苏州大学，2004.

[99] 靳晓东. 基于实物期权的专利资产证券化中的单一专利价值评估 [J]. 统计与决策，2011（04）：50-53.

[100] 李超民. 借鉴科创板经验做好知识产权证券化的一点思考 [R/OL]. （2020-01-19）[2020-08-10]. http://www.whb.cn/zhuzhan/yw/20200119/315777.htm.

[101] 李东亚. 专利资产证券化：实施创新模式激活专利价值 [R/OL]. （2019-09-19）[2020-08-10]. http://www.wotao.com/display.asp?id=30079.

[102] 李海波，孙桂芳. 国有资产管理 [M]. 上海：立信会计出版社，1998.

[103] 李晓迟. 可保风险的转变初探 [J]. 北方金融，2017（4）：74-76.

[104] 李筱璇. 美国 ipxi 专利许可使用权（ulr 合同）证券化融资的法律问题研究 [D]. 杭州：中国计量学院，2016.

[105] 林晓，江汉，刘芳. 基于国有资产管理视角的高校科技成果转化改革路径分析 [J]. 江苏科技信息，2015（4）：5-6.

[106] 刘春霖. 论股东知识产权出资中的若干法律问题 [J]. 法学，2008（05）：78-87.

[107] 刘光波. 我国专利权出资的所得税问题研究 [D]. 上海：上海交通大学，2014.

[108] 刘国亮，王加胜. 上市公司股权结构，激励制度及绩效的实证研究 [J]. 经济理论与经济管理，2000（5）：40-45.

[109] 刘萍. 行政管理学 [M]. 北京：经济科学出版社，2008.

[110] 刘岩，陈朝晖. 经济租金视角下的专利商业化价值分析 [J]. 技术与创新管理，2014（1）：25-29.

[111] 卢裕康. 论知识产权融资租赁的法律规制 [D]. 广州：华南理工大学，2018.

[112] 罗伯特·P. 莫杰思. 知识产权正当性解释 [M]. 金海军，史兆欢，寇海侠，译. 北京：商务印书馆，2019.

[113] 罗伯特·赖利，罗伯特·施韦斯. 商业价值评估与知识产权分析手册 [M]. 北京：中国人民大学出版社，2000.

[114] 吕文栋，赵杨，彭彬. 科技保险相关问题探析 [J]. 保险研究，2008（2）：36-40.

[115] 穆荣平，樊永刚，文皓. 中国创新发展：迈向世界科技强国之路 [J]. 中国科学院院刊，2017（5）：512-519.

[116] 穆荣平. 自主创新能力建设总体思路 [J]. 中国科技投资，2013（3）：15-18.

[117] 钱荣国，夏太寿，王有志. 美国中小企业知识产权融资政策与机制及其启示 [J]. 科技管理研究，2013，33（12）：167-171.

[118] 任涛. 透析36家区域股权交易中心 [R/OL]. （2019-08-24）[2020-11-16]. https://www.360kuai.com/pc/9f0b37b3eb060a918?cota=4&kuaiso=1&tj_url=so_rec&sign=360_57c3bbd1&refer_scene=so_1_.

[119] 邵文猛. 知识产权信托制度研究 [D]. 郑州：郑州大学，2011.

[120] 邵学清，刘志春. 政策性科技保险的框架设计 [J]. 中国科技投资，2007（11）：49-52.

[121] 斯蒂文·L. 西瓦兹. 结构融资 [M]. 李传全，译. 3版. 北京：清华大学出版社，2003.

[122] 宋河发，李振兴. 影响制约科技成果转化和知识产权运用的问题分析与对策研究 [J]. 中国科学院院刊. 2014（5）：548-557.

[123] 宋河发，穆荣平，陈芳，等. 基于中国发明专利质量测度研究 [J]. 科研管理，2014（11）：68-76.

[124] 宋河发，穆荣平，陈芳. 专利质量及其测度方法与测度指标体系研究 [J]. 科学学与科学技术管理，2010（4）：21-27.

[125] 宋河发. 面向创新驱动发展与知识产权强国建设的知识产权政策体系研究 [J]. 知识产权，2016（2）：93-98.

[126] 宋河发. 技术标准与知识产权关联及其检验方法研究 [J]. 科学学研究，2009（2）：234-239.

[127] 宋河发. 面向创新驱动发展与知识产权强国建设的知识产权政策研究 [M]. 北京：知识产权出版社，2018.

[128] 宋河发. 自主创新能力建设与知识产权发展 [M]. 北京：知识产权出版社，2018.

[129] 覃有土，陈雪萍. 知识产权信托：知识产权运作机制 [J]. 法学论坛，2006（1）：52-57.

[130] 王克敏，陈井勇. 股权结构，投资者保护与公司绩效 [J]. 管理世界，2004，7（27）：133.

[131] 王莉莉. 生物技术资本化的相关法律问题研究 [D]. 上海：复旦大学，2012.

[132] 王延斌，盛利.《专利法》能否对职务科技成果混合所有制"放行"？[N]. 科技日报，2017-03-04（02）.

[133] 王玉柱，张友生，王燕. 高校科技成果转化和知识产权管理实践探索 [J/OL].（2018-05-

31）［2020-08-16］. http://www. jyb. cn/zcg/xwy/wzxw/201805/t20180525_1086329. html.

［134］王志刚. 加快建设创新型国家和世界科技强国［N］. 学习时报, 2019-01-28 (1).

［135］温明. 基于中药专利组合的专利内生价值评定研究［D］. 天津: 天津大学, 2010.

［136］吴汉东, 胡开忠. 无形资产产权制度研究［M］. 北京: 法律出版社, 2001.

［137］习近平. 为建设世界科技强国而奋斗: 在全国科技创新大会、两院院士大会、中国科协第九次全国代表大会上的讲话［R］. 北京: 人民出版社, 2016.

［138］肖尤丹, 徐慧. 职务发明国家所有权制度研究［J］. 知识产权, 2018 (8): 62-72.

［139］谢地. 试析高校国有科技成果转化的产权配置问题［J］. 电子知识产权. 2018 (9): 51-66.

［140］谢浩军. 知识产权质押融资模式研究［D］. 兰州: 兰州大学, 2018.

［141］谢科范, 倪曙光. 科技风险与科技保险［J］. 科学管理研究, 1995 (2): 49-52.

［142］辛士波. 基于对数正态分布的若干非寿险问题［D］. 北京: 中国矿业大学, 2009.

［143］许惊, 贾敬敦. 2019 年全国技术市场统计年报［R］. 北京: 兵器工业出版社, 2019.

［144］薛薇, 魏世杰, 李峰. 企业技术转让所得税优惠政策的中欧比较［J］. 中国科技论坛, 2015 (5): 148-154.

［145］杨晨, 陶晶. 知识产权质押融资中的政府政策配置研究［J］. 科技进步与对策, 2010, 27 (13): 105-107.

［146］杨茂. 专利保险机制探析［J］. 湖北经济学院学报, 2011, 8 (7): 112-113.

［147］尹锋林. 我国科研机构和大学专利利用中的主要问题与原因分析［R］. 中国知识产权论坛 (2015) 暨中国知识产权法学研究会年会, 2015.

［148］于东智, 谷立日. 上市公司管理层持股的激励效用及影响因素［J］. 经济理论与经济管理, 2001 (9): 24-30.

［149］俞鸿琳. 国有上市公司管理者股权激励效应的实证检验［J］. 经济科学, 2006, 1 (1): 108-116.

［150］郁佳敏, 郝旭东. 索赔额服从对数正态分布的车险经验费率精算模型［J］. 上海交通大学学报, 2008, 42 (11): 1836-1838.

［151］袁晓东. 日本专利资产证券化研究［J］. 电子知识产权, 2006 (7): 42-46.

［152］岳贤平, 王娟. 专利组合策略: 一种新兴形式的企业战略［J］. 现代经济探讨, 2009 (7): 63-66.

［153］岳贤平. 专利组合的存在价值及其政策性启示［J］. 情报理论与实践, 2013 (2): 35-39.

［154］张俊芳, 郭戎. 我国科技成果转化的现状分析及政策建议［J］. 中国软科学, 2010 (2): 137-141.

［155］张胜, 余碧仪, 郭英远. 陕西高校"技术开发多、技术许可少"现象分析——基于知识控制权的视角［J］. 情报杂志, 2016 (2): 127.

［156］张胜, 张丹萍, 郭英远. 所得税政策对科技成果作价投资的效应研究［J］. 科学学研究, 2017 (5): 681-670.

[157] 张维迎. 企业理论与中国企业改革 [M]. 北京：北京大学出版社，1999.

[158] 赵蕴华，张静，李岩，等. 基于机器学习的专利价值评估方法研究 [J]. 情报科学，2013 （12）：15-18.

[159] 易所. 专利价值分析体系与操作手册 [M]. 北京：知识产权出版社，2011.

[160] 中国贸促会知识产权服务中心. 2019 年欧盟知识产权侵权状况报告：经济贡献与知识产权价值 [R/OL]. （2019-06-19）[2020-08-20]. https://www.worldip.cn/index.php?m=content&c=index&a=show&catid=64&id=1029.

[161] 中国汽车产业知识产权投资运营中心. 2018 资本市场知识产权调查报告 [R/OL]. （2018-01-15）[2020-08-20]. http://www.iprdaily.cn/news_20315.html.

[162] 周程，张杰军. 跨越创新过程中的"死亡之谷"——科技成果产业化问题刍议 [J]. 科学学与科学技术管理，2010（3）：50-55.

[163] 朱常海，陈伟. 国家高新区众创、众筹与众包平台发展研究——基于全国 19 个省市国家高新区的调研数据 [J]. 中国高新区，2016（12）：177-183.

[164] 朱大旗，朱永扬. 专利权作价入股新探 [J]. 中国人民大学学报，1996（5）：52-57，129-130.

[165] 朱雪忠，乔永忠，万小丽. 基于维持时间的发明专利质量实证研究——以中国国家知识产权局 1994 年授权的发明专利为例 [J]. 管理世界，2009（1）：174-175.

[166] 朱照红. 激励性经理薪酬的风险根源与防范 [D]. 南京：南京财经大学，2010.

[167] 庄树雄. 可保风险条件和现代保险经营 [J]. 中山大学学报论丛，2005（3）：409-411.